Beate Uhse

Sex Sells

*Die Erfolgsstory
von Europas größtem
Erotik-Konzern*

Knaur

Inhalt

Vorspiel

»Die Offenheit, die immer schon kommuniziert wurde, die Ehrlichkeit, das ist nichts, was Frau Rotermund ›beherrscht‹, sondern sie ist einfach so. Sie verkörpert diese Eigenschaften, ohne sich zu verstellen. Sie musste sich nie verbiegen, um das Image in eine bestimmte Richtung zu bringen. Sie ist von Grund auf ehrlich, mit sich selber und mit anderen. Und das hat meines Erachtens maßgeblich zu ihrem Erfolg beigetragen. Wenn jemand sagt: ›Das wäre gut, so zu sein und das so zu machen aus geschäftlichen Gründen, eigentlich bin ich aber ganz anders‹, dann verbiegt er sich – und dann wird er es nie so gut machen.«

Dirk Riedel, Vorstandsmitglied Beate Uhse AG
für Export, Lizenznehmer und Logistik

Von wem würden wir gerne ein Buch über Markenbildung lesen? Diese Frage stand am Anfang dieses Buches. Natürlich von jemandem, der am meisten Erfahrung hierin gesammelt hat. Am besten von jemandem, der maßgeblich am Aufbau einer erfolgreichen Marke beteiligt war.

Marken fielen uns auf Anhieb einige ein: Coca-Cola, Mercedes, Uhu, Tempo, Persil – Beate Uhse. Da war sie. Die *Person*, die uns sicher darüber genauso viel erzählen kann wie die wechselnde Schar von Geschäftsführern und Strategen in multinationalen Konzernen. Und die dazu noch einen großen Zeitraum überblickt – über 50 Jahre, in denen sie ihr Unternehmen lenkte und leitete.

Was verbindet man mit dem Markennamen Beate Uhse? Zunächst einmal stellt man fest, wo immer der Name auftaucht: die Aufmerksamkeit steigt. Denn vermutlich hat sofort jeder im Kopf: Sexsachen zum Kaufen. Beate Uhse ist 98% der Bundesbürger bekannt als *der* Name auf dem Erotikmarkt. Man kennt die Läden mit den großen roten Lettern. Und man kennt Beate Uhse selbst, die den erfolgreichsten Erotikkonzern gegründet hat, »die aus Flensburg mit dem Sexversand«, die mutige Unternehmerin mit Flugschein, der die Presse so klingende Prädikate wie »Liebesdienerin der Nation«, »Sexkönigin Nr. 1«, »Marketenderin der Kissenschlachten« *(Spiegel)* verliehen hat.

Mag vor 30 Jahren das Thema »Beate Uhse« aufgrund der allgemeinen Tabuisierung von Sexualität und der mangelnden Aufklärung noch so manchem die Schamesröte ins Gesicht getrieben haben, begegnet man heute zunehmend einer toleranten Haltung – denn nichts war in den letzten 30 Jahren einem solch radikalen Wandel unterzogen wie unsere Einstellung zur Sexualität. Trotzdem – nicht jeder wird zugeben, Beate Uhse, die nett lächelnde Frau in blau gestreifter Bluse aus dem gleichnamigen Katalog zu kennen, wo sich zwischen den vielen Produkten und aufreizenden Fotos regelmäßig ein allen Regeln der Kunst folgendes Mailing findet, mit Foto der Unternehmensgründerin und ihrer Unterschrift, dem bekannten Schriftzug in Blau. Aber man darf Beate Uhse auch kennen, wenn man nicht bei ihr eingekauft hat – denn der Name taucht immer wieder in den Medien auf, ob in Talkshows oder im Wirtschaftsteil der Zeitung. Nicht erst seit der Käuflichkeit der Beate-Uhse-Aktie gilt das Unternehmen in der Wirtschaftswelt als seriös und in der Öffentlichkeit als salonfähig.

Die Unternehmensgründerin hat es geschafft, aus einem Vertrieb mit Kondomen und Sexhilfen etwas zu machen, was jeder kennt: eine Marke. Und sie hat in einer problematischen Branche ein Unternehmen mit positivem Image aufgebaut. Die heutige Vorstandsvorsitzende zählt damit nicht nur zu den erfolgreichsten und engagiertesten deutschen Unternehmerpersönlichkeiten, sondern hat die deutsche Wirtschaftsgeschichte nach 1945 entscheidend mitgeprägt.

Beate Uhse, die seit ihrer zweiten Heirat Beate Rotermund heißt, hat uns als Unternehmerpersönlichkeit stark beeindruckt. Wer mit 80 Jahren noch jeden Morgen gerne zur Arbeit fährt und sich um die Belange der Firma kümmert, wer für die Mitarbeiter auch dann noch als Vertrauensperson da ist, obwohl nur noch als Aufsichtsratsvorsitzende in der Pflicht – wer so eine Arbeitsethik zeigt, von dem möchte man gerne etwas lernen.

Das Bild in der Öffentlichkeit zeigt eine Frau, die in vielen Situationen, geschäftlich wie privat, äußersten Mut und Entschlossenheit gezeigt hat. Die emanzipiert im wahrsten Sinn des Wortes ist, da sie schon immer ihre Wünsche in die Tat umzusetzen verstand. Die sich für eine Sache engagiert und stark macht, klar und natürlich, ohne Eitelkeiten. Die sich, als dies für Frauen noch recht unüblich war, zutraute, Pilotin zu werden. So wie sie eine schwere Hüftverletzung vor allem durch Selbstmotivation besiegte, entgegen allen ärztlichen Prognosen. So wie sie ihr Geschäft aus dem Nichts heraus aufgebaut hat und dabei unermüdlich war im persönlichen Engagement, immer hinter dem stand, was sie gemacht hat, immer neugierig und innovationsfreudig war, so ließ sie sich auch nicht entmutigen von Rückschlägen und öffentlichen Anfeindungen, die sie und ihr Unternehmen in den ersten 20 Jahren kontinuierlich begleitet haben. Fredmud Malik beschreibt vorbildliche Führungskräfte so: »Drei Jahre lang – also kurzfristig – kann fast jeder erfolgreich sein. Das ist relativ leicht. (...) Über lange Zeit erfolgreich zu sein, immer wieder von neuem, trotz aller Rückschläge, die jeden einmal treffen, nicht drei, sondern dreißig Jahre lang; das ist es, was zählt.« (In »Führen, Leisten, Leben«, Stuttgart, München, 2000) Beate Rotermund hat uns 50 Jahre vorgelebt, wie man ein Unternehmen gut führt.

Man nimmt sich gerne ein Beispiel an Menschen, die selbst dazu neigen, sich Vorbilder zu suchen, gerne von anderen lernen und dabei anderen Kompetenzen zugestehen können. Wir hatten Frau Rotermund ein Buch zum Thema »Argumentieren« geschenkt. Bei unserem ersten Besuch lag dieser Titel auf dem Schreibtisch, mit zahllosen gelben Haftzetteln versehen, der Text gespickt mit Unterstreichungen. Hier saß das lernende Unternehmen vor uns. Jemand, der mit 80 Jahren so aufgeschlossen ist, sich begeistern kann und nicht alles gleich abwiegelt mit einem »kenne ich« »passt nicht«, »ist ja ein anderer Markt«, »dafür ist unser Personalchef zuständig«. Und der immer noch fragt, manchmal wissbegierig wie ein Kind. Mit so viel Energie, so viel Lust lässt sich wohl eine sinnvolle Markenpolitik betreiben.

»Warum ein schwieriger Markt?«, fragen Sie sich als Leser vielleicht. »Sex will doch jeder. Aber meine Schrauben, meine Autos, meine Hemden, meine Bücher – wer will denn die? Was soll ich denn von dem Erotik-Business lernen können?«

Das 20. Jahrhundert war geprägt von der zunehmenden Bedeutung des Marketings für den Unternehmenserfolg. Die Markenbildung spielt hierbei eine wichtige Rolle im Kampf um die besten Plätze. Das Getränk Coca-Cola kann Ihnen heute jede Brauerei herstellen. Aber wer kauft Ihnen das Getränk ab? Sex kann und will jeder. Daher auch: »Sex sells« – mit Sex lässt sich besser verkaufen. Wie aber verkauft man Sex? Beziehungsweise alles »drum herum«? Wie machen Sie ausgerechnet daraus eine Marke? Eine, die in den prüden 50er Jahren genauso gekauft wird wie in den freien 70ern. Und wie heute? Wo doch der Sex auf dem Bildschirm und in Talkshows schon längst zum Alltag gehört, wo Push-ups und Reizwäsche in jedem Kaufhaus zu haben sind und wo die Kunden im Drogeriemarkt schon lange die Kondome aufs Kassenband legen, ohne rote Ohren zu bekommen. Wie retten Sie eine 40 Jahre alte Marke ins Multimediazeitalter und sichern ihr Überleben noch weit darüber hinaus? Wie können Sie garantieren, im E-Commerce und dem Gerangel um Internet-Portale ebenfalls die Nase vorne zu haben? Und wie kann man eine Marke aufbauen, die sowohl global als auch lokal »wirkt«? Die Kunden in Garmisch-Partenkirchen genauso anspricht wie in Berlin-Kreuzberg, die den Geschmack sowohl des spanischen als auch des polnischen Bestellers trifft? Wie kann man überhaupt so lange seine Stellung als Garant für mehr Lust in der Liebe halten?

Noch viele weitere Fragen tauchten auf, als ich versuchte herauszufinden, was die Marke »Beate Uhse« eigentlich ausmacht. Beate Uhse steht für alles, was die Lust steigert. Aber was bedeutet das eigentlich im Hinblick auf das Image? Sie hatte zu Beginn noch dazu um die 70 Mitbewerber. Mit welchem Image und mit welchen Strategien hat sie sich gegen diese Konkurrenz durchgesetzt?

Heute bewegt sich der Marktanteil von Beate Uhse – nach der Realteilung des Unternehmens wurde »Orion« der stärkste Mitbewerber – bei etwa 20 Prozent, was mit Blick auf den Bekanntheitsgrad von 98 Prozent wenig erscheinen mag. Dennoch ist Beate Uhse eine erfolgreiche Marke. Beate Uhse wird die Entwicklungen der Konzentration und Globalisierung auf dem Erotikmarkt entscheidend mitbestimmen.

In diesem Buch erfahren Sie, wie Beate Uhse-Rotermund zu ihrem ungewöhnlichen Geschäft kam, wie sich ihr Vertrieb von Aufklärungs- und Erotikhilfen in den Gründungsjahren entwickelte, wie die juristischen Schwierigkeiten des Unternehmens in den prüden 50er und 60er Jahren gemeistert wurden, wie das Versandgeschäft allmählich wachsen und diversifizieren konnte und wie die Herausforderungen E-Commerce und Globalisierung angenommen wurden. Sie erfahren, welche Strategien und Ideen das Unternehmen vorangebracht haben, welche Maßnahmen der Kundenbindung wirksam waren und wie das Marketing auf Veränderungen reagiert hat. Lernen Sie die besten Marketingstrategien des Style-Leaders der Erotikbranche kennen und vollziehen Sie an der überaus spannenden Entwicklung eines deutschen Unternehmens nach, wie man eine Marke prägt, verteidigt und mit ihr erfolgreich wird.

Keine Angst
vor schwierigen Märkten

Beate Uhse macht Schlagzeilen – und wird bekannt. Die Mitarbeiterzeitschrift
»absender beate« transportierte die Berichterstattung regelmäßig nach innen.

Nur Mut, wenn der Markt bereit ist!

Warum man in einem schwierigen Markt seine Chance ergreifen und an sein Geschäft glauben muss.

Warum ein schwieriger Markt?

Der Erotik- und Sexmarkt ist ein Wachstumsmarkt. Aber er ist kein einfacher Markt und war es vor 50 Jahren, als mein Versand noch in den Windeln lag, noch weniger. Wieso, mag man fragen, ist denn Sex nicht das krisensicherste Geschäft, das man sich vorstellen kann? Gab es nicht schon immer Menschen, die auf die Käuflichkeit von Sex und Erotik angewiesen waren? Und Menschen, die sich einfach gerne animieren lassen, von Aktfotos oder von Frauen in toller Wäsche? Warum sonst ist »Sex« der gefragteste Suchbegriff im Internet? Warum wartet ein Millionenpublikum nur darauf, durch die Augen von »Big Brother« endlich mal ganz öffentlich ganz Intimes ganz privat verfolgen zu können? Und warum breiten auf allen TV-Kanälen, in Shows und Talks ohne Ende Privatmenschen wie du und ich vor ebendiesem Millionenpublikum ihre Intimsphäre aus? Ist nicht der Voyeurismus eine menschliche Konstante? Ist Sehnsucht nach einem besonderen sexuellen Erlebnis nicht etwas, was es immer gab und geben wird? Warum also ein schwieriges Geschäft? Ist da nicht ein Riesenmarkt, den man einfach nur bedienen muss?

Mag alles sein. Aber stellen Sie sich einmal vor, Sie wollten heute z. B. Gemüsekonserven verkaufen, deren Inhalt ausschließlich aus dem Anbau von genveränderten Pflanzen stammt. Sie glauben an Ihre Geschäftsidee, weil Ihre Produkte besonders preisgünstig sind, das Gemüse appetitlich aussieht, die Qualität immer gleich bleibt etc. Sie wissen, dass es eine Reihe von Kunden gibt, die Ihnen die Konserven auch abkaufen, weil sie gegen Genmanipulation nichts einzuwenden haben, wenn der Preis nur stimmt. Aber halt! Sie müssen sich nicht nur mit rechtlichen Vorschriften auseinander setzen, die Ihren Ambitionen Grenzen setzen und Sie verpflichten, ihre Produkte entsprechend kenntlich zu machen, sondern Sie müssen auch damit rechnen, dass nicht alle Verbraucher und schon gar nicht alle gesellschaftlichen Gruppen Ihren Markteintritt jubelnd begrüßen werden. Noch bevor Sie Ihre erste Gemüsedose verkauft haben, werden Sie wahrscheinlich schon einen ganz bestimmten Ruf haben.

Können Sie sich in diese Situation hineinversetzen? Jedenfalls war ich, als ich mein Erotikgeschäft gründete, in einer vergleichbaren Lage – und dabei war das damalige »Versandhaus für Ehehygiene Beate Uhse« noch meilenweit entfernt von Pornographie, Gummipuppen oder heißen Sex-Chats im Internet.

Die Chancen sehen und nutzen

Bevor ich auf die Risiken und Schwierigkeiten, vor allem auf die Hürden der ersten Jahrzehnte eingehe, möchte ich unterstreichen, dass unser Markt, der 1950 eher Aufklärungs- als Erotikmarkt war, im Gesamten gesehen eine Riesenchance bot, die auf die sozioökonomische Situation Deutschlands in der Zeit des Wiederaufbaus zurückzuführen ist.

Mit der Währungsreform 1948 und der Gründung der Bundesrepublik ein Jahr später begann eine Phase rasanter wirtschaftlicher und sozialer Veränderungen. Es gab einerseits einen enormen Modernisierungsschub, und innerhalb relativ kurzer Zeit gelangte die Gesellschaft zu einem Wohlstand, den sie vorher noch nicht gekannt hatte. Andererseits war das Gesellschaftsbild geprägt durch einen Rückzug ins Private, der nicht umsonst oft mit dem Begriff »Muff der 50er Jahre« umschrieben wird. Dieser Rückzug beruhte auf dem weit verbreiteten Streben nach materieller Sicherheit und Ruhe, aber auch auf den Verdrängungsmechanismen in Bezug auf die Greuel des Dritten Reichs. All dies hatte sehr starke Auswirkungen auf die sittlichen Normen.

Die Kunden wollten Aufklärung und Kondome

In der Nachkriegszeit gab es einen enormen Bedarf an Produkten für Aufklärung, vor allem eine starke Nachfrage nach Verhütungsmitteln. Kondome waren heiß begehrt. Aber weil fast alle Anbieter von Erotik im Verborgenen agierten – etwa über Chiffreanzeigen warben – wussten viele Menschen nicht, wie und wo man die entsprechenden Produkte erhalten konnte. Hier lag ein Markt brach.

1947 begann mein Versand. Ich hatte mitbekommen, dass bei sehr vielen Frauen das Bedürfnis bestand, über wirksame Verhütungsmethoden Informationen zu erhalten – denn Kondome waren zu dieser Zeit schwer zu beschaffen. Nachdem ich schon einige Frauen in meiner unmittelbaren Umgebung beraten hatte, arbeitete ich eine Kurzform der »Knaus-Ogino-Methode« aus. Diese Verhütungsmethode der beiden Gynäkologen Knaus und Ogino basiert auf Körperbeobachtung und zählt die fruchtbaren und unfruchtbaren Tage der Frau aus. Ich ließ 5000 Werbezettel herstellen und 2000 Stück der Aufklärungsbroschüre »Schrift X«, ein kleiner Ratgeber inklusive Tabelle. Darin sprach ich das Thema Verhütung und ungewollte Schwangerschaften offen und klar an, wodurch ich damals schon eine für Beate Uhse grundlegende Produktstrategie vorzeichnete. Diese Broschüre nahmen meine Kundinnen als echte Problemlösung an.

Mit dem unverlangten Zusenden des ersten kleinen Werbemittelheftchens rannte ich offene Türen ein. Bald fragten die Leute nach weiteren, ähnlichen Produkten, nach Kondomen und Aufklärungsbüchern. Bald auch nach potenzsteigernden oder sexuellen Dämpfungsmitteln – gerade in den fünfziger Jahren sehr gefragte Produkte. Ich bemühte mich, über Großhändler oder Hersteller an alle angeforderten Artikel heranzukommen und mein Angebot ständig zu erweitern. Ich beschaffte die Produkte – und immer mehr Kunden bestellten bei mir. Der Versand wuchs kontinuierlich. Bis zur Währungsreform 1948 hatte ich die Schrift X bereits 32 000-mal verkauft und damit den ersten Grundstein für das Beate Uhse Versandhaus gelegt.

Abgesehen von den Kenntnissen über Verhütung, die mir meine Mutter vermittelt hatte und die ich durch Lektüre entsprechender Literatur ergänzte, trat ich als absoluter Laie in den Markt ein. Ich hatte keine Ahnung, welche Eigendynamik mein Versand schon bald entwickeln würde und auf welche Branche ich mit diesem ersten Produkt zusteuerte. Nichts war mir etwa bekannt von Produkten, die die Erektion unterstützen oder dem Orgasmus auf die Sprünge helfen konnten. Ich ahnte noch nicht, dass man Erotik auch noch ganz anders vermarkten konnte – und dass dieser Markt sehr groß war. Meine ersten Geschäftsfelder waren also zunächst einmal auf Aufklärung sowie Verhütungsmittel konzentriert, inklusive persönlicher Kundenberatung.

Den Boom der frühen Jahre schätzte ich zunächst falsch ein. Ich glaubte, dass es sich hierbei um einen reinen Nachholbedarf handelte. Dennoch widmete ich mich der Aufgabe mit viel Energie, vermerkte erfreut die wachsende Zahl von Bestellungen, investierte Gewinne sofort wieder in Werbung. Aber ich fürchtete eine ganze Zeit, die Nachfrage würde wieder einbrechen, sobald der Markt gesättigt sei. Zwischenzeitlich wollte ich mir sogar mittels einer Beteiligung an einer oberbayrischen Klinik ein zweites Standbein aufbauen, so unsicher war ich. Was in dem Markt steckte, wurde mir erst nach einigen Jahren durch die steigenden Zahlen deutlich, die auf eine langfristige Rentabilität hinwiesen.

Die Nachteile des Marktes –
und warum ich mich davon nicht entmutigen ließ

Bei all diesen Vorteilen eines wachsenden Marktes gab es zwei ganz schwere Hürden: Erstens erwies sich die Rechtslage von Anfang an als äußerst heikel. Zweitens war das Thema Sexualität gesellschaftlich ein komplettes Tabu. »Untenrum« hieß es z. B. früher, wenn von den Geschlechtsorganen die Rede war. Doch eigentlich war es peinlich, über sie und über das, was Mann und Frau damit machten, überhaupt zu reden. Und für so etwas wie Aufklärungs-, Verhütungs- oder erotische Produkte zu werben war absolut unerhört – so etwas war unsittlich!

Diese moralischen Einstellungen – noch gar nicht zu sprechen von der Verteufelung der Erotik durch die katholische Kirche – waren mir natürlich nicht unbekannt. Bloß hatte ich nicht mit der Vehemenz gerechnet, mit der mir gesellschaftlicher Widerstand und offene Feindschaft entgegenschlugen, weil ich eine offene und natürliche Einstellung zur Sexualität und Erotik hatte und Bedürfnisse auf diesem Gebiet weder für peinlich noch für verwerflich hielt.

Ich sah die Chancen des Marktes. Ich wollte mit modernen und nützlichen Produkten mein Geld verdienen. Und trotz der Barrieren wollte ich dieses Ziel nicht so schnell aufgeben. Gerade weil der Markt vorhanden war, warum sollte man ihn nicht ganz seriös und »normal« bearbeiten können – so wie Knopfproduzenten, Papierhersteller oder Strumpffabrikanten auch?

Ich hatte darüber hinaus persönliche Gründe: In meiner damaligen Situation hatte ich nicht viel zu verlieren. Das Ansehen meiner Person war mir nicht so wichtig. Als Flüchtling fühlte ich mich nur für mich selbst und meine Familie verantwortlich, nicht jedoch einer prüden Gesellschaft verpflichtet. Ich wollte etwas Sinnvolles machen – und ich wollte nicht mehr arm sein. Und ich konnte, wenn ich ein Ziel verfolgte, einen recht langen Atem haben.

So galt es jetzt, dem in veralteten Moralvorstellungen verhafteten oder verunsicherten Kunden einen akzeptablen Zugang zum Geschäft zu bieten, diesen Markt neu zu definieren, wegzukommen von dem Verbotenen, vom Rotlichtmilieu, um Aufklärung und Erotik einer breiten Käuferschicht zu erschließen. Immerhin, ich hatte den Vorteil, dass ich als Frau den Versand betrieb. Wer will einer verheirateten Mutter mit Kindern schon unsittliches Verhalten vorwerfen?

Ein Vorbild in der Branche gab es nicht. Es war mein Ziel, nach dem Start des kleinen Versandgeschäftes eine Einkaufsquelle für Herrn und Frau Jedermann, für Menschen wie du und ich aufzubauen. Es sollte ein ordentlicher, achtbarer Laden werden, auf den man stolz sein konnte. Doch dazu musste ich mich an einige wichtige Grundregeln halten, denn der Grat der Legalität in der Erotik- und Pornographiebranche war und ist schmal.

Wie wir diese Schwierigkeiten des Markts gemeistert haben, erfahren Sie im nächsten Abschnitt. Und nebenbei erfahren Sie einiges über die spannende Anfangszeit von Beate Uhse, über die

Sittenprägung der 50er und 60er Jahre, an die sich manche von Ihnen vielleicht sogar noch erinnern können. Doch auch wenn ein Unternehmen bereits etabliert ist, sollte es nicht vergessen, dass Märkte offensiv erobert werden wollen. Das folgende Beispiel soll zeigen, wie fruchtbar es ist, auf neue Entwicklungen schnell zu reagieren.

Schnell reagieren in neuen Märkten

Die Marke muss dort sein, wo der (neue) Kunde ist.

Bei Beate Uhse gab es nach der Realteilung im Jahr 1981 wirtschaftlich fünf bedeutende Schübe: das war der Neubeginn des Versandhandels (mit dem ersten Katalog im Jahr 1986), die Eroberung des ostdeutschen Marktes, der Einstieg ins Online-Geschäft mit Btx, der Börsengang im Jahr 1999 und die Übernahme der großen holländischen Erotikunternehmen Pabo und Sandereijn. Bei der Erschließung des ostdeutschen Marktes und dem Einstieg ins Btx/Internet (dazu mehr ab Seite 185) war vor allem die Schnelligkeit entscheidend für den Erfolg.

Nach dem Fall der Mauer starteten wir in Ostdeutschland eine Werbeaktion, die so spontan wie wirkungsvoll war und sowohl den PR als auch unserem Geschäft richtig gut tat. Entscheidend war: Wir hatten eine Idee und setzten sie mit aller Kraft durch; das ganze Unternehmen stand hinter der Aktion. Niemand beklagte sich über Überstunden, alle zogen an einem Strang. Was war das Ziel? Wir wollten in möglichst kurzer Zeit möglichst viele Beate-Uhse-Kataloge an die Ostbürger verteilen. Zwei Tage nach der Grenzöffnung standen wir bereits vor unserem Berliner Laden an der Gedächtniskirche, um 25 000 Kataloge zu verschenken. Wir fuhren dann 1989/90 mit unseren Mitarbeitern und studentischen Aushilfskräften in Lkws in ostdeutsche Städte wie Leipzig, Dresden, Halle oder Karl-Marx-Stadt, stellten uns auf die Marktplätze, um die Kataloge an unseren neuen potenziellen Kundenkreis zu bringen. Verkauften wir sie anfangs noch zu fünf Ostmark, wurden sie später einfach verschenkt. Um uns vor eventuellen rechtlichen Problemen zu schützen oder uns nicht den Zorn selbst ernannter Sittenwächter zuzuziehen, versahen wir die Kataloge sicherheitshalber mit einem neutralen Umschlag.

Ich führte selber mit Journalisten aus dem Osten Interviews durch und zeigte ihnen das Unternehmen. So bekamen wir auch schnell über die Presse im Osten einen guten Namen (z. B. brachte die *Wochenpost* mit 1 Mio. Auflage am 18. 5. 90 einen großen Bericht über uns).

Konsequent wurden die fünf neuen Bundesländer in unser Vertriebswegekonzept eingebunden. Wenn wir auch mit enormen Lieferengpässen zu kämpfen hatten – die schnelle Marktbearbeitung brachte einen großen Schub für den Versand. Wir gewannen 2 Mio. Kunden in den fünf neuen Ländern. Ich erhielt in dieser Zeit auch unglaublich viel Fanpost von unseren »Ossis«, die zeigten, dass Beate Uhse auch hier das Vertrauen ihrer Kunden gewonnen hatte. Interessant war das Phänomen, dass Besitzer anderer Sex-Shops ihren Laden einfach »Beate Uhse« nannten – hier stand der Name schon für das Produkt.

Kondome im Paragraphendschungel

Was tun, wenn sich rechtliche und psychologische Barrieren auftürmen? Lassen Sie sich immer durch juristischen Rat unterstützen. Schwören Sie Ihr Unternehmen auf wichtige Richtlinien ein. Man kann auch Rechtsstreite positiv für sich nutzen! Leisten Sie bei gesellschaftlichen Anfeindungen Gegenwehr, denn dadurch gewinnen Sie Sicherheit und Erfahrung. Berücksichtigen Sie bei allem aber auch die gesellschaftlichen Normen und Empfindlichkeiten.
Wie der Erotikmarkt der 50er Jahre aussah und wie Beate Uhse den langen Weg zur Liberalisierung angetreten hat.

Immer auf der legalen Seite

Wenn ich von rechtlichen Problemen der Branche spreche, ist die Phase vor und nach dem neuen Pornographiegesetz zu unterscheiden. Bis 1975 galt der § 184 StGB in der Fassung von 1919, der »Unzuchtsparagraph«, der eine äußerst konservative Rechtsauffassung spiegelte. Erst am 1.1.1975 trat die heute gültige Fassung in Kraft (siehe Anhang), womit man endlich den Liberalisierungserscheinungen, die sich in der Gesellschaft bereits seit Mitte der 60er Jahre abzeichneten, eine zeitgemäße rechtliche Grundlage verlieh, nachdem schon vereinzelte Gerichtsentscheidungen in den 60er Jahren liberalere Tendenzen aufzeigten.

Allerdings sind auch durch das neue Gesetz nicht alle Unsicherheiten bei den Herstellern und Händlern beseitigt, wie die immer neuen Pornographiedebatten und Vorstöße zu deren gesetzlicher Einschränkung zeigen. Was sich geändert hat: Die Kontrollmechanismen haben sich von einer vormals strengen staatlichen Überwachung schwerpunktmäßig auf die freiwillige Selbstkontrolle verschoben.

Steht ein Unternehmen verstärkt unter Beobachtung durch die Justiz oder die Öffentlichkeit, darf es sich keine Ausrutscher in die Illegalität erlauben. Es hat sicherzustellen, dass es sich im

Rahmen des Legalen bewegt. Dazu muss erstens die aktuelle Rechtslage im Unternehmen beobachtet werden. Zweitens muss jeder Mitarbeiter darüber zumindest in Grundzügen Bescheid wissen und für die rechtliche Problematik sensibilisiert sein. Drittens muss man sich die nötige juristischen Kompetenz ins Haus holen und für reibungslose interne Kontrollen sorgen. Ein auf die Branche spezialisierter Justitiar ist dazu meist unabdingbar. Und viertens sollte man in der Öffentlichkeit unbedingt betonen, dass man sich strikt an die Gesetze hält.

Die Rechtslage vor 1975
Der alte § 184 StGB untersagte Geschlechtsverkehr außerhalb der Ehe, die Beihilfe dazu sowie die Verbreitung unzüchtiger Schriften. Bis 1975 galt die Darstellung von Nacktheit als verboten, wenn sie »unzüchtig« erschien, also eine Verbindung zur Geschlechtlichkeit herstellte. Zeitschriften, die halbnackte Frauen abdruckten, mussten die Brüste mit schwarzen Balken abdecken.

Ein grundsätzliches Problem war, dass sich der § 184 StGB vor allem in seiner Anwendung als »Gummiparagraph« erwies. Es war eine Ermessensfrage, was »Unzucht« eigentlich bedeutete. Nicht umsonst war der Begriff schon in der Weimarer Republik stark umstritten. Bis 1975 bedurfte es immer wieder höchstrichterlicher Entscheidungen, um zu einer konkreten Rechtsauffassung zu gelangen. Sie können sich vorstellen, wie selbstkritisch wir unser Katalogmaterial prüften, damit wir im Rahmen des Legalen blieben. Und ich erkannte früh, dass unser Unternehmen ohne einen darauf spezialisierten Rechtsbeistand kaum würde überleben können.

Die zweite juristische Hürde war die drohende Indizierung von Büchern mit erotischem Inhalt. 1953 war das Gesetz über die Verbreitung jugendgefährdender Schriften in Kraft getreten, das die Indizierung regelt. Gemäß der Sittenprägung der damaligen Zeit war dieses neue Gesetz sehr konservativ ausgestaltet und wurde streng angewendet. Bis 1973 galten gemäß § 6 GjS sogar »Schriften, die durch Bild für Nacktkultur warben, als offenbar schwer jugendgefährdend«. Dadurch erhielt sogar die Freikörperkultur den Anstrich des Verdorbenen.

Beide Vorschriften ergänzten sich. 1964 wurde die Neuerscheinung des Romans »Die Memoiren der Fanny Hill« (von John Cleland, geschrieben 1750), der das Leben eines Freudenmädchens schildert, aus dem Beate-Uhse-Laden beschlagnahmt und Anklage gegen mich erhoben wegen Verstoßes gegen den § 184 Abs. 1 Ziffer 3 StGB. Parallel lief ein Hauptverfahren gegen den Verleger, in dessen Verlauf das OLG München 1966 den Roman als »unzüchtige Schrift« auf den Index setzte, da er das Dirnenleben verherrliche und zur Nachahmung eines zügellosen Geschlechtslebens reize. Der Verleger ging in Revision, weil er sich in seinem Grundrecht aus Artikel 5 Grundgesetz verletzt sah, ein dem Kunstbereich zuzurechnendes Werk zu vertreiben. Der Roman wurde schließlich vom BGH als erotische Literatur gewertet und nicht als »unzüchtig« eingestuft und durfte damit publiziert und verkauft werden.

Die Indizierung hing über unserem Versandhaus wie ein Damoklesschwert. Aber sie hatte nicht nur Nachteile: Ist ein Buch erst einmal verboten, wird es erst recht begehrt. Die Rücknahme der Indizierung verspricht daher einen hohen Absatz. Schon die bloße Möglichkeit, dass das Buch auf der schwarzen Liste erscheint, erhöht dessen Reiz. Mit der Brisanz des Inhalts, die ein Verbot jederzeit möglich machte, versuchte ich daher den Kunden in Mailings »gefährliche« Neuerscheinungen schmackhaft zu machen: »Wenn ich Ihnen einen Rat geben darf«, so bewarb ich das Buch der »Josephine Mutzenbacher«, »bestellen Sie Ihr Exemplar möglichst schnell. Wegen seiner harten Erotik ist zu erwarten, dass es nicht lange lieferbar sein wird.«

Wie wir wegen unseres Werbematerials
in Prozesse verwickelt wurden

Es liegt in der Natur der Sache, dass man Produkte rund um Sex und Erotik nicht wie Büroartikel, Hüte oder Kinderspielzeug vermarkten kann – denn vor allem die Jugend ist zu schützen vor Inhalten, die pornographischen Charakter haben.

Als ich mein Geschäft gründete, war jedoch schon die Bewerbung von FKK-Büchern hoch problematisch. Dass wir hier nur ja nicht ungestört agierten, darum kümmerten sich unsere ganz

»persönlichen Feinde«, allen voran Staatsanwalt Robert Schilling, der sich als ausgesprochener Spezialist der Unzuchtsbekämpfung einen Namen machte. Wie ernst er seine Aufgabe nahm, bewies z. B. seine Liste von 1952, auf der wir uns im Kreise von etwa 40 weiteren Erotikanbietern fanden. Darin stufte er unser Angebot als »schleichendes Gift zur Versuchung der sexuellen Phantasie« ein, geeignet, der »Enthemmung und Entsittlichung des Sexuallebens« unweigerlich Vorschub zu leisten. Die »auf primitive sexuelle Sensationsgier abgestellte Massenreklame« (man beachte zum Beispiel den Titel der Broschüre: »Stimmt in unserer Ehe alles?«) war ihm dabei ebenso ein Dorn im Auge wie jegliches erotisches Schrifttum. Robert Schilling war später 12 Jahre lang als Leiter der Bundesprüfstelle für jugendgefährdende Schriften tätig, die sich 1954 auf seine Initiative hin konstituiert hatte.

Besonders riskant war unser Werbematerial, das in der Aufbauphase so enorm wichtig für uns war, vor allem wenn wir neue Adressen bewarben. Nicht nur der Staatsanwalt konnte von sich aus tätig werden, entdeckte er darin Darstellungen, die er für »unzüchtig« hielt. Auch einzelne Personen, die einen Beate-Uhse-Katalog in ihrem Briefkasten vorfanden, durften sich dadurch beleidigt fühlen, seit Anfang der 50er ein Gericht in einem Prozess festgestellt hatte, dass jeder, der unaufgefordert Werbematerial der Firma Beate Uhse erhalten habe, sich »in seinem Persönlichkeitsrecht getroffen fühlen« könne und »vor einem solchen Eingriff zu schützen« sei. Man dürfe niemandem zumuten, so die Begründung, Material mit sexuellem Inhalt zur Kenntnis zu nehmen. Die erste Anzeige in dieser Richtung erfolgte 1950, es sollten viele weitere folgen.

Als mächtige Institution versuchte vor allem die katholische Kirche Druck auf uns auszuüben. Unter Ausnutzung der Rechtslage rief die Diözese Köln ihre Mitglieder dazu auf, Beleidigungsklage gegen Beate Uhse zu erheben, sobald sie Werbematerial von uns erhalten würden. Die Formblätter dazu wurden gleich in den Kirchen verteilt. Ergebnis: Ich wurde 82-mal wegen Beleidigung vorgeladen. Unser Anwalt riet mir damals, persönlich vor Gericht zu erscheinen, dadurch wären die Kläger gezwungen, ihre Anschuldigung vor dem Richter und vor mir zu wiederholen. So koordinierten wir die erforderliche Reise durch Deutschland und ich erschien zusammen mit meinem Anwalt bei jedem einzelnen Gerichtstermin. Viele der Kläger behaupteten, sie hätten vom Inhalt Kenntnis genommen und nur wegen ihrer Ehefrau oder der Kirche Klage erhoben; somit entfiel der Grund für die persönliche Beleidigung. Bei anderen Klägern konnte man nachweisen, dass sie entweder schon Kunde bei uns waren oder den Katalog gleich entsorgt hatten, ohne hineinzusehen. Letztlich erwiesen sich alle Klagen als unbegründet; die Verfahren wurden eingestellt.

Der Trick mit dem Siegel und andere Abwehrstrategien

1951/52 boten wir bereits nicht nur Aufklärungsbücher an, z. B. Van de Veldes »Die vollkommene Ehe«, sondern auch die ersten erotischen Artikel, etwa Präparate wie die Salbe »Magnipen« zur Stärkung der Manneskraft, das Wäschestück »Anette«, spezielle Kondomausführungen wie das »Magnus Verlängerungs-Kondom« oder die »Spezialausfertigung 3« (resp. 5, 8, 9), welche den Höhepunkt bei Mann oder Frau fördern sollten. Grund genug, dass sich jemand beleidigt fühlen konnte, sei es durch die Produktbeschreibung oder meine redaktionellen Ausführungen dazu. Da nützte es wenig, dass ich die Werbetexte sachlich und wissenschaftlich hielt.

Eine Strategie war, schneller als der Staatsanwalt zu sein: Hatten wir ein neues Produkt aufgenommen, von dem wir annahmen, dass es rechtliche Probleme verursachen könnte, legten wir in der Firma schon mal eine Nachtschicht ein, um alle Kataloge gleichzeitig zu verschicken – und immerhin hatten wir z. B. 1955 bereits 200 000 Kundenadressen. Dieser Trick schützte uns zwar nicht vor der Anzeige, aber immerhin vor der Beschlagnahmung des teuren Werbematerials. Denn der Verkauf der Produkte selbst war erlaubt.

Der 1953 gesetzlich eingeführte Jugendschutz war kein Problem für uns, weil wir an unsere Auftragsbearbeitung eine Altersprüfung koppelten und auf dem Werbematerial entsprechende Hinweise anbrachten. Als echter Stolperstein entpuppte sich der § 184

StGB aber, weil er Geschlechtsverkehr außerhalb der Ehe verbot. Bewarben oder lieferten wir Artikel an unverheiratete Personen, konnte das als Aufforderung zur Unzucht geahndet werden. Vor diesem Verdacht konnten wir uns nur schützen, indem wir eine Routine einführten, um auch den Ehestand unserer Kunden zu prüfen. Als im Februar 1951 die Polizei unsere Geschäftsräume durchsuchte und 72 Adressen von Kondombestellern aus unserer Kartei beschlagnahmte, war der Schreck groß. Wir bekamen eine Anzeige wegen Beihilfe zur Unzucht, mit dem Verdacht, dass etliche dieser Kunden unverheiratet seien. Unser Anwalt konnte jedoch bei jedem einzelnen Besteller das Gegenteil nachweisen und wir erzielten einen Freispruch.

Mit einer anderen Strategie schützten wir uns vor den privaten Beleidigungsklagen. 1951 versandten wir einen ersten kleinen Katalog mit 16 Seiten (»Bitte Jugendlichen nicht zugänglich machen«), 1952 folgte der Katalog »Stimmt in unserer Ehe alles?« mit 32 Seiten. Beide versiegelten wir und machten die Empfänger auf die Art ihres Inhalts aufmerksam. So musste sich niemand gezwungen sehen, vom Inhalt Kenntnis zu nehmen. Und wer immer das Siegel erbrach, war selbst aktiv geworden, um unser Angebot zu studieren, konnte demnach schwerlich vor Gericht erklären, ungefragt mit unsittlichen Inhalten konfrontiert worden zu sein. Beide Kataloge waren übrigens äußerst erfolgreich.

Vertrauen ist gut – Kontrolle billiger!

Warum die Franzosen leer ausgingen

Diese Geschichte ist schon oft erzählt worden – aber sie ist es wert, hier Erwähnung zu finden: 1967 wollte ich den französischen Markt erobern – nach der Aufhebung der Zollbeschränkungen im Rahmen des EWG-Vertrages eine Chance, die viele deutsche Firmen nutzten. Ich hatte unsere Kataloge mit allen damals in der Bundesrepublik verkäuflichen 600 Artikeln dem französischen Zoll und mehreren französischen Anwälten zur Prüfung vorgelegt. Nach Absprache stellten wir eine auf 36 Artikel abgespeckte Version her und ließen die Werbung anlaufen. Über 15 000 Kunden aus Frankreich bestellten, die Responsequote lag bei 27%. Doch die viel versprechende Aktion geriet zum Flop. Keiner der Kunden erhielt je seine Lieferung, weil der Zoll jedes Paket mit dem Absender Beate Uhse beschlagnahmt hatte – wir waren inzwischen auf der schwarzen Liste gelandet. Fünf der Artikel (Aktbände und Hilfsmittel) verstießen nach französischem Gesetz gegen die guten Sitten. Es kam zum Prozess in Paris, uns drohte eine Geldstrafe zwischen 30 000 DM und 1,2 Mio. DM. Einer Verurteilung entgingen wir dann zwar knapp, aber wir hatten, noch ohne die Werbekosten gerechnet, einen Verlust von 250 000 DM.

Dass wir uns in Frankreich die Finger verbrannt hatten, lag vielleicht auch daran, dass wir die Sache nicht selbst bis ins Detail durchchecken konnten. In Deutschland war die Situation ja eigentlich nicht einfacher, aber wir waren einfach sehr gut bewandert in der Materie.

Worauf wir heute achten müssen
Nun hat sich seit 1975 die rechtlich prekäre Lage zwar etwas entspannt, aber trotzdem müssen wir heute genauso auf die Rechtmäßigkeit unserer Inhalte achten. Unser Geschäft findet heute seine moralischen und juristischen Grenzen vor allem im Jugendschutz, der Achtung der Menschenwürde und des Persönlichkeitsrechts. Die entsprechenden Einschränkungen der Pornographie finden im neuen § 184 des Strafgesetzbuchs unmittelbaren Niederschlag. Medien, welche Sexualität mit Kindern, mit Tieren oder in Verbindung mit Gewalt schildern, sind gemäß § 184 Absatz 3 StGB nicht nur jugendgefährdend, sondern sozialschädlich. Ihre Abgabe auch an Erwachsene ist unter Strafandrohung verboten.

Besonders wichtig ist also der Jugendschutz. Das »Gesetz über die Verbreitung jugendgefährdender Schriften« (GjS) regelt als *lex specialis* die Indizierung und den Jugendschutz. Was als jugendgefährdend gilt, darf weder ausgestellt, angeschlagen, vorgeführt oder anderweitig Kindern zugänglich gemacht werden. Als jugendgefährdend gelten heute unter anderem Gewalt verherrlichende (seit 1974 aufgenommen) und rassistische sowie sexualethisch desorientierende Medien und natürlich Pornographie. Ein Medium ist dann pornographisch, wenn es unter Hintansetzen aller sonstigen menschlichen Bezüge sexuelle Vorgänge in grob aufdringlicher Weise in den Vordergrund rückt und wenn seine objektive Gesamttendenz ausschließlich oder überwiegend auf Aufreizung des Sexualtriebes abzielt. Als sexualethisch desorientierend betrachtet wird es z. B., wenn Frauen zu Sexualobjekten herabgewürdigt oder diskriminiert oder wenn Sadismus oder Vergewaltigung als Lusterlebnis dargestellt werden. Das GjS verbietet die Bewerbung, den Verkauf oder Verleih an Jugendliche sowohl über den Einzelhandel, über Kioske, den Versandhandel als auch in gewerblichen Büchereien.

§ Was ist eine Indizierung? §

Die Indizierung einer Druckschrift, Schallaufnahme, Abbildung oder Darstellung erfolgt durch Entscheidung der Bundesprüfstelle für jugendgefährdende Schriften in Bonn-Bad Godesberg. Ist ein Werk in die sogenannte Liste der jugendgefährdenden Schriften (lateinisch Index = Register, Verzeichnis) aufgenommen, unterliegt es weitgehenden Werbe- und Vertriebsbeschränkungen. Ein offener Verkauf ist nicht mehr möglich, die betreffende Schrift darf nicht mehr ausgelegt werden, und schriftliche Werbung dafür ist untersagt, ebenso ein Verkauf an Jugendliche unter 18 Jahren und im Versandhandel.

Diese weitreichenden Maßnahmen sollen dem Schutz der Jugend dienen, kommen aber oft einer Zensur gegenüber Erwachsenen gleich.

Nach § 1 des Gesetzes über die Verbreitung jugendgefährdender Schriften in der Fassung vom 29. April 1961 (GjS) sollen Schriften, die geeignet sind, Kinder oder Jugendliche sittlich zu gefährden, in die Liste aufgenommen werden. In der Praxis ist fast ausschließlich sexuelles Schrifttum betroffen, obwohl sexualpädagogische und psychologische wissenschaftliche Erkenntnisse in Zweifel stellen, ob hierdurch eine Gefährdung von Jugendlichen eintreten kann. Die Häufung von Brutaldarstellungen in unseren Massenmedien dagegen bleibt unbeachtet und löst kaum Sanktionen aus.

Wie kommt es nun zu einer Indizierung? Die Bundesprüfstelle wird nicht von Amts wegen tätig, sondern nur aufgrund eines entsprechenden Antrags, den die obersten Jugendbehörden der Länder oder das Bundesministerium für Jugend, Familie und Gesundheit stellen kann. Die Bundesprüfstelle überwacht also nicht von sich aus den Markt, sondern ist auf die zufällige Auswahl bei der Antragstellung durch die dazu Berechtigten angewiesen.

Das führt naturgemäß zu grotesken Ungereimtheiten und zur Ungleichbehandlung – bestimmte Verlage, die sich auf die Produktion erotischen Schrifttums spezialisiert haben und sich dazu auch bekennen, stehen fast ständig auf dem Index, während die in mancher Hinsicht erdrückende, nur im Verborgenen blühende echt pornografische Produktion unbehelligt bleibt.

Die Bundesprüfstelle entscheidet in der Besetzung von 12 Mitgliedern, die aus dem hauptlichen Vorsitzenden, 3 Beisitzern der Bundesländer und je einem Beisitzer aus den Kreisen der Kunst, der Literatur, des Buchhandels, der Verlegerschaft, der Jugendverbände, der Jugendwohlfahrt, der Lehrerschaft und der Kirchen besteht.

Die Bundesprüfstelle wird übrigens entgegen weit verbreiteter Meinung nicht vorbeugend beratend tätig. Es ist für einen Verleger also nicht möglich, vor Erscheinen eines Buches die Bundesprüfstelle um ihre Meinung zu befragen. Hier verschanzt man sich hinter der Garantie des Grundgesetzes, daß eine (Vor-)Zensur nicht stattfinden darf. Der Verleger trägt also das volle Risiko.

Nicht zu verwechseln mit der Indizierung ist die Beschlagnahme eines Werkes auf Veranlassung der Staatsanwaltschaft. Diese Maßnahme stützt sich in der Regel auf das im § 184 des Strafgesetzbuches enthaltene Verbreitungsverbot für „unzüchtige Schriften" oder auf das in § 6 des GjS enthaltene Verbot offensichtlich sittlich schwer jugendgefährdender Schriften. Ob diese Voraussetzungen gegeben sind, liegt im Beurteilungsermessen der jeweils zuständigen Staatsanwaltschaft, die völlig unabhängig von der Bundesprüfstelle handeln kann. Mit anderen Worten: Auch wenn eine Schrift nicht indiziert ist, kann es gleichwohl zu einer Beschlagnahme und zu einem Strafverfahren kommen.

RA-Lo

Das im Carl Stephenson Verlag erschienene Bildheft „Heiße Liebe" wurde am 9. 11. 1972 von der Bundesprüfstelle indiziert. Aufgrund des vom Verlag eingelegten Rechtsmittels wurde diese Indizierung am 2. 2. 1973 wieder aufgehoben.

Qualitätsmanagement in der Erotikbranche: Das Hausorgan »absender beate« gewährte den Mitarbeitern Einblicke ins juristische Know-how.

Diese Rechtslage macht das Besondere der Branche aus. Gewisse daraus abgeleitete Leitsätze gehören damit einfach zum Standardrepertoire unseres Unternehmens: Zwar muss nicht jeder Azubi bei uns zum Rechtsexperten werden, aber er muss im Verlauf seiner Ausbildung mitbekommen, dass Pornographie nicht über den Versand verkauft werden darf und dass die Grenzen des Erlaubten in der gewaltverherrlichenden Darstellung, in der Kinderpornographie und Sodomie liegen. Dieses Grundwissen wird im Unternehmen mit einer gewissen Selbstverständlichkeit weitergegeben, ein »echter Beate-Uhse-Mitarbeiter« lernt das im Job. Alle, die direkt mit der rechtlichen Problematik zu tun haben, müssen natürlich entsprechend geschult bzw. unterwiesen werden. Bei uns betrifft das v.a. die Mitarbeiter des Einkaufs, der Werbung und Eigenproduktion, aber auch des Fulfillments, wo die Beraterin dem Kunden auch erklären können muss, warum er im eben gelieferten Buch nicht die ganz scharfen, also pornographischen Sachen findet.

Kontrolle durch interne und externe Instanzen
Doch Wissen allein genügt nicht, erst eine effiziente Kontrolle kann Legalität sicherstellen und gerichtlichen Auseinandersetzungen vorbeugen.

Die im Zuge des Jugendschutzgesetzes gegründete Behörde, die Bundesprüfstelle für jugendgefährdende Schriften, hat die Aufgabe, Medien, die öffentlich vorgeführt werden, zu überprüfen, wenn ein entsprechender Antrag vorliegt – denn eine Zensur findet ja nicht statt. Setzte sie in ihrer Anfangszeit noch reihenweise erotische Literatur auf den Index, werden heute vor allem Printmedien (Zeitschriften, Taschenbücher) mit sexualethisch desorientierendem Inhalt zur Prüfung vorgelegt sowie jugendgefährdende Computerspiele. Videofilme mit pornographischem Inhalt werden nur ganz selten eingereicht, da sie ja offensichtlich jugendgefährdend und von vornherein nur für Erwachsene bestimmt sind. Sie können nicht an Jugendliche verliehen oder verkauft werden, was bei Beate Uhse dadurch sichergestellt ist, dass Jugendliche und Kinder zu den Beate-Uhse-Fachgeschäften keinen Zugang haben.

Welche Erotik (ab 16) im Rahmen des Gesetzes erlaubt ist, wird durch die freiwillige Selbstkontrolle (FSK) sichergestellt. Die FSK wurde eingerichtet, um staatliche Maßnahmen zu verhindern. Ist ein Video von der FSK z. B. gekennzeichnet mit »freigegeben ab 16 Jahren«, ist die Bundesprüfstelle nicht mehr zuständig. Die FSK prüft dabei sehr sorgfältig, meist sogar noch strenger als die Bundesprüfstelle.

Doch reichen diese rechtssensiblen Bereiche natürlich auch ins Unternehmen hinein. So wird nach wie vor durch interne Kontrollen das Alter neuer Besteller geprüft. Im Bestellschein der Beate-Uhse- oder Dr.-Müller-Kataloge muss, wer neu bestellt, sein Geburtsdatum eintragen, um durch Abgleich mit behördlichen Daten eine Belieferung an Minderjährige ausschließen zu können. Auch bei der Online-Bestellung wird das Geburtsdatum abgefragt und der Hinweis gegeben, dass der Versand nur an Erwachsene erfolgt.

Das Wichtigste: Unsere Kataloge und anderen Werbemittel dürfen keine pornographischen Elemente enthalten. Die Agentur oder Werbeabteilung ist daraufhin sorgfältig gebrieft und kennt die grobe Linie natürlich; die Werbemittel durchlaufen mehrere Abteilungen (Werbung, Layout, Einkauf etc.) und landen schließlich bei der wichtigsten internen Kontrollinstanz, der Rechtsabteilung. Sie prüft jede Seite ganz genau und gibt ihr Feedback an die Werbung, bevor der Katalog druckfrei gegeben wird. Hier ist besondere Sorgfalt wichtig, denn bei dem langen Vorlauf von bis zu einem Jahr im Versandgeschäft, angefangen bei der Produktauswahl, Bestellung, Qualitätskontrolle über die Disposition und Kalkulation bis hin zur Produktion des Katalogs und der Nachfasswerbung kann ein Fehler sehr teuer werden. Man kann sich das wie ein kompliziertes Räderwerk vorstellen: Hakt es an einer Stelle, läuft die ganze Sache aus dem Ruder – anders als bei den Filialen, wo ein Fehler nur Auswirkungen auf dieses einzelne Geschäft hat. Daher ist es wichtig, dass alle Beteiligten sich der Problematik bewusst sind. Bei der Eigenproduktion (Printbereich, Filme) stellen wir durch die FSK die Rechtmäßigkeit sicher. Wir entwickeln das Printprodukt von vornherein ohne pornographische Inhalte, und bei der Produktion der Beate-

Uhse-Softvideos arbeiten wir mit zuverlässigen, langjährigen Lieferanten zusammen, die selbst für die FSK sorgen.

Je heikler das Geschäft,
umso wichtiger die Rechtsabteilung
Eine komplizierte Gesetzeslage macht es notwendig, sich kompetente Hilfe bei einem erfahrenen und spezialisierten Fachmann zu holen. In der Gründungsphase hatten wir einen guten Anwalt besonders nötig.

1953 holten wir uns den ersten juristischen Berater ins Haus, einen auf den § 184 StGB spezialisierten Rechtsbeistand. Auch nach der Liberalisierung der Pornographie waren wir auf fachkundige Beratung angewiesen, um die Trennung von Erotik und Pornographie genau ausloten zu können. Wir beschäftigten in den 80er Jahren bereits zwei Volljuristen – für ein mittelständisches Unternehmen eine große Rechtsabteilung –, die dafür sorgten, dass alles nach dem Willen des Gesetzgebers verlief. Heute arbeiten in der Rechtsabteilung der Beate Uhse AG in Flensburg drei Juristen. Und sicher nicht zufällig ist meine langjährige Assistentin und Pressesprecherin auch eine Juristin.

»Viel Feind, viel Ehr« oder:
Rechtsstreite positiv ummünzen

In der Gründungszeit wurden wir regelrecht verfolgt für Produkte und Werbematerial, die heute so harmlos wirken, dass man sie schon fast »als historische Sozialleistung« (so Thomas Delekat in der *Welt* vom 30. 6. 1999) einstufen kann: Es waren ja hauptsächlich Aufklärungsbücher, Kondome, einige Cremes und Präparate wie die »Spanische Fliege«, die unser Kerngeschäft bildeten. Von Puppen und pornographischen Inhalten waren wir noch meilenweit entfernt. Doch es erreichten uns etwa 2000 Anzeigen (in 40 Jahren), von denen etwa 400 in Strafverfahren mündeten.

In den ersten Jahren musste ich fast wöchentlich zu Vorladungen. Die Rechtsverfahren bedeuteten besonders im ersten

Jahrzehnt eine starke Belastung für mich und für das Unternehmen, und nicht zuletzt verursachten sie einen hohen zeitlichen und finanziellen Aufwand. Es kam zu einigen Verurteilungen in erster Instanz, aber nur ein einziges Mal (1953) entschied der Richter in letzter Instanz gegen mich, und zwar weil ich meine Kunden mit einem »unzüchtigen« Prospekt aus einem fremden Verlag versorgt hatte.

Ein verlorener Rechtsstreit kann einem Unternehmen natürlich großen Schaden zufügen. Genau deswegen sollte man sich der gesetzlichen Grenzen versichern. Der entscheidende Faktor war sicherlich, dass wir wussten, wie weit wir gehen konnten: Wir bewegten uns, wie bereits ausgeführt, immer im legalen Rahmen, hatten einen selbstkritischen Blick auf unsere Werbematerialien, führten eine Adressen- und Alterskontrolle ein. Überflüssig zu betonen, dass wir natürlich immer in Revision gingen, wenn das Urteil zu unseren Ungunsten ausfiel, weil wir überzeugt waren, das Recht auf unserer Seite zu haben.

Und das lösten die zahlreichen Anklagen in der Öffentlichkeit aus:

- »Tante Sex droht Millionenstrafe« (Hamburger Morgenpost, 3. 10. 69)
- »Beate Uhse in Paris angeklagt« (FAZ, 29. 6. 69)
- »Die verbotenen Reize« (Stern, 9. 3. 69)
- »Staatsanwalt klagte an: ›Diese Sex-Werbung ist zu aufpeitschend!‹ Beate Uhse verurteilt« (Bild, 19. 2. 69).

Schocken solche Schlagzeilen die Leser in erster Linie – oder ist das wichtigste, dass alle erst mal hinschauen? Als erstes: den Bekanntheitsgrad fördern sie enorm. Man kann zudem jeden Rechtsstreit in ein positives Ergebnis für das Unternehmen ummünzen, wenn man die Aufmerksamkeit der Presse ausnutzt, sich selbst zu Wort meldet, seine Positionen vertritt, Werbung für das Unternehmen macht, seinen Erfolg herausstellt etc. (Dazu mehr im Abschnitt »So machen Sie sich attraktiv«.) Nehmen Sie den Kampf ruhig auf, wenn Sie merken, die Stimmung ist gut, Sie werden von der Presse nicht verrissen, sondern haben die Sympathie auf Ihrer Seite:

- »Beate Uhse: Sex ist natürlich« (Bild, 19. 2. 69)
- »Die Beate-Uhse-Story: Kampf dem Sex-Notstand« (Hamburger Morgenpost, 21. 2. 69)
- »Nur der Staatsanwalt widerstand Beate Uhse« (MAZ, 5. 11. 70)
- »Sieben Stunden Porno-Vorlesung im Gerichtssaal« (Hamburger Morgenpost, 24. 8. 72)

Kommt es dann zu einem Freispruch, hat man einen Erfolg vorzuweisen und kann die öffentliche Aufmerksamkeit nutzen, um sich als Sieger darzustellen. Der Effekt: Über die persönliche Genugtuung hinaus erhält das Image eine Aufwertung, wie im Fall des »Orgasmusprozesses«:

Der Orgasmus vor Gericht

Am 18. 2. 1969 wurde ich von einem Flensburger Schöffengericht zu 6000 DM Strafe verurteilt, weil ich im Katalog »Glücklich – ein Leben lang« 12 Gegenstände angeboten hatte, die im Sinne des § 184 Abs. 3 »zu unzüchtigem Gebrauche bestimmt« seien. Beanstandet wurden z. B. der »Combiring 3fach vital«, ein Hilfsmittel, um den Orgasmus der Frau herbeizuführen, Spezialpräservative mit genoppter Oberflächenstruktur oder die »Magic Cream«, die eine Durchblutung der Organe fördert mit dem Ziel, den Geschlechtsakt stärker zu empfinden. Diese Produkte dienten nach Auffassung des Gerichts widernatürlich »der Steigerung geschlechtlicher Reize«. Der Verkauf blieb erlaubt, aber die Bewerbung wurde unter Berufung auf ein Urteil des BGH zu »Reizpräservativen« von 1962 untersagt. Wir gingen durch die Instanzen, der Prozess zog sich über drei Jahre hin. Ein Gutachter vom Kieler Institut für Gerichtsmedizin plädierte in der Revision vor dem Landgericht, dass eine unterstützende Herbeiführung des Orgasmus nicht der widernatürlichen Steigerung geschlechtlicher Reize dienen könne; der Orgasmus sei medizinisch nicht steigerbar. Das vom Staatsanwalt in dritter Instanz angerufene Oberlandesgericht vertrat die Meinung, »dass die freizügige Darstellung und Behandlung der Sexualität als eine Grundtatsache des menschlichen Lebens, wenn auch nicht gebilligt, so doch weitgehend toleriert« würde. Auch anreizende Darstellungen sexueller Vorgänge an sich seien nicht »grob belästigend«, solange sie nicht anreißerisch erschienen. Nach Verweis an den BGH stellte dieser schließlich am 14.3.1972 fest: »Spezialpräservative, Wirkpolster und Salben, die beim Geschlechtsverkehr durch Reizsteigerung oder Reizverlängerung den Orgasmus herbeiführen sollen, sind nicht im Sinne des Paragraphen 184 Absatz 1 Nummer 3 Strafgesetzbuch zum unzüchtigen Gebrauch bestimmt.«

Die Verurteilung in erster Instanz fiel nicht nur auf einen Faschingsdienstag, sondern kam zu einem Zeitpunkt, an dem sich die Grenzen des Erlaubten innerhalb der Gesellschaft schon stark verschoben hatten. Wir bekamen daher eine überwiegend positive Berichterstattung; das Gerichtsurteil wurde teils belächelt, teils sehr kritisch gesehen. Nicht nur die *Bildzeitung*, auch die *Münchner Abendzeitung* brachte große Berichte mit einem Foto von mir. Die *Hamburger Morgenpost* machte aus der Story sogar eine Serie, selbst der intellektuelleren *Frankfurter Rundschau* war das Urteil einen kritischen Kommentar wert. Der *Stern* bestätigte zwei Wochen später, dass das Gericht »für die Liebesmittelfirma Beate Uhse die beste Reklame« machte. Er zitierte unsere Hamburger Ladenbesitzerin, die bestätigte, dass am Tag nach der Verurteilung der Laden »bombenvoll« gewesen sei. Die stark angestiegene Nachfrage nach Spezialpräservativen riss nicht ab, nachdem sich auch der *Stern* nicht hatte nehmen lassen, die Produkte, an denen das Schöffengericht Anstoß genommen hatte, genauer zu beschreiben.

Ich nutzte die Presseaufmerksamkeit zur Verteidigung und Werbung. Die Presse zitierte dankenswerterweise meine Kommentare: »Ich möchte Menschen, die in sexueller Beziehung unglücklich sind, zum Glück verhelfen«. (*Bild*, 19.2.69) »Ich verkaufe seit 20 Jahren diese Artikel. Meine Kunden sind sehr zufrieden. Ich bemühe mich, meine Programme nach neuesten wissenschaftlichen Untersuchungen zusammenzustellen.« (*AZ*, 19.2.69). Anlässlich des Freispruchs vor dem Landgericht schrieb der *Spiegel*: »Am Dienstag vergangener Woche rehabilitierte die 1. Große Strafkammer des Flensburger Landgerichts die weitgerühmte Bürgersfrau und nahm ihr den Makel des Straffälligen.« Als der Freispruch kam (die *Bildzeitung* titelte: »Freispruch für den Orgasmus«), griffen wir das Thema in unserer Unternehmenszeitschrift auf.

Das endgültige Urteil des BGH zeigte deutlich, dass sich die rechtliche Auffassung über »unzüchtige Darstellungen« grundlegend gewandelt hatte, und zog in Deutschland endlich eine liberalere Rechtsprechung nach sich. Das OLG Schleswig hatte zudem auf parallele Entwicklungen in anderen Ländern hingewiesen. Für uns bedeutete dieser Freispruch einen endgültigen Durchbruch und erheblichen Sympathiegewinn. Die *Hamburger Morgenpost* überschrieb ihren Bericht am 12. 11. 69 triumphierend mit den Worten: »Sieg für Beate in Runde ›Sex‹. Flensburger Versandhaus-Chefin freigesprochen.« Dem Prozessausgang zum Roman »Fanny Hill« war weit weniger Aufmerksamkeit gewidmet worden, vielleicht, weil wir hier nicht die Hauptangeklagten waren.

Gehen Sie sensibel mit Ihren Kunden um

Zu den rechtlichen Schwierigkeiten gesellten sich die allgemeinen Akzeptanzprobleme, die wir als Versandhaus für Ehehygiene hatten. Wir passten nicht in das Raster gesellschaftlicher Normen im Deutschland der 50er und 60er Jahre, das geprägt war von autoritären und konservativen Wertmustern, die bis in die Ehe hineinreichten.

In der Aufbauzeit herrschte eine regelrechte Spießbürgerkultur. Hierbei spielte der soziale Rückzug ins Private eine Rolle, der oben schon angesprochen wurde: Untersuchungen zum Freizeitverhalten in den 50er Jahren ergaben, dass die Mehrheit der Bevölkerung ihre Freizeit am liebsten zu Hause, innerhalb der Familie, verbrachte, eine Entwicklung, die durch die Anschaffungswelle von Radio- und Fernsehgeräten noch unterstützt wurde. Das Zuhause verließ man für Verwandtschafts- oder Kinobesuche und für den Sportverein – und sonntags natürlich für den Kirchgang: 50 Prozent der Katholiken und etwa ein Siebtel der Protestanten besuchten regelmäßig den Gottesdienst. Zum ordentlichen Heim gehörte eine brave, liebevoll umsorgende Ehefrau. Eine Umfrage des Allensbacher Instituts für Demoskopie von 1954 ergab, dass nur eine Minderheit der Befragten für die gleichen Rechte und Pflichten von Männern und Frauen war; die Mithilfe im Haushalt wurde von der Mehrheit der Männer und Frauen (!) nicht als Aufgabe des Ehemannes betrachtet. Bis 1957, als das Gleichberechtigungsgesetz in Kraft trat, um den Artikel 3 des Grundgesetzes in der Ehe zu verwirklichen, konnte der Mann Wohnort und Wohnung allein bestimmen; eine verheiratete Frau durfte ohne die Zustimmung ihres Mannes keine Arbeit aufnehmen und nach der Gesetzesänderung auch nur, soweit dies »mit ihren Pflichten in Ehe und Familie vereinbar« war.

Die Situation für unverheiratete Paare war besonders schwierig. Sie erhielten keine Wohnung, also blieb oft nur die Heirat, wollte man zusammen sein. Doch auch danach mussten junge Paare oft noch bei den Eltern bzw. Schwiegereltern wohnen. Das Heiratsalter der Frauen sank von 1950 bis 1960 von 25,4 auf 23,7 Jahre. Bei 70 bis 75 Prozent der Eheschließungen war ein Kind unterwegs. Wie prüde die Verhältnisse waren, zeigte z. B. der Skandal, den der Kinofilm »Die Sünderin« 1951 – mit Hildegard Knef als Hauptdarstellerin – wegen einer kurzen Nacktszene auslöste. Es folgten öffentliche Debatten über die »Entsittlichung« durch das Werk, es kam zu Ausschreitungen vor und in den Kinos. Gleichzeitig war der Film jedoch ein Riesenerfolg.

Tabus aufweichen, ohne zu verletzen
Auf den gesellschaftlichen Hintergrund, auf die sozialen Normen, auch wenn sie einem noch so absurd vorkommen mögen, muss man sensibel reagieren. Sowohl im öffentlichen Diskurs wie in der individuellen Kundenansprache. Es gilt auf die Unsicherheit und die Gefühle Rücksicht zu nehmen, die durch besonders strikte Normen und durch einen starken Druck von außen entstehen können.

Viele Menschen konnten z. B. über ihre sexuellen Bedürfnisse oder über ihre Unwissenheit im Intimbereich nur schwer sprechen, weil sie nicht richtig aufgeklärt waren. Wer ein entsprechendes Problem in der Ehe hatte, ging in Einzelfällen vielleicht noch zum Arzt oder – noch seltener – zum Psychiater. Insgesamt war Sexualität jedoch ein so stark tabuisierter Lebensbereich, dass es selbst in der Partnerschaft zu Peinlichkeiten kommen konnte, wenn »es« nicht klappte oder man zu wenig über den Geschlechtsakt wusste. Nur wenige Jugendliche hatten das Glück, mit ihren Eltern über Kinderkriegen und Verhütung sprechen zu können; nur wenige Menschen wagten es, mit ihrem Partner offen über Befriedigung, Lust oder Unlust zu sprechen. Denn innerhalb der Moralvorstellungen der Kirche hatte die Lust keine Daseinsberechtigung; fleischliche Begierden gehörten in das Paradigma des Sündigen, der Geschlechtsakt war auf eine eheliche Pflicht reduziert.

Wir versuchten, diese Tabus und Verbote aufzuweichen, ohne die Gefühle der Kunden zu verletzen:

- Meine Kataloge und Werbemittel enthielten zahlreiche redaktionelle Aufklärungstexte, mit denen ich den Nerv der Kunden traf. Denn hier behandelte ich sachlich, aber einfühlsam, die brennenden Fragen rund um die Partnerschaft, die körperliche Liebe und die Verhütung.
- Weil viele Kunden uns offen ihre Probleme in der Partnerschaft schilderten, boten wir mit einer kostenlosen Beratung echte Lebenshilfe an.
- Weil Menschen, die Produkte zur Verhütung und Verbesserung ihres Intimlebens kaufen wollten, sich nicht der Gefahr ausliefern sollten, moralisch angezweifelt zu werden, sorgten wir im Versand für eine diskrete Belieferung.
- Weil Bücher über die Ausübung des Liebesaktes, ehehygienische Artikel etc. schnell als »Schweinkram« galten, blieben wir sachlich, betonten die Modernität unserer Produkte, hoben bei entsprechenden Printprodukten die Wissenschaftlichkeit, den aufklärenden Aspekt hervor. Wir bewarben luststeigernde Kondome und Gleitcremes als Problemlösungen im Intimbereich, führten mit entsprechenden Einleitungstexten im Katalog den Kunden vorsichtig an das Problem heran.
- Weil Firmen, die Erotikprodukte verkaufen wollten, eine Bedrohung gesellschaftlicher Werte darstellten, zeigte ich mich den Kunden persönlich und bewies durch z. B. zuverlässige Lieferung, dass man dem Unternehmen Beate Uhse vertrauen konnte.

- Die moralischen Wertvorstellungen, wie sie von der Kirche, von der ländlichen Presse, von konservativen Meinungsmachern oder von Organisationen wie dem »Volkswartbund« vertreten wurden, ersetzte ich durch den Wert der Freiheit. Ich trat dafür ein, dass jeder aufgeklärt und autark über seine Sexualität und seinen Intimbereich bestimmen können müsse. Sich zur körperlichen Liebe zu bekennen war nicht Sünde, sondern das Recht eines jeden, nach Glück zu streben. Beate Uhse holte die Kunden auf den Boden der Vernunft, auf dem sie ihre Bedürfnisse frei ausleben konnten.

- Weil die herrschenden sittlichen Auffassungen nicht ohne Einfluss waren, mussten wir unsere Kunden von ihrem schlechten Gewissen befreien. Ich stellte nicht den Wert der Ehe an sich in Frage, denn damit hätte ich die Situation meiner Kunden insgesamt in Frage gestellt. Ich kehrte den Spieß vielmehr um: Neben anderem war ein erfülltes Liebesleben wichtig für eine glückliche Ehe; Aufklärung, Verhütung und Erotik verhalfen den Eheleuten zum Glück, ergo: Beate Uhses Produkte konnten Ehen retten. Was also sollte an ihnen böse sein?

Auf einzelne dieser Strategien werde ich später noch genauer zu sprechen kommen, etwa, wenn es um die Wertvorstellungen geht, die eine Marke vermitteln soll (ab Seite 163).

Machen Sie sich für einen Wandel stark

Es ist überall zu beobachten, ob es um das Internet geht, um Fusionen oder Kartell bildende Absprachen, um die Gentechnologie oder um die Gleichstellung homosexueller Paare: Das Recht hinkt gesellschaftlichen Entwicklungen meistens hinterher. Entweder, weil der Staat für bestimmte Entwicklungen bislang noch keinen geeigneten rechtlichen Rahmen geschaffen hat, oder weil er versäumt hat, das geltende Recht angesichts des Wandels anzupassen, oder weil sich der Wandel so rasend vollzieht, dass der Gesetzgebungsapparat einfach nicht hinterherkommt.

Manchmal kann ein rechtsfreier Raum für Unternehmen von Vorteil sein. Manchmal wartet man sehr lange auf eine gesetzliche Anpassung, weil einen das Recht behindert, wo sachliche Gründe es nicht mehr zu rechtfertigen scheinen. Doch weil wir in einer pluralistischen Gesellschaft leben, können wir für unsere Interessen kämpfen – und es gibt eine Menge Dinge, für die es sich zu kämpfen lohnt.

Beispiele

Homosexualität ist heute gesellschaftlich schon weitgehend akzeptiert. Doch sind homosexuelle Paare z. B. im Erbrecht immer noch benachteiligt, weil sie heterosexuellen Ehen oder eheähnlichen Gemeinschaften nicht gleichgestellt sind. Inzwischen gibt es eine Gesetzesinitiative, die eine Eintragung gleichgeschlechtlicher Paare am Standesamt ermöglichen soll und Partnern, die dies wünschen, damit die gleichen Rechte und Pflichten wie Eheleuten einräumt.

Erst der technische Wandel hat den Telekommunikationsmarkt kommerzialisiert. Allerdings sind neue Telefongesellschaften heute immer noch faktisch benachteiligt durch die Monopolstellung der Deutschen Telekom im Ortsnetz, ein Relikt aus Zeiten des ehemaligen Staatsmonopolunternehmens.

Auch die aktuelle Diskussion um das Ladenschlussgesetz lässt sich hier anführen: Die Einstellung dazu wandelt sich; die Gesellschaft ist auf dem Weg zu einem anderen, vom christlich-kulturellen Hintergrund losgelösten Verständnis von Zeitorganisation. Nicht nur die Arbeitszeiten werden flexibler, das Internet ermöglicht ein Shoppen rund um die Uhr; Call Center machen Kundenberatung am Wochenende möglich usw. All diese Angebote nutzt der Verbraucher vermehrt. In benachbarten Ländern hat sich schon längst ein Liberalisierungsprozess im Einzelhandel vollzogen, was auch in Deutschland nicht ganz ohne Wirkung blieb: Die kurzen Verkaufszeiten am Abend und am Samstag sind die ersten Beschränkungen, die aufgeweicht wurden.

Die Dinge *sind* im Wandel. Und häufig ist es der Markt selbst, der die besten Informationen hierüber liefert. Im Fall des Telekommunikationsmarktes hat z. B. die Story von Mobilcom gezeigt, dass das Ende des Monopols längst überfällig war. Lassen Sie sich daher in Ihren Zielen nicht beirren, wenn Sie spüren, dass Sie mit Ihrem Anliegen nicht alleine stehen, dass eine Liberalisierung gesellschaftlich schon akzeptiert ist. Setzen Sie sich persönlich für den Wandel ein. Nutzen Sie jede Gelegenheit, in der Öffentlichkeit aufzutreten, um für Ihre Sache zu sprechen, weisen Sie sich als Spezialist aus, zeigen Sie, dass Ihre Interessen mit denen der Gesellschaft in Einklang stehen.

Einsatz für die sexuelle Revolution

Ende der 60er wertete man den § 184 StGB gemeinhin als altmodisch. Sex war »kein Geheimnis mehr«, die Moralvorstellungen hatten sich enorm gewandelt – das geschriebene Recht jedoch noch lange nicht.

Der erste Liberalisierungsschub in Sachen Sexualität entstand durch die Pille, die 1961 in Deutschland auf den Markt kam und eine breite Diskussion in der Öffentlichkeit auslöste. Von der katholischen Kirche und anderen konservativen gesellschaftlichen Gruppen wurde sie verteufelt, aber von den Frauen schnell akzeptiert. Fortan wurde, was wir so lange angestrebt hatten, das Thema Sexualität in der Öffentlichkeit offen und zunehmend sachlicher diskutiert. Und wir diskutierten mit. Für einen entscheidenden Schub sorgte dann vor allem Oswalt Kolle, ein Journalist, der zur Symbolfigur der sexuellen Revolution wurde. Er kämpfte um die Freigabe der Pornographie und für die Streichung des Kuppeleiparagraphen. Mit seinen wöchentlichen Aufklärungsserien in der Illustrierten *Quick* und in der *Neuen Revue* erreichte er die breiten Massen, während wir doch noch einen begrenzten Kundenkreis hatten. Über 7 Millionen Deutsche lasen ab 1960 die Vorabdrucke seiner Bücher »Dein Kind – das unbekannte Wesen«, »Deine Frau – das unbekannte Wesen« und »Dein Mann – das unbekannte Wesen«. Danach erschienen »Das Wunder der Liebe«, »Geheimnis der Liebe« und »Sexualität 70«. Seine Filme sorgten für Aufsehen, auch wenn in ihnen keine Szenen mit Geschlechtsverkehr zu sehen waren.

Oswalt Kolle war für mich ein Aufhänger. Abgesehen davon, dass wir uns gegenseitig unterstützten, etwa gemeinsam vor die Presse traten, waren seine Schriften Ende der 60er Jahre schon längst Standard. In dem Prozess um »unzüchtige« Hilfsmittel, der in erster Instanz am 18. 2. 1969 entschieden wurde (s. o.) – es ging um Spezialcremes und Kondome – verwies ich darauf, dass die Oswalt-Kolle-Berichte beinahe bei jedem Arzt im Wartezimmer lägen. *Die Münchner Abendzeitung* titelte daraufhin am folgenden Tag »Beate Uhse: Kolle darf, ich nicht«. Jetzt hatte ich die Pressestimmen wirklich auf meiner Seite.

Glauben Sie an die Fakten, die Ihnen Ihre Kunden liefern

Ganz wichtig in schwierigen Zeiten ist es, sich nicht zu sehr von der Meinung anderer beeinflussen zu lassen. Wer Erfolg hat, sollte sich besser an den Fakten orientieren. Werfen Sie das in die Waagschale, was Ihnen Recht gibt.

Wie sehr die Kirche und Staatsanwaltschaft mich und die sexuelle Befreiung bekämpft hatten – die täglich wachsende Zahl von Bestellungen und die immer freiere Behandlung des Themas Sexualität in den Medien zeigten mir ein ganz anderes Bild des »Sittlichkeitszustands«. Entgegen aller Anti-Erotik-Stimmungsmache gab es genügend Interessenten und Käufer für unsere Produkte, darunter sowohl solche, die selbstbewusst über den Tabus standen, als auch solche, die ihre Hemmungen erst einmal überwinden mussten, aber ihre Bedürfnisse ausleben oder ihre Probleme im Intimbereich aktiv bewältigen wollten. Meine Kunden waren es, die mir Recht und meinem Geschäft eine Berechtigung gaben.

Zahlen und weiche Faktoren zählen!
Die wichtigsten Informationen aus dem Markt waren natürlich die Umsatzzahlen, die zwar zunächst langsam, aber bald immer stärker wuchsen. Sie waren der messbare Erfolg, den wir dann in den PR herausheben konnten.

Jahr	Umsatz in DM	Wachstumsrate
1952	261 000	
1953	365 000	39,85%
1955	822 000	125,2%
1956	1 326 000	61,32%
1957	2 003 000	51%
1958	3 279 000	63,7%
1959	3 408 000	3,93%
1960	5 454 000	60%
1969	35 000 000	
1970	32 700 000	Umsatzminus
1978	50 000 000	

Um das Bild nicht zu schönen, sind in der obigen Tabelle auch die beiden Jahre abgebildet, in denen der Umsatz nur mäßig anstieg bzw. sogar zurückging. Der Einschnitt im Jahr 1959 erklärt sich durch ein Urteil des BGH, das den Katalogversand an Neukunden faktisch unmöglich machte, was durch die Erfindung des Gutscheinbriefs 1960 wieder wettgemacht werden konnte. Das Umsatzminus von 1970 im Vergleich zum Vorjahr kann man mit einer allgemeinen ersten Sexmüdigkeit der Deutschen in diesem Jahr sowie der fehlenden Möglichkeit, ihnen aufgrund der Rechtslage etwas Neues zu bieten, erklären. Die Tabelle zeigt, dass man einen längeren Atem braucht, wenn man mit rechtlichen Hürden zu kämpfen hat, und Rückschläge nicht bedeuten, dass es ein für alle Mal vorbei ist mit dem Erfolg.

Daneben zählte die wachsende Anzahl unserer gespeicherten Adressen, wobei sich die Zahl für eine Zeit lang auf 2 Mio. aktive Adressen einpendelte, wovon ca. 1,3 Mio. Stammkunden waren.

1952: 200 000 Kunden
1956: 500 000 Kunden

1966: 2 Mio. Kunden
1971: 2,3 Mio. Kunden

Wer mir Vorschub für unsittliches Verhalten vorwarf, sollte aber auch wissen, wie wichtig z. B. der Geschäftszweig »Verhütung« war. Noch Anfang der 70er Jahre – die Pille gab es schon längst – machten Präservative 40% unseres gesamten Umsatzes aus –

weitaus mehr als die ebenfalls sehr begehrten erotischen Print-produkte.

Doch nicht nur nackte Erfolgszahlen sind das Aushängeschild eines Unternehmens. Die zahlreichen, teils sehr persönlich gehaltenen Briefe und Dankesbezeigungen der Kunden waren eine Bestätigung, dass Beate Uhse nicht bloß einen Bedarf deckte und sinnvolle bzw. hilfreiche Produkte lieferte, sondern auch den Nerv eines jahrelang unterdrückten Bedürfnisses traf. Sehr deut-lich nämlich spiegelte diese Korrespondenz die Folgen des Phä-nomens Prüderie, den großen Mangel an Aufklärung und die bloße Äußerlichkeit der Lustfeindlichkeit, die das Gesellschafts-bild prägte. Viele Rat Suchende wussten tatsächlich nur wenig über den Zeugungsvorgang oder über die unterschiedlichen Methoden der Empfängnisverhütung und waren froh, eine Reihe von Aufklärungsbüchern in meinen Katalogen zu finden. Für viele war die Sexualberatung, die wir kostenlos anboten, eine enorme Hilfe. Viele aber sehnten sich einfach nach Erotik und Spannung in der Liebe, viele suchten mehr Erfüllung in ihrem Geschlechtsleben.

Andere Schreiben wieder zeigten, dass die Kunden die promp-ten Antworten auf ihre Anfragen, die persönliche Ansprache oder den offenen und sachlichen Stil von Beate Uhse zu schätzen wussten. Wieder andere lobten den guten Service des Unterneh-mens. Und häufig stellte sich heraus, dass wir für unsere Kunden die einzige Anlaufstelle waren, wo es Rat und Hilfe für sie gab. Diese Zuschriften waren die beste Bestätigung für meine Arbeit, die ich bekommen konnte, daher setzte ich sie regelmäßig in meinen Werbemitteln ein.

Hier einige Ausschnitte von Kundenbriefen, die ich in einer notariell beglaubigten Sammlung von Kundenschreiben 1963 zusammentrug. Die etwa 60-seitige »Anerkennungsbroschüre« wurde allen Tausch- und Reklamationsbearbeitungen beigelegt.

Beispiel: Auszüge aus Kundenanerkennungsschreiben

»Ich beglückwünsche mich, Ihr Kunde zu sein, denn solch ein Kundendienst macht Freude.«

»Ich weiß nicht, wie viele Menschen Sie glücklich gemacht und wie viele Ehen Sie gerettet haben. Aber eines weiß ich ganz genau, dass Sie meine Ehe gerettet haben und dafür möchte ich mich bei Ihnen ganz besonders bedanken!«

»Die würdige Form, mit der Sie die schwierigsten Themen, aber auch wohl die wichtigsten Lebensprobleme behandeln, veranlasst mich, die Verbindung mit Ihnen aufzunehmen.«

»Ich muss Ihnen ehrlich gestehen, dass mir Ihr ganzes Unternehmen wirklich imponiert, angefangen von Inhalt, Text und Aufmachung Ihrer Prospekte bis zur Beantwortung der Anfragen. So etwas dürfte es in Deutschland wohl nur ein Mal geben. Auf jeden Fall ist die Sache ausgezeichnet und einzigartig.«

»Für die prompte Erledigung meiner Bestellung danke ich Ihnen. Man spürt immer wieder die Sorgfalt, mit der Sie Ihre Kunden bedienen.«

»An wen sollte ich mich sonst wenden, wenn nicht an Sie?«

(aus der »Anerkennungsbroschüre«, 1963)

Den Blick über die Grenze wagen

Vor 40 Jahren gelang uns ein erheblicher Spagat: Einerseits haben wir es immer geschafft, im Rahmen der Gesetze zu bleiben. Andererseits haben wir die sexuelle Revolution vorangetrieben. Wo immer es möglich war, hat Beate Uhse für Aufklärung und Liberalisierung gekämpft. Uns als Wirtschaftsunternehmen waren dabei die Hände jedoch viel stärker gebunden als den Medien, die sich bei freizügigeren Darstellungen z. B. auf ihre Pressefreiheit berufen konnten.

Wir konnten damals nicht einfach abwarten, bis sich die Zeiten besserten: Wir mussten in die Zukunft blicken und die Grenzen austesten. Hätten wir uns nicht mit eingesetzt für den Wandel, wären wir vielleicht abgehängt worden von einer Entwicklung, die sich in anderen Gesellschaften schon längst durchgesetzt hatte. In skandinavischen Ländern liefen Pornofilme bereits fünf Jahre, bis sie auch in Deutschland erlaubt wurden – und der Handel mit illegalem Material hatte sich zum Schaden unseres Geschäfts immer weiter ausgebreitet. Als die Flower-Power-Bewegung die Freiheit der Liebe und die sexuelle Befreiung der Frau verhieß, wurde so mancher erotische Roman hierzulande noch auf den Index gesetzt – hätten wir deswegen erotische Romane grundsätzlich nicht verkaufen sollen? Es hat natürlich lange gedauert, bis der Gesetzgeber reagiert hat, aber irgendwann hat er reagiert, zunächst innerhalb der Rechtsprechung, dann mit einer Gesetzesnovelle. Bei allem mussten wir Fehler vermeiden, die uns in Verruf gebracht hätten.

Heute müssen wir uns neuen Anforderungen stellen. Bislang waren internationale Rechtsvorschriften zu Erotik und Pornographie für uns nur insofern relevant, als in den Ländern, in denen wir mit Lizenzpartnern zusammenarbeiten (z. B. Spanien, Schweiz, Norwegen), jeweils leicht abweichende Auffassungen darüber gelten, was erlaubt ist. Doch haben bislang unsere Lizenznehmer die Verantwortung für eine rechtmäßige Vertreibung unserer Artikel übernommen und dafür gesorgt, dass die nötigen Katalog- oder Sortimentsanpassungen durchgeführt wurden. In Zukunft wird es eine unserer Aufgaben sein, kompetente Anwälte im Ausland zu finden, die unsere Interessen mit den dort geltenden rechtlichen Vorschriften in Einklang bringen, damit wir international auch direkt tätig werden können.

Sex ohne Grenzen im globalen Netz?

Eine weitere Frage ist, wie man umzugehen hat mit dem noch jungen, aber sich doch rasch vergrößernden Vertriebszweig Internet und neue Medien. Dass das Internet nicht ewig ein rechtsfreier Raum bleiben wird, zeigt das kürzlich in Kraft getretene Fernmeldeabsatzgesetz. Problematischer als Fragen der Werbung wird die Frage nach einer einheitlichen Rechtsauffassung, was international innerhalb der Pornographie noch erlaubt und was verboten sein soll – und diese Frage wird sich irgendwann einmal stellen. Die Auffassungen hierüber sind von Staat zu Staat noch recht unterschiedlich. Die Möglichkeit, den Artikel »Sex« im

Internet weltweit abzufragen, offenbart jedoch, wie dringend es einer Regelung bedarf. Auf entsprechenden com-Domains kann der Surfer zu extrem harten Pornoinhalten gelangen, die hierzulande verboten sind. Staatliche Kontrollen auf diesem Vertriebskanal sind erheblich erschwert. Die nationalen Gesetze scheinen ausgehebelt, aber man soll sich nicht täuschen: Sie sind deswegen keineswegs ungültig. Hier gilt es einen Weg zu finden, unsere nationalen wie internationalen Interessen zu wahren und gleichzeitig für eine gerechte Regelung einzutreten, welche für alle Anbieter gültig ist und die aus freiheitlich demokratischen Grundwerten abgeleiteten Schutzinteressen achtet. Erst allmählich bilden sich auch im Internet Instrumente wie die freiwillige Selbstkontrolle heraus.

Für uns ist es erstens wichtig, den guten Ruf, den Beate Uhse genießt, nicht zu gefährden. Und zum Zweiten erachten wir den Jugendschutz als wertvolle und absolut einzuhaltende Grenze. Daher stellen wir im Rahmen unserer Möglichkeiten sicher, dass Jugendliche keinen Zugriff auf Inhalte haben, die nur für Erwachsene bestimmt sind. Im Mai 2000 starteten wir im Internet mit dem Angebot »Beate Uhse 18 PLUS«, einem Abonnentensystem, das verschiedene Angebote im Bereich Hardcore-Erotic bietet und, wie der Name schon sagt, für Erwachsene ist. Bei der Konzeption haben wir besonderen Wert auf Datensicherheit und die Einhaltung des Jugendschutzes gelegt. Durch ein »Adult Verification System« wird durch die Prüfung der Personalausweisnummer die Volljährigkeit des Nutzers sichergestellt. Gleichzeitig garantieren wir natürlich, dass die persönlichen Daten streng vertraulich und nach den gesetzlichen Bestimmungen des Datenschutzes behandelt werden. Der Interessent von »18 PLUS« wird zudem explizit aufgeklärt, dass er sein Interesse an erotischen und pornographischen Inhalten im Internet, die gesetzlich nur Erwachsenen in geschlossenen Benutzergruppen zugänglich sein dürfen, durch Klick auf den Anmeldebutton erklärt. Damit übernimmt der Kunde die Verantwortung dafür, dass er Kindern und Jugendlichen die Inhalte nicht zugänglich macht. Man mag es als geringe Hemmschwelle erachten, mit einem bloßen Mausklick zu garantieren, dem Gesetz Genüge zu tun. Aber was der

Kunde mit den für ihn erlaubten Inhalten macht, entzieht sich immer unserer Kontrolle – nicht anders als beim Verleih oder Verkauf eines pornographischen Films in einem unserer Läden.

Unser Vorteil heute ist, dass wir über einen breiten Erfahrungshintergrund mit weitgehender Sicherheit in juristischen Fragen verfügen. Man könnte sagen, nach 50 Jahren ist man so gut wie mit allen Wassern gewaschen. Wir haben durch unser konstantes Bemühen, im Rahmen der Legalität zu handeln, ein positives Image aufgebaut, so dass wir inzwischen als das Vorzeigeunternehmen der Branche gelten. Dieses Image gilt es auch in Zukunft zu wahren.

Die Erfolgsstrategien zur Markenbildung

Beate Uhse im Fernsehen

Die Sendung wird im 1. Programm des „Deutschen Fernsehens" am Montag, dem 24. Oktober 1966, 22.30 Uhr, ausgestrahlt

Peter von Zahns „Reporter der Windrose" sind wohl jedem Besitzer eines „Pantoffelkinos" bestens bekannt. Ein Kamera-Team dieser Fernseh-Produktionsgesellschaft hat am 22. August Aufnahmen in unserem Betrieb gedreht, die für eine

Sendung des Westdeutschen Rundfunks mit dem Titel „§ 218" bestimmt sind.

Diese Sendung setzt sich mit dem Problem der Abtreibung auseinander und mit Fragen der Geburtenregelung und läßt

eine Reihe sachkundiger Persönlichkeiten aus allen Lebensbereichen zu Worte kommen. Darunter auch unsere Chefin, deren Worte durch Filmaufnahmen aus unserem Betrieb illustriert werden.

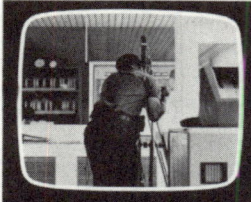
Ein Blick auf die Elektronik ....

.... wo viel geschieht ....

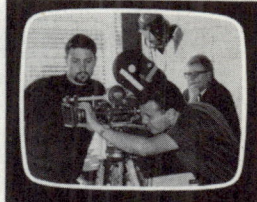
.... obgleich man wenig sieht.

Buch und Fernsehen hier friedlich vereint

Bei Verpackung und Versand ....

.... ist viel Bewegung

Gleich geht es los!

„Mal sehen, was die sehen ..."

Die Klappe fällt

Aufnahme läuft

Dreh- und Kaffeepause

Auftragsbearbeitung ferngesehen

Personality-PR ebnet den Weg zur Expertenschaft. Im Unternehmen werden die Medien willkommen geheißen. Beate Rotermund äußert sich 1966 vor der Kamera eines ARD-Teams zum »§ 218«. Die Bilder stammen aus der Mitarbeiterzeitschrift.

Der Name ungeschminkt, das Logo farbig

Was man bei der Namensfindung beachten sollte. Beate Uhse ist Beate Uhse – und welche Vorteile Eigennamen haben. Das Logo: einfach, klar und farbig überzeugt. Und was ist mit dem Slogan?

Sie brauchen einen guten Markennamen?

Ein unverwechselbarer Name ist das beste Logo.

Wenn man mit einem neuen Produkt oder einem Handelsgeschäft eine Marke aufbauen möchte, ist es wie mit einem Neugeborenen: Man weiß nicht, was aus ihm einmal werden wird. Und trotzdem muss man ihm einen Namen geben, der zu ihm passt, der zu ihm gehört, und zwar heute genauso wie in fünf, zehn oder 50 Jahren. Der Name ist das, was bleibt.

Was macht man bei seinen eigenen Kindern? Man führt Namenstraditionen der Familie fort, benennt den Nachwuchs nach einem persönlichen Vorbild oder achtet verstärkt auf Trends und wählt einen, der besonders beliebt ist. Jedenfalls geht man nach dem, was einem gefällt und was einem wichtig ist – der Name soll aus der Familie kommen, biblisch, deutsch, modern oder typisch für die Region sein. Und man möchte, wenn man zu den weiseren Eltern gehört, keinesfalls, dass das Kind einmal aufgrund seines Namens dem Gespött in der Schule ausgesetzt ist.

So kann man auch bei der Suche nach einem Markennamen vorgehen: Man setzt auf den eigenen Geschmack, auf Traditionen, auf Modeerscheinungen oder übergibt die Sache einer professionellen Agentur. Eine weitere Möglichkeit: Man sieht sich um auf seinem Markt. Wie heißen die Konkurrenten? Auf welche Begriffskategorien setzen sie? Welche großen Namen prägen die Branche? Welche neuen sind hinzugekommen?

Nun hat es mit dem Markennamen aber doch noch etwas anderes auf sich als mit dem Namen für das Kind. Verbindet sich Letzterer eigentlich von alleine mit der Identität seines Besitzers, ist dies beim Markennamen, ob für ein einzelnes Produkt oder ein Unternehmen, nicht so selbstverständlich. Der Name muss gut zu dem passen, was er bezeichnen soll. Und er sollte auch in 50 Jahren noch gut klingen. Zugegeben, Letzteres ist schwer vorauszusehen. Ein Markenname wie *Asbach Uralt* würde heute bei der Namensfindung für einen Weinbrand vielleicht nicht mehr aufkommen.

Die Namengebung steht am Anfang jedes Brandingprozesses. Und sie wird nicht umsonst für eine der wichtigsten Entscheidungen gehalten, denn damit findet eine unauslöschliche Etikettierung des Produktes statt. Der Name bleibt immer gleich. Nach Jahrzehnten sind die ersten Ideen und Markenkonzeptionen, z. B. Slogans, die für den damaligen Markt entwickelt wurden, nicht mehr relevant, denn sie wurden schon längst an die neuen Zeiten und Käufer angepasst. Es ist also dann alleine der Name, der für die Vertrautheit sorgt. Das sollte man sich bei der Suche nach dem passenden Namen vergegenwärtigen. Unsere Erfahrung deckt sich jedenfalls mit dem, was man in vielen Büchern über Branding lesen kann. Der Name für eine Marke sollte sorgfältig ausgewählt werden.

Was macht einen Namen »gut«?

Wenn man sich viele bekannte Markennamen ansieht, fallen einem folgende Kriterien auf:

- Die meisten Markennamen sind eher kurz;
- sie sind einzigartig und einprägsam;
- in der Verbindung mit dem, was sie bezeichnen, sind sie in der Regel positiv besetzt;
- sie unterscheiden sich meist deutlich von den Namen der Konkurrenzmarken oder -unternehmen, meiden auch ähnliche Begriffskategorien;
- sie klingen gut;
- sie passen zu dem, was sie bezeichnen.

Nicht immer treten alle Kriterien gleichzeitig auf. Dennoch scheinen sie nicht unwesentlich, wenn sich der Markenname im Gedächtnis der Käufer einprägen soll.

Der Name muss einprägsam sein

Denn er sollte in den Köpfen der Käufer schnell abrufbar sein. Dass er überhaupt behalten werden kann, ist natürlich eine Frage der Wiederholung über einen längeren Zeitraum hinweg. Wenn »Otto – find ich gut« über Jahre als Slogan in verschiedenen Kommunikationskanälen immer wieder verwendet wird, prägt er sich eben ein. Aber während des Brandingprozesses selbst hat man mit einem komplizierten Namen oder einem austauschbaren Begriff von vornherein schlechtere Karten. Diese Erfahrung machen wir jetzt gerade mit unserem Namen in den USA. Dort kann »Uhse« nach der deutschen Lautung nicht richtig ausgesprochen werden. Aber vor 50 Jahren hätte ich mir nicht träumen lassen, dass wir auch diesen Markt eines Tages bedienen wollen. Andererseits muss die falsche Aussprache nicht unbedingt hemmend wirken, wie das Beispiel der Einzelhandelskette *Woolworth* zeigt, der in Soziolekten bestimmter Regionen eingedeutscht wird. Im Klartext: Die Hausfrau aus dem Ruhrpott geht bei »Wollwat« einkaufen.

Einprägsamkeit entsteht durch etwas Neues, etwas, das Aufmerksamkeit erregt, beispielsweise durch eine (möglichst einfach zu merkende) Neuprägung bzw. einen entsprechenden Fantasienamen oder durch eine ungewöhnliche Verbindung von mehreren Wörtern oder Wortteilen.

Coca-Cola ist keine komplette Neuschöpfung, nimmt der erste Namenbestandteil doch Bezug auf die Kokapflanze. Aber er erscheint uns geradezu sympathisch, denn er hat eine leicht zu merkende Silben- und Klangdoppelung in den zwei Namensbestandteilen, die sich nur durch die Konsonanten in der Mitte unterscheiden. Darüber hinaus ist er sehr rhythmisch mit dem Ton auf der ersten und dritten Silbe.

Es gibt ebenso viele Beispiele für intelligente und einprägsame Neuschöpfungen bei deutschen Marken: *Pril* – eine Marke, die zum Inbegriff des Spülmittels wurde. Der Name ist kurz und hat den hellsten Vokal des Deutschen, das -*i*- in der Mitte. Ein heller Vokal wirkt immer freundlicher und leichter als zum Beispiel das dunkle »u«. (Übrigens ist Pril eine Marke, die es fast so lange gibt wie Beate Uhse.) Auch *Zweckform* ist eine gelungene Wortschöpfung. Der Name lässt vermuten, dass hier dem bloßen Zweck – »nützlich und geordnet« – auch eine »gute Form« verliehen wurde. In diesem Markennamen drückt sich nicht zuletzt durch das zusammengesetzte Substantiv eine starke Autorität bzw. Kompetenz aus. *Köllnflocken* hat den einprägsamen Eigennamen der Gründer (einprägsam, weil er an die Stadt Köln erinnert) mit der Produktart verbunden. Man kann sich vorstellen, wie Schulkinder beim Frühstück ins Grübeln kommen, warum Kölln hier mit zwei »l« geschrieben wird – dadurch kann sich ein Begriff besser einprägen. Manchmal scheint es die Uneindeutigkeit der Begriffsbildung zu sein, die solche Markennamen gerade interessant macht.

Der Name muss einzigartig sein
Welche Arten von Namen sind dann weniger einprägsam? Solche, die austauschbar erscheinen, weil sie von anderen Firmen auch benutzt werden oder wie andere Markennamen klingen. Namenszusätze, etwa allgemein klingende Labels wie »Deutsche X« oder »Allgemeine Y«, können den Markennamen beliebig erscheinen lassen. Diese Labels werden häufig besetzt von Unternehmen wie der *Deutschen Bahn AG* oder der *Deutschen Telekom*, was eine gewisse Größe und – aufgrund ihrer Vorgeschichte als staatliche Unternehmen – Schwerfälligkeit implizieren mag. Auf solche Zusätze sollte man also gerade als mittleres Unternehmen besser verzichten – wenn sie keine für den Markenauftritt sehr wichtige Funktion erfüllen.

Wenn ein neuer Name auf dem Markt erscheint, ist er nicht per se einzigartig. Aber er ist es dann, wenn der Name neu ist für das, was er bezeichnet. Nicht nur klangliche Ähnlichkeit zu bereits bestehenden Marken/Produkten der Konkurrenz, auch ähnliche Begriffskategorien sollte man daher meiden. Nicht umsonst hat der Bruder des Adi Dassler seinen Sportschuh *Puma* genannt – klanglich und semantisch weit entfernt von der Wortschöpfung *Adidas*. Umgekehrt: Hat man nicht spätestens nach der fünften Pizzeria, die mit »Da« beginnt und mit dem Vornamen des Besitzers aufhört (*Da Mario, Da Bruno, Da Franco…*) schon bald keinen Appetit mehr auf italienisches Essen?

Der Name »Brandt« beispielsweise war zunächst einmal ein geläufiger Familienname. Aber als Bezeichnung für einen Zwieback war er völlig neu und konnte so eine Marke prägen und das, wofür er stand, unverwechselbar machen. Ein weiteres unter vielen Beispielen ist *Coca-Cola,* eine originelle Neuschöpfung eines Namens und bis heute klanglich einfach nicht zu verwechseln mit dem Markennamen des Hauptkonkurrenten, *Pepsi Cola.* Eine *Coke* bleibt eine *Coke.* So gesehen ist der Name *Pepsi* ebenfalls gut gewählt.

Der Name muss positiv besetzt sein
Und schließlich muss der Name positiv besetzt sein oder sich positiv besetzen lassen. Wenn an einem Namen bereits ein eindeutig negativer Sinn oder eine negative Tendenz haftet, ist es sehr schwer, diese Erinnerung aus dem Gedächtnis der Käufer zu löschen. Ein Markenname sollte möglichst bei jedermann ein positives Gefühl auslösen, wenn er nicht schon für das Produkt selbst steht. *Tempo* ist für mich ein gutes Beispiel: Heute steht der Name per se für Papiertaschentücher und muss daher keine besonderen Emotionen mehr auslösen. Aber zur Zeit der Entstehung der Marke, in den 20er Jahren, griff der Name nicht nur das positiv besetzte Motto einer Epoche – »Tempo, Tempo!«– auf und spiegelte damit die aktuelle Entwicklung der Motorisierung breiterer Bevölkerungsschichten wider, sondern benannte auch den Nutzen des rasch entfaltbaren Papiertaschentuchs gleich mit. Ähnlich verdeutlicht der *Knirps* als Inbegriff des kleinen Schirms sofort den Produktvorteil. Und der Begriff »Knirps« im Sinne von »kleiner Junge« ist durch Figuren wie *Emil und die Detektive* zudem positiv besetzt.

Nun haben wir mit »Beate Uhse Versand« einen recht neutralen Namen gewählt, was vor allem mit den nächsten beiden Punkten zusammenhängt. Aber als *Beate Uhse* entstand, gab es zumindest noch kein Unternehmen mit einem ähnlichen Namen.

Wann passt ein Markenname zu dem, was er bezeichnet?
Bei Eigennamen kann es natürlich Namen geben, die nicht zu dem Unternehmen passen. Wer *Mager* heißt, wird, wenn er

seine Kunden ernst nimmt, kaum sein Übergrößengeschäft nach sich benennen. Also wählt man in einem solchen Fall einen Fantasienamen, der zum Image der Firma passt. Oft muss man dieses Gebot des Brandings gegen andere Wünsche, etwa einen besonders originellen Namen, abwägen und dabei vielleicht von Wunschvorstellungen in Bezug auf ein bestimmtes Image absehen. Auf den Kunden kann ein unpassender Name jedenfalls unprofessionell wirken. Dieses Problem kennen wir alle als Verbraucher: Wie viele Fehlgriffe finden sich nicht auf Ladenschildern so mancher Einzelhandelsgeschäfte. Aber man stößt auch auf gute Ideen wie z. B. *Kondomi*, eine Firma, die sich auf Kondome spezialisiert hat. Der Name ist nicht nur ansprechend, sondern bezeichnet auf originelle Weise genau das, was in dem Geschäft erhältlich ist. Ähnlich gelungene Markennamen sind z. B. *Teefix*, *Nuk* oder *Tipp-Ex*.

Warum Beate Uhse Beate Uhse heißt

Viele Marketingfachleute haben mich schon gefragt: »Welche Agentur hat Ihnen denn den Namen Beate Uhse kreiert?«

Es ist schwer, bei lang bekannten Markennamen nachträglich festzustellen, inwieweit der Name selbst für die Markenbildung mitverantwortlich war. Ausschlaggebend ist, dass der Markenname in vielen Werbekanälen und über einen langen Zeitraum hinweg immer wieder genannt werden muss.

Dennoch würde ich aus meiner Erfahrung von einer willkürlichen Namenswahl abraten. Als ich mein Unternehmen »taufte«, habe ich vor allem auf zwei Punkte ganz bewusst geachtet:

- Erstens wollte ich mich von der Konkurrenz abheben.
- Zweitens sollte mein Name für das stehen, was ich unternehmerisch leistete.

Ich hatte den ersten Firmennamen schon von meinem Eigennamen abgeleitet: »Betu-Versand« nannte ich mich. Ich war

1947 mit dem ersten Produkt »Schrift X« noch ein Ein-Frau-Unternehmen und unterschrieb das Mailing mit meinem damaligen Namen »Beate Uhse«. Am 3. September 1949 erhielt ich als Person Beate Uhse von der Flensburger Militärregierung die Gewerbegenehmigung für die »Distribution and Sale of Books and Pamphlets«.

Kurz darauf heiratete ich jedoch ein zweites Mal und hieß fortan Rotermund wie mein zweiter Mann. Als ich meinen Versand allmählich in professionelle Schienen lenkte und sich die ersten Erfolge einstellten, sollte meine Versandfirma ins Flensburger Handelsregister eingetragen werden. Und da wollte ich unter dem Namen Beate Uhse firmieren, nicht zuletzt weil er schon seit 1947 eingeführt war. Mit der Begründung, dass ich bereits einiges an Werbekosten für diesen Namen investiert hatte, konnte ich diesen Wunsch nach anfänglichen Problemen schließlich gerichtlich durchsetzen.

Mir war von Anfang an bewusst, dass bei dieser Art von Unternehmen mein Name ins Spiel kommen musste. Damals war ich bei weitem nicht der einzige Vertrieb in dieser Branche – bis zu 70 Versender tummelten sich Anfang der 50er Jahre auf dem Markt für Aufklärungsbücher, Sexhilfen und Verhütungsmittel. Die meisten meiner Mitbewerber agierten unter Phantasienamen, wie der *Pothos-Versand* aus Stuttgart, der *Takt-Versand* aus Bremen, der *Eros-Versand* aus Bad Wildungen, der *Merkur-Versand* aus Seesen. Eine Ausnahme bildete der noch relativ nüchterne, aber nicht sehr überzeugend klingende *Gummi-Vollmar* aus München.

Bei »Eros-Versand« wird zumindest klar, um was es geht. Doch geht man lediglich von den Namen aus, wirkt jedes einzelne dieser Unternehmen anonym und austauschbar. Hier galt es, sich abzuheben. Ich wollte mein Geschäft offen betreiben und mich nicht hinter einem metaphorisch-blumigen Begriff verschanzen. Und zwar vor allem deshalb, weil es meiner Ansicht nach nicht dem entsprach, was ich als Geschäftsfrau machte. Ich versandte nicht nur Kondome und Gleitcremes oder die neuesten Aufklärungsbücher, sondern ich klärte meine Kunden auch auf – wer sich in Fragen zur Sexualität und Verhütung an Beate Uhse wenden wollte, sollte professionelle, medizinische Beratung erhalten. Weil es um das heikle Thema Intimsphäre ging, um das große Bedürfnis der Kunden, mehr Erfüllung in ihrem Sexualleben zu erhalten, sollten sich meine Kunden an eine Person wenden können, die es wirklich gab und der sie vertrauen konnten. Deshalb gab ich meinem Unternehmen meinen Namen. Und deshalb setzte ich gleichzeitig in jedes Werbemittel mein Foto und meine Unterschrift. Damit war im Prinzip der Grundstein für ein »Personenmarketing« gelegt – auch wenn der Begriff damals noch nicht existierte. Ich zeigte meinen Kunden und der Öffentlichkeit ganz klar, mit wem sie es zu tun hatten.

Noch ein zweiter Aspekt spielte hier eine Rolle: Ich wollte ja mein Geschäft so »normal« wie jedes andere betreiben können. Wozu also sollte ich mich verstecken und welchen Nutzen hätte ich davon gehabt? Damit hätte ich gleichzeitig meine Kunden düpiert. Wie hätten sie zu ihren Bedürfnissen stehen können, wenn nicht einmal das Unternehmen, von dem sie ihre Waren bezogen, dazu stand? Der Namenszusatz »Versandhaus für Ehehygiene« machte die Sache dann vollends eindeutig. Und so war am 22. 2. 1952 das »Versandhaus für Ehehygiene Beate Uhse« geboren.

Welchen Vorteil haben Eigennamen?

Auch im Hinblick auf die Entwicklung bis heute sehe ich überwiegend Vorteile darin, den Eigennamen als Markennamen oder Markenfirmennamen zu verwenden. Manch einer mag das anders sehen, denn was passiert mit dem Unternehmen, wenn die Person einmal nicht mehr ist?

Bei Beate Uhse hat sich der Name über 50 Jahre lang gehalten. Ich denke, wenn eine Marke, selbst wenn sie stark an eine Person geknüpft ist, diese »Arbeitslebensspanne« einmal überdauert hat, dann kann sich der Gründer oder die Gründerin allmählich zurückziehen, ohne fürchten zu müssen, dass das Unternehmen ohne einen selbst oder ohne Nachfolger nicht bestehen könne. Viele Firmen, die schon Jahrzehnte oder ein Jahrhundert existieren, tragen noch den Namen ihres Gründers, obwohl schon längst niemand aus der Familie mehr für das Unternehmen tätig ist. Der Name steht dann für Werte wie Sicherheit, Überlebensfähigkeit, Erfahrung. Somit zeugt ein Eigenname von einer positiv besetzten Tradition, die einmal von der Gründerperson ausgegangen ist – und zwar auch dann noch, wenn sie sich inzwischen in eine personenunabhängige Unternehmenskultur gewandelt hat.

Beispiel
Familiennamen finden sich Hunderte unter den großen Marken: *Langenscheidt, Duden, Otto Versand* oder *Steiff,* aber auch *Brandt Zwieback, Ritter Sport* und *Leitz Ordner* sind nach den Unternehmensgründern benannt. Auch einige Handelsmarken setzen auf Eigennamen: *Hennes & Mauritz (H&M) und Marks and Spencer.*

Ein Eigenname bleibt zeitlos und spiegelt damit einen konstanten Markenauftritt optimal. Zusätze kann man immer noch vornehmen, wenn man diversifiziert oder Tochtergesellschaften gründet. So tragen zum Beispiel bei der Beate Uhse AG die Läden der Lizenzpartner, die es seit 1990 gibt, den Namen »Beate Uhse International«, in Deutschland und im Ausland. Das macht Sinn, weil die Lizenzen eben auch im Ausland vergeben werden. Daneben gibt es noch unsere eigenen Beate-Uhse-Läden, die ohne diesen Zusatz auskommen. Bei der Gründung hießen wir »Versand für Ehehygiene«, später dann nur noch »Beate Uhse Versand«.

Doch zurück zum Familien- oder Gründernamen. Auf mich hat er immer eine gewisse Wirkung: Neigt man hier nicht eher zur Vorstellung, einem mittleren oder kleinen Unternehmen gegenüberzustehen? Also einer Organisation mit überschaubarer Größe? Und einem solchen Unternehmen traut der Kunde wahrscheinlich mehr Kundennähe zu als anonym geführten Großunternehmen. Ob nun das Unternehmen wirklich noch in Familienbesitz ist oder nicht, weiß der Käufer ja oft nicht.

Damit dieses Vertrauen aber bestätigt wird und das Image auf Dauer funktioniert, muss der Namensinhaber über einen gewissen Zeitraum in Erscheinung treten. Daher ist bei Beate Uhse die Entscheidung für den Namen von der Personality-PR nicht zu trennen, über die Sie im folgenden Abschnitt mehr erfahren. Zunächst aber noch einige Bemerkungen zum Logo und zum Slogan.

Setzen Sie auf ein farbiges Logo

Man muss stets die gleichen optischen Merkmale benutzen, damit sich die Marke dauerhaft beim Verbraucher einprägen kann. Ein Logo ist der in Form gegossene Ausdruck der Corporate Identity. Das Logo stellt sicher, dass sich die Firma in all ihren Betriebszweigen, Vertriebskanälen und in jeglicher schriftlicher Kommunikation vom Kundenbrief bis zur Anzeige so präsentiert, dass der Außenstehende sofort erkennt: Das ist Nivea, Estee Lauder, Mercedes, Swatch oder Beate Uhse.

Unser Logo kennt jeder. Es ist der Name Beate Uhse, meistens in roten, breiten Lettern, manchmal auch in blauen. Die Form beider Schriftzüge ist fast identisch. Ideal ist das Logo insofern, als es breiter als hoch ist – eine wichtige Regel des Branding. Querformatige Logos kommen auf Briefköpfen, Visitenkarten, Broschüren, auf Ladenschildern etc. viel besser zur Geltung als hochformatige. Es ist einfach lesbar und klar, denn wir haben auf jeden Zusatz zum Schriftzug verzichtet. Inzwischen hat der Schriftzug Symbolcharakter. Es gibt zwar auch noch ein weiteres Symbol von Beate Uhse, das ist die bunte Blume, die wir schon lange verwenden, früher sehr häufig als Ladendekoration und auf Werbemitteln, heute noch auf Tüten und Memoblöcken etc. Aber das eigentliche Logo ist der Schriftzug, der sich über die 50 Jahre kaum oder nur minimal verändert hat.

Das ist sehr wichtig für einen kontinuierlichen Markenauftritt. Nichts verunsichert die Kunden so sehr wie eine schlecht durchgehaltene Firmenlogo-Optik. Denn Symbole wirken wie Signale, sie werden blitzschnell und ganzheitlich wahrgenommen und prägen sich leicht ein. Bei entsprechender Wiederholung eignen sie sich hervorragend für eine Speicherung im Langzeitgedächtnis. Sie werden also auch rasch wiedererkannt. Umso verstörender muss es wirken, wenn ein Unternehmen ein neues Logo verwendet. Hat sich ein Logo komplett verändert, signalisiert das: »Achtung, hier hat sich etwas Fundamentales verändert.« Und das stört das Sicherheitsstreben des Kunden, sein Bedürfnis, sich über Vertrautes zu identifizieren und über Gewohntes eine Entscheidungshilfe zu bekommen.

Ach ja, und die Farbe. Natürlich rot. Rot rot rot. Die signalroten Lettern der Shops. Rot war und ist meine Farbe. Es ist die Farbe der Liebe. Es ist eine aufregende Farbe. Und eine, die, wenn man der Farbpsychologie vertrauen möchte, ganz stark das Dominanzstreben im Menschen anspricht. Dieses Urbedürfnis nach Durchsetzung und Macht, nach Weiterkommen, nach Eroberung ist sicher bei Männern stärker ausgeprägt als bei Frauen. Und damit ist die Farbwahl bei einer überwiegend männlichen Klientel sicher kein unwesentlicher Faktor – auch wenn sie in völliger Unkenntnis dieser Dinge mit großer Entschiedenheit getroffen wurde.

Andererseits: Das *Rot*lichtmilieu haben wir gemieden. Nun, ob hier Rot immer noch die überwiegende Farbe ist, weiß ich nicht. Aber sicher hat Rot in der Kombination mit spärlichem Licht noch einmal eine ganz andere Wirkung. Und diese Wirkung haben wir ganz sicher nicht angestrebt. Hingegen sind rote Farbakzente in der Ladendekoration (z. B. rote Rosen) wieder sehr passend für Beate Uhse.

Slogan, Schlagwort ... Sex?

Ein Slogan. Ein Slogan muss sein. Ebenso wie ein Schlagwort, das mit der Marke in den Köpfen der Verbraucher unwiederbringlich verknüpft ist. Wenn nicht beides dasselbe ist. Unser Schlagwort ist die Lust. Oder die Erotik. Oder der Sex. Oder ...? Man denkt eben an »das eine«. Und daran denkt jeder in anderen Begriffen. Das ist das etwas Skurrile bei Beate Uhse und dem Schlagwort. Ich glaube, wir können es kaum ändern, dass es eben für den einen die Lust, für den anderen der Sex, für den Dritten die Erotik, für den Vierten alles zusammen ist. Aber ich denke, es ist nicht notwendig, das zu ändern, denn es ist auch wieder eindeutig und wir werden damit verbunden – was wollen wir mehr? (Auf Seite 78 finden Sie eine Auswahl von Artikelüberschriften, die dies illustrieren.)

Zum Slogan: Ich denke, wir haben mit »mehr Lust in der Liebe« einen Slogan geprägt, der recht kombinationsfreudig ist und mit dem wir auch sehr lange sehr viele Menschen erreicht haben. Aber wir haben den Fehler gemacht, diesen Slogan nicht wirklich konsequent aufzubauen, er war mehr oder weniger ein Zufallsprodukt. Wir haben ihn zwar häufig eingesetzt, aber nicht mit der allerletzten Konsequenz – so wie Mercedes seinen alten Slogan: »Dein guter Stern auf allen Straßen« oder jetzt den neuen: »Mercedes. Die Zukunft des Automobils« verwendet. Die Autofirmen setzen da einfach die echten Benchmarks, von »BMW – Freude am Fahren« bis »Audi – Technik durch Vorsprung«. Es kam bei Beate Uhse einfach nicht dazu, einen einzigen und griffigen Slogan über lange Jahre so durchgängig zu prägen. Und – wir haben es trotzdem geschafft. Also, wie wichtig ist er wirklich, der Slogan?

Eigentlich ist er wichtig für die Markenbildung, machen wir uns nichts vor. Wir haben uns nicht umsonst bemüht, einen griffigen Spruch zu finden, mit unseren Mitarbeitern, durch Ausschreibungen im Internet und wer weiß was. Aber vielleicht ist es gerade in unserem Geschäft eine besonders schwierige Sache. Wenn man sich erst einmal bewusst macht, dass unser Angebot den verschiedensten Geschmäckern Genüge tut. Und ein Slogan ist, wenn er nicht ganz weichgespült daherkommt, doch immer recht stark auf eine bestimmte Zielgruppe ausgerichtet (»Freude am Fahren« spricht vor allem die sportlichen und dominanten Fahrer an). Wenn sich ein Slogan erst einmal richtig festgesetzt hat, ist er da. Und dann bedarf es großer Anstrengungen, ihn wieder zu ändern.

Momentan prangt auf unseren Läden und auf den Lkws mit der Beate-Uhse-Werbung der Slogan »More than a feeling«. Wir werden sehen, ob er sich etabliert. Es ist eigentlich alles eine Sache der Wiederholung in möglichst vielen Werbekanälen.

Stehen Sie mit Ihrer
ganzen Person voll hinter der Sache

Warum Sie mit Ihrer ganzen Person und Persönlichkeit hinter Ihrem Geschäft stehen sollten. Was es bedeutet, wenn das Image einer Firma über eine Person aufgebaut wird. Welche Wechselwirkungen zwischen dem Image der Person, des Unternehmens und dem Produkt bzw. der Marke bestehen. Wie man mit Personality-PR gewinnt und welche Risiken man im Auge behalten sollte.
Die wichtigsten Tricks der Personality-PR und was sonst noch so dazugehört.

Lasst Vibratoren sprechen?
Wie man sein Image aufbaut

Als ich in meinen Markt eintrat, herrschten allerorten Tabus und Verbote. Sex sells? Damals keineswegs! Wie also sollte man sein Image aufbauen, wie Sympathien im Markt des »Unaussprechlichen« gewinnen? Konnte es genügen, einfach gute Produkte anzubieten?

Wir hatten viele gute Produkte, in den 60ern etwa unseren Longseller Sha Kokken, Liebesstellungen mit Holzpuppen – eine spannende Sache damals. Aber waren das auch geeignete Imageträger? Neben Cremes, Noppenkondomen, Erotikromanen? Unsere Produkte trugen doch für die breite Öffentlichkeit nur ein sehr zweifelhaftes Image, früher »Schweinkram«, später »Sex«.

Wir mussten uns schon noch von anderen Seiten zeigen, um unseren Namen positiv in den Köpfen der Verbraucher zu verankern. (Eine andere Frage ist es, ob heute z. B. Vibratoren wie »Bully-Boy« oder der »Riesen-Glitzer-Penis« geeignete Imageträger sind. Es müssen ja nicht Hilfsmittel sein, aber es ist durchaus vorstellbar, einer Produktrange wie unserer Wäsche eine bestimmte Linie zu verleihen.) Wie also sah unsere Imagepolitik aus?

Die wichtigsten
Imagekomponenten oder -träger bei Beate Uhse

Betrachten wir einmal, durch was das Image von Beate Uhse transportiert wurde und wird:

1. Durch die Person Beate Uhse:

   Für die Bekanntmachung der Marke Beate Uhse und die breite Anerkennung in der Öffentlichkeit war das Wichtigste, dass ich persönlich das Unternehmen repräsentierte. Heute bin ich durch den erfolgreichen Aufbau von Beate Uhse so etwas wie eine »Grande Dame der Erotik« geworden.

2. Durch das Angebot, unsere Produkte und Leistungen in ihrer Gesamtheit bzw. später durch die Marke Beate Uhse:

   Damit uns die Kunden treu blieben, sorgten wir für den Aufbau eines hochwertigen, breiten Angebots im Aufklärungs-, Erotik- und Pornographiemarkt. Wir achteten von Anfang an auf ein zuverlässiges Fulfillment, setzten auf intensive Kundenbetreuung und boten schon früh eine kostenlose Kundenberatung an. Unsere Läden wurden zum Inbegriff des seriösen, kundenfreundlichen Sex-Shops. Das Bild, das sich daraus ergibt, zielt vor allem auf Kundenzufriedenheit und Kompetenz: Wir sind für den Kunden *die* Erotik-Marke.

3. Durch das Unternehmen Beate Uhse:

   Es präsentiert sich als seriös, marktorientiert, kompetent und offen. Wir setzten früh auf Expansion, Wachstum und internationale Ausrichtung. Je mehr Erfolg wir hatten, umso selbstbewusster konnten wir uns präsentieren. Wir entwickelten uns ständig weiter. Unsere Mitarbeiter betrachteten wir schon immer als unser wertvollstes Potenzial, dieser Satz war bei uns nie eine Floskel. Wir lebten im Unternehmen Corporate Identity, als es diesen Begriff noch gar nicht gab. Wir gingen an die Börse. Wir wurden der stärkste Anbieter auf dem Markt. Unser Unternehmen heute: Der erfolgreiche Erotikkonzern, der Style-Leader der Branche.

Imageaufbau über Produkte,
das Unternehmen oder eine Person?

Sie sehen, durch verschiedene Imageträger entstehen verschiedene Ansichten auf ein Unternehmen. Für den Aufbau eines durchgängigen Images ist es enorm wichtig, alle exponierten Imageträger zu identifizieren und aufeinander abzustimmen.

Produkte, Dienstleistungen, vor allem Geschäfte, oder eine Marke kann man wunderbar auf ein Image trimmen: Indem man sie entsprechend entwickelt, (re-)designt und durch Werbung für bestimmte Zielgruppen und nach gewissen Mustern entsprechend in Szene setzt. Die Voraussetzung dafür, dass sie als Imageträger gut funktionieren, ist eine klare Positionierung sowie ein schlüssiges Marketingkonzept. Wir kennen diesen Imageaufbau zum Beispiel von Marken aus der klassischen Markenwerbung, perfektioniert v. a. von Autoherstellern: So hat es Audi mit groß angelegten Kampagnen geschafft, vom ehemaligen Image des »Opa«-Autos, das die Marke in den 70er/80er Jahren repräsentierte, wegzukommen und sich neu zu positionieren, mit einem wesentlich aggressiveren Styling und einem progressiven Auftritt durch den Slogan »Vorsprung durch Technik«. Der große Nachteil von solchen Markenkampagnen, vor allem, wenn Sie Ihr Geschäft erst aufbauen, ist allerdings: Sie brauchen viel Geld. In jedem Buch über Markenführung können Sie nachlesen, dass enorme Kosten anfallen, wenn Sie Ihr Produkt oder Ihre Marke über klassische Werbung aufbauen. Dass ein gutes Produktimage nicht unbedingt über Werbung aufgebaut werden muss, zeigen erfolgreiche Beispiele aus dem Handel wie Aldi oder The Body Shop. The Body Shop startete mit einem kleinen Geschäft, mit einem Minietat für Werbung und Geschäftsausstattung und wurde v. a. über die Presse bekannt. Inwiefern bei Beate Uhse Produktimage eine Rolle spielt, darauf komme ich später noch einmal zu sprechen. Sicher müssen wir heute stärker zur Marke und damit zu den Produkten gehen.

Ein zweiter wichtiger Imageträger ist die Organisation bzw. das Unternehmen selbst. Man kann es in den Fokus des Interesses rücken, indem man z. B. die tragende Unternehmensidee oder Philosophie, also bestimmte im Unternehmen gelebte

Werte, in Szene setzt. Das war lange schwierig für uns, weil wir als Erotikunternehmen sofort in eine bestimmte Ecke gestellt wurden. Dennoch haben wir versucht, durch die Formulierung eines Unternehmensleitbildes auch das Unternehmen und die darin gelebten Werte darzustellen (gezielt seit etwa Mitte der 60er). Ein zweiter bzw. paralleler Ansatz ist, zu zeigen, dass das Unternehmen Gutes tut. Sicher können wir in unserer Branche keine so aktive »Tue-Gutes-Politik« wie z. B. The Body Shop betreiben, der sehr wirkungsvoll seine ethische Firmenpolitik und sein ökologisches Engagement herausstellt. Mit dem Slogan »Ban animal testing« verweist The Body Shop auf eine ethisch verantwortliche Produktion. Eine »Trading Charta« bestimmt die Konditionen fairen Handels. Mit seinen inzwischen Hunderten von Kampagnen, z. B. gemeinsamen Aktionen mit Greenpeace, demonstriert das Unternehmen der Öffentlichkeit, dass es in einer globalen Umwelt verantwortlich und sozial handelt. Aber auch wir haben im kleineren Rahmen Gutes tun können (ab S. 125).

Dieser Imageaufbau über das Unternehmen wird in der Regel auch durch eine Person eingefädelt, die für ein solches Engagement eintritt oder hinter der Firmenphilosophie steht. Hier sind wir also bei einem dritten wichtigen Imageträger: der Schlüsselfigur. Diese Schlüsselfigur kann, wie ich oder Anita Roddick von The Body Shop, z. B. ihr Unternehmen gegründet haben. Oder es handelt sich um jemanden, der ganz eng mit einem Produkt des Unternehmens verbunden ist, wie man es im Lifestyle-Bereich oft vorfindet; hier haben Designer eine Schlüsselfunktion, weil sie Schöpfer der Produkte sind und daher als deren ideale PR-Akteure, Werbe- und Imageträger wirken können: Jil Sander war die Galionsfigur ihres eigenen Unternehmens, auch Herrn Joop kennen wir gut aus der Presse, Colani stand für Colani etc. Und wir kennen noch viele andere Firmen, in denen Unternehmensleiter ihr Unternehmen verkörpern. Was all diese Personen machen oder gemacht haben, ist Personality-PR. Und zwar sehr erfolgreich. Was kann ich Ihnen darüber noch erzählen?

Wann funktioniert Personality-PR gut?

Zunächst einmal: Der Weg der Personality-PR hat bei Beate Uhse gut funktioniert. Warum? Ich glaube, dass es kleinen und mittelständischen Unternehmen besonders gut gelingen kann, Personality-PR konsequent durchzuziehen und damit Erfolg zu haben. Denn wenn das Unternehmen noch überschaubar ist, hat man als Unternehmensleiter zwar eine starke Position, aber keine, die einen völlig abgehoben erscheinen lässt. Man ist für Kunden immer noch »vorstellbar«, für Mitarbeiter und Medienvertreter greifbarer; man kann z. B. die Beziehungen persönlicher ausgestalten. Man kann von sich etwas rüberbringen, und das nimmt andere für einen ein.

Ein zweiter wichtiger Punkt ist: Man kann die Wirkung, die das unternehmerische Handeln in der Öffentlichkeit erzielt, kontrollieren – in einem gewissen Rahmen zumindest. Einmal, weil man, wenn man sich selbst um PR-Dinge kümmert, näher am Geschehen dran ist und ein Gefühl entwickelt, wie man sich in bestimmten Situationen, etwa in Krisen, am klügsten verhält. Zum Zweiten, weil man selbst in der Hand hat, welche Informationen nach draußen gelangen, welche nicht. Zum Dritten, weil man für einen durchgängigen Stil und eine gewisse Kontinuität sorgen kann. Wer weiß schon so genau wie Sie, welche Besonderheiten Ihr Geschäft besitzt, wo die kritischen Punkte liegen, wo Sie hinsteuern? Wer kann besser für einen überzeugenden Firmenauftritt garantieren als Sie, wenn Ihr Unternehmen zu Ihnen gehört wie der rechte zum linken Schuh?

Die Öffentlichkeitswirkung mitzubestimmen ist enorm wichtig in einer Zeit, in der ein Unternehmen mit Akzeptanzproblemen zu kämpfen hat, wie es bei Beate Uhse lange der Fall war. Aber abgesehen davon kann im heutigen Medienumfeld jeder, der unter Beobachtung der Öffentlichkeit steht, augenblicklich zum Spielball der Medien werden. Stellen Sie sich nur vor, unter welchem Druck Berti Vogts bei der letzten Fußballweltmeisterschaft stand. Fast jeder Sportler braucht ja heute schon seinen Medienberater und Freunde bei der Presse, wenn er mitreden will. Wer wiederum mächtig ist, kann die Medien benutzen; denken Sie an den Übernahmekampf Vodafone gegen Mannesmann – dieser Wirtschaftskampf wurde hauptsächlich über die Medien ausgetragen. Welcher Aktionär hat sich hier wohl nicht auf einmal einem enormen Druck ausgesetzt gefühlt – und was glauben Sie, wie schnell da eine rationale Entscheidung aus emotionalen Gründen gekippt wird? Oder denken Sie an Big Brother – ob die Beteiligten sich wohl der Stärke der Medienmechanismen bewusst waren? Ob sie wohl eine Ahnung hatten, welche Eigendynamik dieses Spiel entwickeln würde? Nun werden Sie jetzt vielleicht sagen: »Gerade deswegen überlasse ich die PR doch lieber kompetenten Beratern.« Aber Personality-PR bedeutet ja nicht, auf kompetente Beratung verzichten zu müssen. Sie birgt einige Vorteile, die Ihre Position verbessern können, vor allem weil Sie dadurch eben selbst eingreifen und darüber hinaus ein hohes Maß an Glaubwürdigkeit erzielen können.

Mein Weg zur Personality-PR

Wenn es wirklich auf etwas ankommt, muss man den Mut haben zu sagen: Ich bin es.

In den 50er Jahren war das Medienumfeld natürlich noch völlig anders als heute. Wie kam ich dazu, selbst PR zu machen und die Aufmerksamkeit auf meine Person zu lenken?

Der Aufbau des Personenimages von Beate Uhse begann konkret damit, dass ich die ersten Kundenanschreiben alle selbst verfasste, den Katalog textete, alle Werbemittel erstellte und – wichtigster Punkt – mit meiner Unterschrift für das Gesagte garantierte. Der Schriftzug meiner Unterschrift hat sich nie geändert und zierte über Jahrzehnte hinweg jegliche wichtige schriftliche Kundenkommunikation – vom Mailing bis zum Beratungsbrief. Alle Kataloge beinhalteten zudem ein Mailing von mir. Ab 1954 kam ein Foto hinzu, das von da an auf vielen Werbemitteln erscheinen sollte. So standen mein Name und mein Gesicht im Zentrum der Firma.

Auch das Unternehmen nach außen zu repräsentieren war für mich immer eine Selbstverständlichkeit. Anfangs gab es organisatorisch ohnehin keine andere Möglichkeit. Schon aufgrund der

Gerichtsverfahren stand ich im Blickfeld eines sehr kritischen öffentlichen Interesses. Daher war es nur konsequent, diesen wichtigen Bereich in die Hand zu nehmen. Zweitens bot ich etwas Neues und Aufregendes. Hier war klar, dass die Öffentlichkeit eine gewisse Neugier zeigen würde. Die Bedeutung dieses Themas ließ es einfach nicht zu, dass ich mich als Chefin öffentlich zurückzog, auch später, als ich Mitarbeiter hatte.

So kam es, dass ich über 50 Jahre lang den Dialog zwischen Beate Uhse und den Medien bzw. der Umwelt entscheidend geprägt habe. Es war mein Stil, der unser Auftreten in der Öffentlichkeit bestimmte. Ich legte die Regeln fest, die für das gesamte Unternehmen gelten sollten. Somit konnte ich meine Ideen, Vorstellungen, die Ziele und den Erfolg des Unternehmens regelmäßig und kontinuierlich nach außen (re)präsentieren. Im Ergebnis wurde das Unternehmen Beate Uhse nur selten in der Presse zitiert, ohne auch mich zu Wort kommen zu lassen.

Ich war jedoch nicht nur Sprecherin nach außen. Die Bilder, die ich der Öffentlichkeit vermittelte, hatten immer Relevanz für meine Unternehmensführung. Es ging mir um mehr als ein bloßes »Dafür-Sprechen«, es ging mir um ein »Dafür-Einstehen« und um die Vermittlung meiner Vorstellungen nach innen (s. »Beate Uhse – ein Vorbild?«).

Meine Ideen standen dabei immer im Dienste des Unternehmens, passten sich in unsere Unternehmensphilosophie ein. Was ich damit sagen möchte: Wenn man seine Ideen und Vorstellungen so nach außen trägt, wie man sie nach innen trägt, hat das etwas sehr Identitätsstiftendes. Wenn ich mich an die Presse richte mit einer Botschaft, die sich auch im Leitbild findet, wirkt sie da nicht viel überzeugender? Oder wenn ich Pressemitteilungen an alle Mitarbeiter weiterleite, fühlen sich da nicht alle ins Boot geholt?

Insofern kann Personality-PR die Bildung einer Corporate Identity enorm unterstützen. Denn was genau passiert, wenn eine Person ganz einsteht für ein Unternehmen, ist, dass sie eben nicht nur als Werbeträger wahrgenommen wird – es steckt wesentlich mehr Potenzial dahinter, nämlich ein echtes Identifikationsangebot. Für die Marke Beate Uhse jedenfalls hat sich diese Personenstrategie mehr als ausgezahlt: Wo mein Name fiel, wurde das Unternehmen und später die Marke im Gedächtnis der Öffentlichkeit verankert. So ließ sich das Image von Beate Uhse optimal transportieren und kontrollieren.

Das Image einer ganz normalen Geschäftsfrau

Meine Mutter hat mir beigebracht: Was immer du tust, spiele nie gegenüber Männern deinen Sex aus. Niemals. Mit wackelnden Hüften hast du nur Misserfolge. Ich wollte den Männern eine ganz normale Kollegin sein, weiter nichts.

In den 50er Jahren war ich eine skandalträchtige Geschäftsfrau und Zielscheibe öffentlicher Angriffe. Somit muss in der Gründungsphase schon allein mein Auftreten in der Öffentlichkeit für viele etwas unglaublich Provozierendes gehabt haben. Auch als sich der Erfolg schon einstellte, stieß ich als Bürgerin immer wieder auf viele Vorurteile. Meine Aufnahme in den Tennisclub Flensburg im Jahr 1963 wurde verweigert, ebenso wurde ich beim Verband der Unternehmerinnen abgewiesen. Und ich war Zielscheibe der Feministinnen. Man kann sagen, dass ich mindestens 40 Jahre lang weit davon entfernt gewesen war, in der breiten Bevölkerung unumstrittene Anerkennung zu genießen.

Aber ich hatte trotz dieser Probleme Erfolg. Die Offenheit und das Bekenntnis zum Geschäft haben mir maßgeblich dazu verholfen. Denn dass jemand mit seinem Namen für ein Unternehmen eintrat, das Aufklärungsbücher und Kondome verkaufte, war ein verkaufspsychologisches Novum. Der persönliche Einsatz und das Bild einer »ganz normalen« seriösen und vorbildlichen Unternehmerin waren hierzu enorm wichtig. Eigenschaften wie Fleiß, Mut und Tatkraft hatten z. B. in den 50er Jahren starken Vorbildcharakter – mit ihnen schlug ich das Image des »personifizierten Bösen«, das an allen Unternehmern der Branche haftete.

Zweitens war die Tatsache, dass ich als Frau ein Erotikgeschäft betrieb, ein Erfolgsfaktor. Einen Mann hätte die Öffentlichkeit viel schneller der Geilheit bezichtigt. Aber eine Frau mit

Familie und Kindern so abzustempeln traute sich niemand. Natürlich wurde auch ich beschimpft, aber das waren Ausnahmen. Auch im Hinblick auf die Kunden war der Frauenname wichtig: Für den männlichen Kunden stellt ein Mann viel eher eine Konkurrenz dar. Eine Frau – *Beate* heißt zudem »die Glückliche«, ist also ein sehr positiv besetzter Name – löst hingegen zunächst einmal ein Wunschbild oder Wunschdenken aus, Urbilder, die Mann von Frau hat. Das Bild der Geliebten/Hure, der Mutter, der Ehefrau ... Natürlich war ich nicht das Objekt der Begierde. Ich war kein Sexsymbol wie Theresa Orlowski, die als Pornodarstellerin begonnen hatte. Weder richtete ich mich entsprechend her, noch wollte ich je mit einem bestimmten Milieu in Verbindung gebracht werden. Ich war die *seriöse* Unternehmerin. Das Entscheidende aber war: Ich war von meinen Einstellungen her offen und tolerant, ich war liberal. Ich hatte Verständnis für die geheimen Wünsche der Männer – und die der Frauen. Es fiel mir nicht schwer, z. B. erotische Texte zu schreiben.

Noch in einer anderen Hinsicht war die Verkörperung des Weiblichen wichtig für mein Geschäft: Wird ein Mann »von Mann zu Mann« von seinen Potenzproblemen sprechen? Oder wendet man sich da nicht lieber an eine Frau? Das Verständnisvolle, das Einfühlsame war bei aller Sachlichkeit, die ich zeigte, sehr wichtig, um die Bedürfnislage meiner Kunden zu erkennen und adäquat darauf reagieren zu können. Warum glauben Sie steht in Partnerschaftsanzeigen so oft »Suche einfühlsame/gefühlvolle ...« – sicher nicht, weil so viele Männer Potenzprobleme haben, aber weil für viele Männer diese »fraulichen« Seiten sehr wichtig sind. Daher sind unsere erfolgreichsten Verkäuferinnen Frauen um die 40. In ihnen findet die männliche Kundschaft die »mütterliche« Seite.

Damit Sie jetzt nicht denken, ich setzte bewusst darauf, nur Männer für mich einzunehmen: Ich wollte immer beide Geschlechter ansprechen. Schon von daher dufte ich also gar kein Sexsymbol sein – und wollte es auch nicht sein. Auch die Probleme, Wünsche und Sehnsüchte der Frauen sprach ich daher offen an. Ich denke, bei Frauen kam ich aber vor allem dadurch an, dass ich als aktive Frau auftrat, die das Leben selbstständig meistert. Mit meiner Lebensgeschichte teilte ich zudem das Schicksal tausender anderer Frauen der Nachkriegszeit, denn ich war Witwe, vertrieben und mittellos. Ich stand nach dem Krieg vor dem Nichts, musste mich und mein Kind durchbringen. Und ich packte die Dinge an, ich blickte nach vorne. Ich baute mir etwas Neues auf. Mit dieser Geschichte konnten sich in der Aufbauphase sehr viele Menschen identifizieren (siehe dazu Seite 85 f.). Ich trat außerdem als Mutter von vier Kindern und als Ehefrau auf (ich hatte wieder geheiratet), unterstützte also das Leitbild »Familie«. So konnte ich bei aller Problematik des Geschäfts vielleicht auch bei konservativeren Menschen Vertrauen erwecken und Sympathien gewinnen.

Durch den Schub, den Sex in den Medien in den 60ern erhielt, änderte sich mein Ansehen allmählich. Ich verhielt mich weiter offen und tolerant. Weil ich es geschafft hatte, ein Netzwerk in den Medien aufzubauen und zu pflegen, mir die Presse zum Freund zu machen, konnte ich anfangen, unser Image zu pflegen. Ich erhielt immer mehr Aufmerksamkeit, immer mehr Wertschätzung als Person. Man befragte mich zum Thema Erotik, Sex und Sexgeschäft. So wurde ich die Expertin für alle Fragen rund um Sexualität. Von da an konnte ich also zunehmend meine Fachkompetenz (und die des Unternehmens) in den Vordergrund stellen. Allmählich verfestigte sich das Bild der sehr erfolgreichen Unternehmerin. Und so bin ich heute eine Art Galionsfigur der Erotikbranche, was sich in der Verleihung der Ehrenvenus 1997 ausdrückte.

Bevor ich nun zu praktischen Hinweisen zur Personality-PR komme, möchte ich kurz fragen, worin die Risiken, aber auch die Vorteile von Personality-PR liegen.

Achten Sie auf die Risiken!

Nichts ist erfolgreicher als der Erfolg. Wenn man fünfmal erfolgreich war, egal ob beim Weitsprung, Golfspielen oder mit einer Firma, wird man selbstbewusst und ist überzeugt, dass es beim nächsten Mal wieder klappt.

Man begibt sich in einen engen Rahmen

Welche Gefahren lauern, wenn sich ein Unternehmer persönlich für sein Unternehmen einsetzt? Als Unternehmer hat man einen Ruf zu verlieren. Sobald man in einer Position etabliert ist, die einem eine große Reichweite bzw. Wirkkraft in der Öffentlichkeit gewährleistet und Einfluss auf die öffentliche Meinung ermöglicht, bietet man eine große Angriffsfläche. Nur ein einziger Skandal, und der Schaden ist nicht nur für das Unternehmen, sondern auch für einen persönlich sehr groß. Und ein Unternehmer trägt immer die Verantwortung für andere mit. Wer Firmenleiter ist, kann nicht einfach wie ein austauschbarer Manager seinen Hut nehmen und woanders wieder anfangen.

Viele Unternehmer in der Öffentlichkeit stehen aufgrund ihrer Position ohnehin unter Druck. Muss Jil Sander nicht, wenn sie öffentlich auftritt, unbedingt ihre Modelle tragen? Das haben wir schon von ihr erwartet, solange sie ihrem Modeunternehmen vorstand. Und dass Herr Schrempp nicht in einem Audi sitzt, versteht sich von selbst. Dass Clementine im realen Leben mit Ariel wäscht, das erwartet wohl niemand ernsthaft.

Und Beate Uhse? Heute tut man es natürlich nicht mehr, aber hat man früher nicht von mir erwartet, dass ich sexy aussehe, weil ich Sexartikel verkaufte? Wird oder wurde nicht zu einer Zeit, als das Thema »Sex« unglaublich spannend war und FKK eine Provokation, von mir permanent Provokation erwartet? Das alles mag noch harmlos gewesen sein – jedenfalls stand ich unter enormem Druck, weil ich über 50 Jahre lang jede Hoffnung im Keim ersticken musste, dass es im Hause Beate Uhse jemals einen handfesten Skandal aufzudecken gäbe.

So unterliegt man also immer bestimmten Erwartungshaltungen der Öffentlichkeit und seiner Kunden, und je stärker man mit einem Unternehmen oder mit einem Produkt bzw. einer Marke identifiziert wird, umso enger werden die Handlungsspielräume. Damit ein Unternehmen ein klares und eindeutig positives Image nach außen transportiert, ist es ganz wichtig, dass im Unternehmen alles, was als Imageträger identifiziert ist, nach außen wirkt, sich in das positive Bild einpasst. Und wenn man ganz gezielt als exponierter »Imageträger« aufgebaut wurde, muss man sich erstens den selbst aufgestellten Regeln unterwerfen und zweitens den äußeren Erwartungshaltungen bis zu einem gewissen Grade gerecht werden, so weit es dem Unternehmen dient. Umgekehrt gibt es bestimmte Dinge, die man sich als exponierte Person niemals erlauben darf.

Vorsicht, Rückkoppelungseffekt!
Betrachten wir einmal die Konstellation Marke = Unternehmen = Person, wie sie bei meinem Unternehmen vorliegt. Hier entstehen verschiedene Wechselwirkungen, wie die Grafik zeigt:

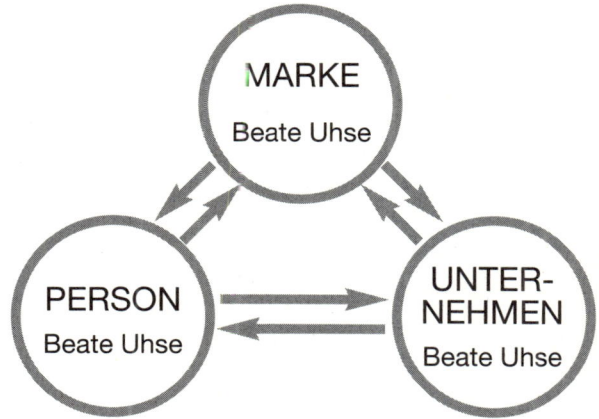

Wenn der Name für die Marke steht: Die Pfeile symbolisieren die sechs Wechselwirkungen zwischen den drei »Seiten« des Images.

Die Konstellation, die sich durch den Imageaufbau über die Person ergibt, birgt Risiken wie Chancen. Unbestreitbar wirkt das Ansehen einer Person, die für ein Unternehmen oder eine Organisation steht, auf dieses Unternehmen zurück. Wird das Ansehen der Person beschädigt, wird sie zur Belastung für das Unternehmen. Sie muss nur einmal über längere Zeit wegen einer Verfehlung eine schlechte Presse bekommen, dann verliert sie ihre Glaubwürdigkeit und schädigt damit das gesamte Unternehmen. Im ersten Moment mag es weder einen selbst freuen noch im Unternehmen ein positives Echo hervorrufen, wenn man mit einer Schlagzeile wie »Tante Sex droht Millionenstrafe« (*Hamburger Morgenpost,* 3. 10. 1968) konfrontiert wird. Ist die

Person nicht mehr tragbar, muss sie die Konsequenzen ziehen und die Organisation verlassen. Beispiele hierzu, mit mehr oder weniger gelungenen Abgängen, kennt jeder, ob aus der Wirtschaft oder der (Parteien-)Politik.

Auch in der Geschichte von Beate Uhse gab es einmal eine recht kritische Phase, in der ich als Person unter starken Druck geriet, und zwar wegen einer rein persönlichen Angelegenheit, nämlich meiner Scheidung von meinem zweiten Mann, Ewald Rotermund. Er versuchte, die Presse für eine Schlammschlacht auf seine Seite zu ziehen und mich öffentlich vorzuführen. Die Berichte in der »Bild« zerrten ausschließlich Privates an die Öffentlichkeit, in der bekannten schonungslosen Weise. Der Makel war mein farbiger Freund – hier war einer Vorurteilskampagne Tor und Tür geöffnet. Ich sprach nach dieser persönlichen Demontage einige Jahre nicht mehr mit der Presse, ganz entgegen meiner sonst sehr kooperativen Haltung. (Vielleicht hat mir das in der Medienwelt wieder Respekt verschafft, aber dieser Schritt erfolgte nicht aus Berechnung, sondern aus echter persönlicher Enttäuschung.) Weil die Presseberichterstattung immer ein wichtiges Instrument der Werbung für uns war, mag es wie ein Wunder erscheinen, dass das Unternehmen in dieser Zeit keinen größeren Schaden davontrug, wir hatten z. B. keine erhöhte Kündigungsquote zu verzeichnen. Die Scheidung war aber dennoch ein Rückschlag für das Unternehmen, denn ich musste meinen Mann auszahlen. Das machte Investitionen auf Jahre hinaus erst einmal unmöglich. 1971 ging der Umsatz von 35,7 Mio. DM auf 32,5 Mio. DM zurück, im Jahr 1972 konnten wir uns nur um ca. 1,5% verbessern. Die FAZ berichtete am 21. 2. 73: »Beate Uhse: Rückschlag überwunden. (…) Das Flensburger Versandhaus befindet sich nach einem geschäftlichen Rückschlag – verursacht durch die Scheidung der Inhaber – wieder im Aufwind. Wie Beate Rotermund auf Anfrage erklärte, hoffe sie nun, alles überwunden zu haben. Investitionen seien jedoch auf Jahre hinaus unmöglich. Während der Umsatz 1970 nach Angaben der Inhaberin 35,7 Millionen DM erreichte, sank er 1971 auf 32,5 Millionen DM ab. Im vergangenen Jahr wurden wieder Umsatzerlöse von 33 Millionen DM erzielt. Für 1973 erwartet das Flensburger Spezial-Versandhaus einen Umsatz von rund 36 Millionen DM.«

Umgekehrt sind Ereignisse, die vom Unternehmen ausgehen und sich dann auf die Person auswirken, auch nicht zu unterschätzen. Wenn ein Unternehmen z. B. erfolgreich ist, wirkt das persönlichkeitsbildend auf seine Führungskräfte und Leiter. Erfolg beflügelt nun einmal – mich jedenfalls hat er immer angespornt, noch besser zu werden. Und was das Image betrifft: Erfolgsstorys verkaufen sich hervorragend. Passieren hingegen Pleiten oder Pannen im Unternehmen, ist die Unternehmensleitung davon immer mitbetroffen, soweit sie sich zu ihrer Verantwortung bekennt. Sicher leiden manche Unternehmer oder Topmanager unter einem Skandal mehr, manche weniger. Aber man sollte sich nichts vormachen: Negative Schlagzeilen, auch wenn sie den Bekanntheitsgrad steigern, wirken meist länger nach als positive.

Ebenso bestehen Wechselwirkungen zwischen Markenimage und dem Ansehen eines Unternehmens. Niemand hat eine Ahnung, wie groß zum Beispiel Coca-Cola ist, aber muss es nicht ein riesiger Konzern sein, da die Marke überall auf der Welt bekannt ist? Umgekehrt wirkt das Ansehen eines Unternehmens auf die Marke – positiv wie negativ. Gerät ein Unternehmen in die Negativschlagzeilen, kann dies der Marke Schaden zufügen. Ein solcher Fall ist uns aus der jüngeren Vergangenheit eines Ölkonzerns bekannt: Shell geriet bei dem Versuch, die Ölplattform Brent Spar durch Versenkung im Atlantik zu entsorgen, durch die spektakulären Aktionen der Umweltorganisation Greenpeace unter enormen Druck. Die Aktionen hatten so breite Resonanz in der Öffentlichkeit, dass Politiker indirekt zum Boykott von Shell-Tankstellen aufriefen und Shell letztlich in Zusammenarbeit mit der Umweltgruppe nach anderen Lösungen suchen musste. Das Ansehen der Marke war spätestens in dem Moment stark bedroht, als sich Tankstellenpächter genötigt sahen, für einen Stop der Entsorgungsaktion einzutreten.

Ist hingegen von einem Markenunternehmen bekannt, dass es z. B. seine Mitarbeiter besonders gut fördert oder dass es umweltfreundlich wirtschaftet, dann gewinnt die Marke *Political Correctness*, was ihr Image enorm aufwertet.

Ziel: Verschiedene Ansichten – ein Image

Ziel muss sein, mit verschiedenen Imageträgern zu einem positiven Image zu gelangen. Kommen wir noch einmal auf die drei »Ansichten« von Beate Uhse und betrachten einmal im Spiegel einiger Schlagzeilen, welcher Imageträger wofür steht.

Beate Uhse ist Beate Uhse ist Beate Uhse

Beate Uhse Die Person	Beate Uhse AG Das Unternehmen	Beate Uhse Produkte/Leistungen
Gründerin, bis 1989 Leiterin des Unternehmens, Aufsichtsratsvorsitzende	Konzern, Aktie, Erotik-Einzelhandelskette, Großhandel, Erotikversand, Kundenservice, Philosophie, Style-Leader, Führungskräfte und Mitarbeiter	Produkte, Dienstleistungen, Werbeträger, der Sex-Shop, der Katalog/der Versand, Beate-Uhse.de, …
1968: »Managerin mit Sex-Appeal« (*Presseinfo*, 1.12.); »Die Frau, die keine Tabus kennt« (*BZ*, 4.8.) »Geschäftstüchtige Blondine, Inhaberin des Versandhauses für Ehehygiene, Helferin in sexuellen Notständen« (*Kölner Stadtanzeiger*, 21.9.68) 1972: »Die Liebesdienerin der Nation. Erfolgreichste Sexversenderin der Welt« (*Die Zeit*, 28.1.) 1985: »Die Erfolgsunternehmerin« (*Die Zeit*, 15.3.) 1998: »Granny who sells sex without a shame« (*Financial Times*, 16.6.) 2000: »Die Expertin für die Last mit der Lust« (*FAZ*, 23.6.)	1972: »unverwechselbares Markenzeichen« (*Die Zeit*, 28.1.) 1985: »…bundesweit konkurrenzlos« (*Die Zeit*, 15.3.) 1999: »Europas größter Erotikkonzern« (*Horizont*, 27.5.), »Der Börsengang von Beate Uhse geriet zum Kultereignis.« (*Spiegel, Ausg.* 22), »Sexy Business« (*Wirtschaftswoche*, 20.5.), »Germany's most successful sex shop empire« (*Sunday Focus*, 23.5.) 2000: »Der Marktführer« (*Spiegel*, Ausg. 10)	»Erregende Vielfalt: Der Uhse-Versand« (*Wochenend*, 25.1.1996) »Uhse steht für Sexware wie Tempo für Papiertaschentücher.« (*Amica*, 8/99) »Autobahnen werden sexy« (*Werben und Verkaufen*, 26/2000) »Beate Uhse startet Erotikkanal auf Premiere World« (*dpa*, 21.6.2000)

All diese unterschiedlichen »Ansichten« – und nichts anderes bedeutet »Image« – von Beate Uhse, die durch die Schlüsselwörter vermittelt werden, sind nur verschiedene Seiten ein und derselben Medaille, eines Gesamtbildes der Marke Beate Uhse, die nach innen wie außen gleich wirkt: nämlich positiv. Welcher dieser Aspekte stärker wahrgenommen wird, liegt am Betrachter oder an seinem Interesse. Entscheidend ist, dass auf allen drei Ebenen ein positives Image herauskommt und die drei Bereiche Person, Produkte/Leistungen und Unternehmen nicht auseinander driften.

Welche Schlussfolgerungen ziehen wir daraus?

1. Was für das Unternehmen gut ist, tut in der Regel auch der Marke gut.
2. Was für die Person gut ist, ist in der Regel für die Marke und das Unternehmen gut.
3. Hat die Person ein negatives Image oder leistet sie sich Ausrutscher, die ihr Image stark beschädigen, kann sich dies negativ auf das Unternehmen und die Marke auswirken.
4. Zuletzt färbt der Erfolg einer Marke oder eines Unternehmens auf die Person ab.

Jeder PR-Auftritt sollte daher gemäß seinen Folgen für die Marke, für das Unternehmen und für die betreffende Person eingeschätzt werden. Ich dachte immer für das Unternehmen mit. Ich wusste, mit einem Fernsehauftritt konnte ich nicht nur etwas für mich tun, sondern auch etwas für die Firma und die Marke Beate Uhse. Jede positive Schlagzeile brachte uns nach vorne. Negative hingegen haben uns vielleicht bekannter, aber nicht beliebter gemacht.

So gut unser Image heute ist, es soll doch nicht darüber hinwegtäuschen, dass wir z. B. sehr lange Akzeptanzprobleme in der Geschäftswelt hatten. Da half kein geschäftlicher Erfolg, keine negative, keine positive Schlagzeile. Für die Mehrheit der deutschen Unternehmen waren wir lange einfach nur ein Sex- und damit ein »Schmuddelunternehmen«. Wir galten selbst in den 90er Jahren noch mancherorts als »nicht gesellschaftsfähig«. In unserer Region genossen wir allerdings immer einen guten Ruf – als Arbeitgeber und im B-to-B-Bereich. Aus dem Ausland kam die Anerkennung für unsere unternehmerische Leistung schon wesentlich eher; unsere Gutscheinbriefe wurden z. B. vom amerikanischen Direktmarketingverband DMAA 1965 mit einem Preis ausgezeichnet.

Die kleinen Tricks der Personality-PR

Das Authentische überzeugt!

Welcher Werbespot wirkt glaubwürdiger: der, in dem die Modelmutter ihre Modelfamilie mit der richtigen Margarine versorgt? Oder der Spot von *Focus*, in dem sich Herr Markwort in der Redaktionskonferenz für wichtige Themen im nächsten Heft stark macht – im Interesse der Leser? Überlegen wir einmal, was uns Kunstfiguren der Werbung wie Herr Kaiser von der bekannten Versicherung oder Deutschlands Waschfrau Nr. 1, Clementine, in ihren Werbespots bieten. Sie sprechen überzeugt für ein Produkt, treten als Fachleute auf, garantieren für Qualität, und vor allem zeigen sie sich über lange Jahre ihrem Publikum und altern sogar mit ihm, sie haben etwas Unverwechselbares. Sie wirken als Imageträger auf viele sicher sehr sympathisch – aber nimmt man ihnen das alles ab? Und nun Beate Uhse im Katalog: Darin bin ich eigentlich auch nur eine Werbeträgerin. Doch warum *glauben* mir meine Kunden?

Es liegt auf der Hand: Clementine und Herrn Kaiser fehlt die Echtheit. Beide bleiben Kunstfiguren, und wenn sie uns noch 20 Jahre mit ihren Short Storys beglücken. Beate Uhse jedoch gibt es wirklich. So wie Herrn Markwort. Dabei spielen auch wir nur unsere »Rollen«, auch wir bewegen uns in der Werbung innerhalb einer anderen Wirklichkeitswelt, nämlich der der Werbung. Aber Beate Uhse kann ein echtes Identifizierungsangebot leisten. Durch meine Präsenz bin ich eine Person »zum Anfassen« geworden. Und das hat für die Kunden Überzeugungskraft.

Wie Garantien und Versprechen
von realen Menschen wirken – selbst in der Werbung

Aber es gibt noch etwas anderes, was beim Kunden das Gefühl der Vertrauenswürdigkeit auslöst. Bei aller Glätte, die selbst authentische Menschen in einer TV-Werbung vermitteln – es ist ein besonderes Versprechen, das hier gemacht wird, noch dazu, wenn Garantien abgegeben werden.

In der Kommunikationsforschung gibt es einen Mechanismus, den man »Regresspflicht« nennt: Auf das, was man sagt, ist man festgelegt. Denn im Normalfall unterliegt Kommunikation der Regel, dass die Beteiligten aufrichtig handeln. Dabei spielt es keine Rolle, welche Art von Äußerung man macht: Informiert man z. B. seinen Gesprächspartner über irgend etwas, wird vorausgesetzt, dass die Aussage wahr ist. Stellt man eine Frage, legt man sich auf ihre Prämissen fest. Gibt man ein Versprechen ab, ist anzunehmen, dass es aufrichtig gemeint ist und konsequenterweise auch eingelöst wird. Das heißt umgekehrt, mein Gesprächspartner kann einfordern, was ich eben gesagt oder versprochen habe. Anderweitig darf er zu Sanktionen greifen. Je stärker ich nun den Wahrheitsgehalt oder die Aufrichtigkeit einer Aussage betont habe, etwa durch eine Bekräftigung (»Stimmt wirklich!«) oder eine Garantie, umso bindender wird diese Regresspflicht für mich. Ein Versprechen, aber noch mehr eine Garantieerklärung besitzt damit so etwas wie Gültigkeitscharakter. Erfülle ich ein Versprechen nicht, darf mich der Gesprächspartner zur Rede stellen. Und leiste ich mir so eine Verletzung der Spielregeln häufiger, wird man mir in Zukunft keinen Glauben mehr schenken.

Aber was ist mit der »Wirklichkeitswelt Werbung«, werden Sie fragen. Hier nimmt der Käufer ja nicht unbedingt an, dass aufrichtig kommuniziert wird. Der Clou ist, dass die Mechanismen der auf die reale Welt bezogenen Kommunikationsregeln trotzdem unter bestimmten Umständen greifen können. Ein echter Unternehmer im Werbefernsehen stellt einen Bruch in der fiktiven Welt der Werbung dar. So spielt z. B. bei der Werbung von Hipp niemand Herrn Hipp, er ist es selbst, der auftritt. Und Beate Uhse im Katalog – das Bild ist echt! Auch Herr Markwort ist es selbst. Das verändert die Kommunikationswirkung in der Werbung. Zugegeben, darüber kann man streiten. Sich in der Werbung zu zeigen ist keine Personality-PR.

Aber was, wenn man in anderen öffentlichen Situationen genau das Gleiche wie in der Werbung sagt? Sobald man in der »realen« Welt auftritt und dort dieselben Botschaften, Ideen und Vorstellungen vertritt, egal, ob vor der Presse, im Unternehmen, im Fernsehtalk, vor Fachleuten oder in der Aula vor Studenten – wirkt dann nicht auch das in der Werbung Gesagte glaubwürdig? Genau das habe ich getan: darauf geachtet, dass ich mit den gleichen Botschaften auftrete, ob nun innerhalb der PR oder innerhalb der Werbung. Und das ist der Unterschied zur Personality-Werbung mit prominenten Imageträgern. Boris Becker wirbt zum Beispiel für AOL, aber wenn er interviewt wird, wird er nicht über AOL sprechen. Und vor allem ist es heute AOL, morgen ein anderes Unternehmen, für das er auftritt. Sicher, die Werbung mit ihm ist absolut erfolgreich. Aber man weiß doch auch, dass dies alles für ihn nur ein Job ist, wenn auch ein hoch bezahlter. Da habe ich als Unternehmerin eine völlig andere Motivation. Denn ich bin verantwortlich für ein Unternehmen. Mir muss es doch um mehr gehen als nur um den Gewinn. Verlässt man sich nicht unbewusst darauf, dass eine Person verantwortungsvoll handelt, gerade weil sie viel Verantwortung trägt? Auch wenn dieser Schluss nicht unbedingt logisch ist. Aber wird man nicht dadurch schon als vertrauenswürdig eingeschätzt?

Welche Eigenschaften ein
Image mit menschlichen Zügen vermittelt

Der Imageaufbau über eine Person ist vor allem geeignet, Eigenschaften wie »Glaubwürdigkeit«, »Aufrichtigkeit«, »Ehrlichkeit« zu vermitteln – sprich: positive Eigenschaften, die nur ein Mensch, nie aber ein Produkt besitzen kann. Diese Eigenschaften sind es letztlich, welche die persönliche Beziehung zum Kunden herstellen können. Und diese Eigenschaften übertragen sich auf das Unternehmen – vorausgesetzt, im Unternehmen werden sie gelebt.

Durch Personen-PR kann man einerseits das Produkt mit einer entsprechenden Emotion aufladen (z. B. persönliche Garantie vermittelt Sicherheit), auf der anderen Seite aber auch wunderbar die

Komplexität eines Unternehmens reduzieren. Denn wir schließen von der Person, die wir dank ihrer Präsenz in den Medien gut zu kennen glauben, auf ihren Hintergrund. Wer mit seinen Werten und Überzeugungen einer Organisation vorsteht, der wird seine Meinung kraft seiner Leitfunktion auch intern durchsetzen. Das Unternehmen mit seiner Philosophie, seine Mitarbeiter etc. schätzen wir also ähnlich ein wie die Person. Wenn Sie also besonders auf das Vertrauen der Öffentlichkeit und Ihrer Kunden angewiesen sind, dann sollten Sie sich als Firmeninhaber persönlich für Ihre Produkte stark machen und für Ihr Unternehmen einstehen.

Legen Sie viel Wert auf ein passendes und gutes Bild!
Personality-PR funktioniert mit ganz einfachen Elementen. Man muss sich mit seinem Namen und seinem Bild möglichst durchgängig und unverwechselbar präsentieren. Wie können Sie das sicherstellen? Wenn Sie ein Bild für Werbematerial auswählen, sollten Sie sich auf höchstens ein, zwei freundliche Porträts beschränken, die Sie exakt von vorne zeigen und die sympathisch und vertrauenerweckend wirken. Meine Fotos waren lange Jahre im Katalog und auf Mailings zu finden. Anfangs zeigte ich mich alleine, später auch gelegentlich mit den drei Söhnen, die mich im Management unterstützten, und nach der Realteilung mit meinem Sohn Ulli – Mutter mit Sohn, die beide einstehen für das Unternehmen.

Das Foto auf dem Umschlag dieses Buches war auf den letzten Mailings. Es transportiert eine ganze Menge positiver Botschaften:

- Mich, Beate Uhse, gibt es wirklich!
- Ich sitze hinter meinem Schreibtisch, zeige, dass ich eine aktive und fleißige Unternehmerin bin.
- Die blau-weiß gestreifte Bluse und die hochgeschobene Brille wirken seriös.
- Die Haltung, den Kopf leicht nach links geneigt, ein Papier in der Hand haltend, vermittelt: »Hier bin ich, ich schenke dir Aufmerksamkeit und Zeit, während ich für das Unternehmen arbeite.«

■ Ein freundliches und natürliches Lächeln in die Kamera wirkt sympathisch, offen und bedeutet: »An mich kannst du dich wenden, ich nehme gerne deine Bestellung entgegen.«

Ich glaube, mit einem solchen Foto in Verbindung mit einem guten Anschreiben schafft man es, dem Kunden ein sehr positives Image zu vermitteln. Beate Uhse ist keine anonyme Unternehmerin, sie ist hier präsent, sie nimmt sich Zeit für den Kunden; sie könnte an ihn just in diesem Augenblick das Schreiben verfasst haben. Sie ist es auch, die für diesen Katalog verantwortlich ist und dafür einsteht, dass der Kunde das bekommt, was ihm hier versprochen wird.

Diese Werbefotos sollten gleichzeitig der Presse zur Verfügung stehen, sich in PR-Broschüren finden, auf der Homepage, in den Geschäftsberichten etc. Man kann von guten Fotos Karten drucken lassen oder die Fotos zum Download für Journalisten auf die Website stellen. Für die Pressemappe selbst sollte dann eine größere Auswahl an Fotos zur Verfügung stehen, sowohl aktuelle Fotos, die Sie von bestimmten öffentlichen Anlässen haben, als auch historische, wenn sie von Interesse sind, z. B. wenn Sie wichtige Pionierarbeit in Ihrer Branche geleistet haben. Mein erstes PR-Foto entstand 1952; ich stehe hinter der Windschutzscheibe unseres ersten Firmenlieferwagens und wasche die Scheiben. Schon diese Aufnahme spiegelt etwas, was sich gehalten hat: die moderne, zupackende Unternehmerin. Ein weiteres wichtiges Foto, das wir in der Unternehmensbroschüre abgedruckt haben, das auch im Internet steht, ist die Schwarz-Weiß-Aufnahme von 1937, die mich als Fliegerin zeigt. Sie ist Teil des »Mythos Beate Uhse«.

Übrigens: Abgesehen von den eigenen Fototerminen, die ich regelmäßig durchführe, frage ich bei den Pressefotografen z. B. immer nach, ob ich nicht die Rechte an guten Aufnahmen von mir bekommen könnte.

Werden Sie persönlich!
In der Phase, als ich noch um das Vertrauen meiner Kunden werben musste, beschränkte ich mich nicht nur darauf, ein Foto zu

platzieren. Ich habe etwas von meinem persönlichen Leben erzählt. Je mehr man von sich preisgibt, umso »persönlicher« und damit vertrauenerweckender wirkt man. Ich habe wie schon gesagt meine Rolle als Mutter und Ehefrau ins Spiel gebracht. Ich habe mit den Fotos meiner Kinder geworben. Dies hat mir viel Sympathie eingebracht.

Allerdings legt man sich dadurch auch unweigerlich auf bestimmte Rollen fest, wie wir im Kapitel »Vorsicht, Rückkoppelungseffekt!« schon gesehen haben. Daher sollten Sie gut überlegen, welche Informationen über Sie wirklich für die Öffentlichkeit bestimmt sind. Problematisch wurde für mich etwa im Fall der Scheidung, dass ich in frühen Werbemitteln betont hatte, dass Beate-Uhse-Produkte Ehepartnern helfen könnten, ihre Ehe erfüllt zu gestalten. Irgendwo betonte ich, dass sie »Ehen retten« könnten. (Sie erinnern sich, dass der Titel einer Werbeschrift von 1952 »Stimmt in Ihrer Ehe alles?« lautete.) Dass einige Zeitungen bei der Scheidung in genau diese Kerbe schlagen würden, war abzusehen; so der *Stern*, der am 1.12.1971 schrieb: »Die Frau, die Millionen kaputter Ehen mit Dessous und Dragées, Salben und Säften, mit Konfekt und Kondomen wieder gekittet haben will, findet nun kein Mittelchen im Versandhaus, um die eigene Ehe zu retten ...« Die Schlagzeile »Liebeslust und Liebesleid der Beate Uhse« wirkte nicht negativ, aber wer hämisch sein wollte, konnte in dem Artikel natürlich auf seine Kosten kommen.

Ein positives Beispiel: Es hat durchaus ins Bild von Beate Uhse gepasst und das Image gefördert, dass ich in Gesprächen mit Journalisten aus meiner Vorliebe für FKK kein Geheimnis gemacht habe. Denn es war ja nur möglich, Erotik und sexuelle Hilfsmittel zu verkaufen, wenn sich eine offenere Einstellung zur Sexualität allmählich durchsetzen und ein freierer Umgang mit Nacktheit zugelassen würde. Und zur Natürlichkeit von FKK konnte ich einfach genauso stehen wie zu meinen Produkten.

Bringen Sie eine eigene Geschichte ins Spiel

Haben Sie eine persönliche Erfolgsgeschichte vorzuweisen? Dann sollten Sie sie unbedingt zur Imagepflege einsetzen. Nicht nur, dass jeder Journalist für eine solche Story dankbar ist; in ihr kann man seine Leistungen und seinen Werdegang etc. ins rechte Licht rücken, Vertrauen und Sympathie aufbauen und die Glaubwürdigkeit erhöhen. Schon in den 60er Jahren schickte ich jedem Journalisten, der sich für uns interessierte, die Geschichte von Beate Uhse. Durch Illustrierte und Fernsehen wurde die Story bald sehr bekannt. Über Jahrzehnte hinweg ist sie immer wieder nacherzählt worden, nicht nur anlässlich von Porträts über mich oder das Unternehmen. Diese Geschichte war demnach sehr wichtig für den Aufbau des Images von Beate Uhse.

Imagepflege durch die eigene Geschichte

»Beate Uhse, Tochter einer Ärztin und eines Landwirts in Ostpreußen, hatte schon mit 17 ihren Pilotenschein erworben und wurde Einfliegerin in einem Flugzeugwerk. 1943 überführt sie als Hauptmann der Luftwaffe Jagdmaschinen zu Frontflugplätzen. Nach kurzer Ehe fiel ihr Mann (…). Als die Russen Berlin einkesselten, flog Beate Uhse mit der letzten noch flugtüchtigen Maschine aus der umkämpften Hauptstadt und landete in Schleswig-Holstein. Mit an Bord ihr kleiner Sohn. Das Ende des zweiten Weltkriegs brachte den Deutschen Hunger, Not und Hoffnungslosigkeit. Über ein Baby konnten sich die Eltern angesichts der unsicheren Zukunft damals kaum freuen. Empfängnisverhütende Mittel – etwa Kondome – waren ebenso Mangelware wie Brot, Kartoffeln und Milch. Beate Uhse, die junge Kriegerwitwe, Luftwaffen-Pilotin a.D. und jetzt Flüchtlingsfrau wie Millionen andere, packte die Probleme an. Mit der ihr eigenen Erfindungsgabe und viel Organisationstalent brachte sie im Eigenverlag eine kleine Aufklärungs-Broschüre (…) heraus …« (Aus der Imagebroschüre 1999)

Welche Elemente finden sich in einer guten Erfolgsstory?

- Stationen aus der Vorgeschichte, die zeigen, dass es sich um einen ungewöhnlichen Menschen handelt, z. B. bei Beate Uhse der Pilotenberuf, die Flucht im Flugzeug aus Berlin;
- positive Charaktereigenschaften und Verhaltensweisen der Person, z. B. Mut, Willenskraft, Tatkraft, Ausdauer, hoher Einsatz etc.;
- eine Gründerstory oder wie die Person zum Unternehmen kam; Motive und Beweggründe, z. B. pfiffige Geschäftsidee, nützliche

Erfindung oder wichtige Pionierleistung mit gesellschaftlicher Relevanz;

- Ideen und Visionen, die möglichst sozial legitimiert sind;
- die wichtigsten Meilensteine des Erfolgs (sowohl Unternehmens wie persönliche Erfolge); heutiger Stand, letzter Meilenstein als glanzvoller Höhepunkt;
- Auszeichnungen, Ehrungen etc.;
- einen Blick in die Zukunft oder eine Vision.

Meine Geschichte ist natürlich ganz eng mit der des Unternehmens Beate Uhse verbunden. Aus der persönlichen Lebensgeschichte kommen nur Bruchstücke vor; ganz Persönliches bleibt der Öffentlichkeit vorenthalten.

Die Geschichte muss so einfach sein, damit man sie gut nacherzählen kann. Dann bekommt sie die Chance, als Mythos immer wieder erzählt zu werden und sich im Gedächtnis zu verankern. Mythen zu pflegen hat nach Hans-Georg Häusl eine bindende Funktion innerhalb der Unternehmenskultur (»Think limbic«, Haufe Verlag, 2000). Eine Geschichte aus der Vergangenheit, in der große Taten oder Fähigkeiten des Unternehmensgründers oder einer anderen Leitfigur erzählt werden, stärkt den Stolz und Zusammenhalt der Gruppe. Die Botschaft, die nach innen transportiert wird, lautet: »Weil du Mitglied bist, steckt dieselbe Kraft auch in dir.« Damit kann man an die gemeinsamen Werte und ihre Bedeutung für die Organisation appellieren. Nach außen vermittelt eine Erfolgsgeschichte vor allem Vorbildcharakter und erwirkt somit auf dem direktesten Weg Anerkennung. Und für das Marketing ist eine solche Geschichte hervorragend nutzbar: Jeder kauft doch lieber bei einem Unternehmen, dessen Geschichte bekannt ist, als bei einem, von dem man gar nichts weiß.

Bei der Darstellung der Geschichte sollten die positiven Seiten so klar hervorgehoben werden, dass die Hauptperson eine Vorbildfunktion übernehmen kann. Jedoch darf die Geschichte nicht nach Eigenlob riechen. Daten und harte Fakten, aber auch das Erzählen in der Distanz schaffenden dritten Person verleihen dem Ganzen das notwendige Maß an Objektivität.

Was sehr wirkungsvoll ist: das Fortschreiben einer Familiengeschichte, wenn es sich um einen Familienbetrieb handelt. Claus Hipp z. B. verkörpert nicht nur eine traditionsreiche Unternehmenskultur, sondern steht vor allem in der Kontinuität einer erfolgreichen, geschäftstüchtigen Unternehmerfamilie. Das wirkt identitätsstiftend, weil jeder eine Familiengeschichte hat und die Familie in unserer Gesellschaft immer noch starkes Bindungsglied und wichtiges Leitbild ist.

Achten Sie auf Widerspruchsfreiheit und Kontinuität
Abrupte Brüche im Personenimage sind für Käufer wahrscheinlich noch schwerer nachzuvollziehen als ein neues Produktimage. Das Produkt stylt man anders, man verbessert es dabei vielleicht, aber eine Person? Natürlich kann man ihr Äußeres verändern. Aber man sollte es nicht tun. Denn von heute auf morgen ein neues Image zu präsentieren, das erscheint unnatürlich und verschreckt die Kunden. Ein Wandel kann sich, wenn überhaupt, nur langsam und unmerklich vollziehen.

Falls z. B. einmal ein Austausch eines Fotos nötig wird (man wird ja leider nicht jünger), sollte es durch eines ersetzt werden, auf dem man sich erkennbar treu geblieben ist. Der Stil sollte gleich bleiben, damit der Wiedererkennungswert hoch ist. Ich achtete z. B. darauf, dass ich immer möglichst lange mit demselben Bild vor den Kunden auftrat und mein Aussehen sich insgesamt nicht groß veränderte. Können Sie sich vorstellen, dass ich fast über die gesamten 50 Jahre meiner Tätigkeit als Unternehmensleiterin mehr oder weniger dieselbe Frisur getragen habe? In den 60er Jahren trug ich die Haare vielleicht zeitweise noch etwas kürzer, aber sonst war es immer dieser Kurzhaarschnitt mit dem Pony, wie ich ihn heute noch trage.

Auch in der Kleidung achtete ich auf einen gleichen Stil: Ich ließ mich für PR-Fotos nie in übertrieben schicker Kleidung oder mit einem dunklen Business-Kostüm fotografieren. Ich bekannte mich eher zu Farben, je nachdem, wie es die Mode erlaubte. Ganz früher, in den 60ern und 70ern trug ich Minirock, denn ich wollte mich damals als progressive, offene Unternehmerin zeigen. Insgesamt achtete ich darauf, immer so gekleidet zu sein, dass sich der Otto-Normalverbraucher und Müllers Lieschen mit mir identifizieren konnten. Dass ich kein Sexsymbol war, darauf habe ich schon hingewiesen, ich wollte vielmehr eher ein »normales« Image transportieren.

Man sollte alles, was das Image prägt, über längere Zeit schlüssig und konsequent durchhalten. Das betrifft die Botschaften und das Verhalten, auf die dieses Image aufbaut. Botschaften und Statements sollten widerspruchsfrei sein, Verlautbarungen von heute sich nicht im Gegensatz zu denen von gestern befinden. An selbst aufgestellte Verhaltensregeln muss man sich halten, dem Bild gerecht werden, das man mit der Unternehmensphilosophie vermittelt. Ein Beispiel: Es war immer unser Bestreben, mit dem Rotlichtmilieu nicht in Verbindung gebracht zu werden, also z. B. keinen Laden in entsprechenden Stadtvierteln zu eröffnen etc. Daher habe ich mich anlässlich des Relaunchs der Beate-Uhse-Website auf der Party in einem Hamburger Nachtclub nicht gezeigt. Dort tauchte zwar Helen Duval auf – aber ich hielt mich vornehm zurück. Stimmen Sie mit mir überein, wenn ich sage: Das hätte nicht gepasst, hier wäre ich irgendwie aus dem Rahmen gefallen?

Was Sie öffentlich verbreiten, wird umso einfacher durchzuhalten sein, je grundlegender es für das Unternehmen ist. Wenn Sie etwa regelmäßig Aussagen aus der Unternehmensphilosophie, dem Leitbild oder anderen strategischen Papieren heranziehen, können Sie sich gar nicht in Widersprüche verstricken. Für Statements gilt zudem: Je einfacher und je klarer sie sind, umso besser kommen sie an. Und hier wären wir schon bei dem so wichtigen, persönlich geprägten Stil.

Entwickeln Sie einen typischen Stil
Wie sieht dieser Stil bei Beate Uhse aus? Einmal ist die Sachlichkeit entscheidend, zum Zweiten eine Mischung aus einerseits Offenheit gegenüber der Umwelt und andererseits Sensibilität im Hinblick auf die Inhalte:

■ Eine sprachlich und stilistisch klare, verständliche, freundliche, sachliche und vernünftige Argumentation, nicht polemisch oder emotional, aber auch nicht ohne Engagement.

- Persönliche Geschmacksfragen haben bei uns keinen Platz. Wir sind tolerant; Bewertungen von Kundenwünschen haben keine Berechtigung.
- Beim Umgang mit Informationen spielt die Diskretion die erste Geige. Wir geben keine Informationen über Kunden weiter.
- Wir betonen nicht, wie »sexy« unser Business ist. Das überlassen wir anderen. Wir betonen unsere Professionalität, dass wir uns Mühe geben, unsere Aufgaben zur besten Zufriedenheit unserer Kunden zu erledigen. Unser Geschäft betreiben wir so normal wie jedes andere auch. Weder im Umgang mit den Kunden noch mit Journalisten werden unsere Inhalte in irgendeiner Weise ausgespielt.
- Mit Fakten, die der Konkurrenz nützen könnten, sind wir immer besonders zurückhaltend umgegangen. Wir erzählen lieber zu wenig als zu viel.
- Mit offensichtlichen Erfolgen, mit unseren expansiven Bestrebungen halten wir nicht hinterm Berg.
- Wir haben eine gemeinsame Vision. Die Geschichte von Beate Uhse und unser Leitbild bieten wichtige Orientierungspunkte.

An einigen Beispielen möchte ich Ihnen einen Eindruck von unserem Stil vermitteln, den ich in der Argumentation ebenso wie in der direkten Ansprache der Kunden durchzuhalten versuchte.

Beispiele: Stil

PR-Text aus einer Imagebroschüre von 1967
Nur der ganze Mensch kann glücklich sein
Es gibt kein halbes Glück. Eine Frau, die nicht auch »als Frau«, und ein Mann, der nicht auch »als Mann« glücklich ist, können nicht wirklich glücklich sein. So erleben sie erst in der Partnerschaft miteinander das Glück »des ganzen Menschen«. Es liegt in jedes einzelnen Hand, seines Glückes Schmied zu sein. Hunderttausende Männer und Frauen nutzen Jahr für Jahr, Monat für Monat die Möglichkeiten, die ihnen das Versandhaus für Ehehygiene Beate Uhse für eine glückreiche Partnerschaft zu bieten hat.

Mindestens jede zweite Ehe in Deutschland wird geschlossen, weil bereits ein Baby »unterwegs« ist. Dabei fehlen häufig schon die materiellen Voraussetzungen für ein glückliches Familienleben. Verantwortliche Planung ist hier notwendig, nicht blindes Vertrauen in ein zufälliges Geschick. Und Planen setzt Wissen voraus und die Möglichkeit, sein Ziel zu erreichen. Dem Kundenkreis des Versandhauses Beate Uhse steht alles zur Verfügung, was für eine glückliche Gestaltung ehelicher Partnerschaft nützlich sein kann: Bücher, die Informationen bieten und Wissen vermitteln, Hilfsmittel zur Familienplanung und zur Erhaltung und Vertiefung ehelicher Harmonie. (…)

Eingangsmailing aus einem Katalog (1973)
Verehrte Kundin, sehr geehrter Kunde,
leben wir nicht in einer hochinteressanten Zeit? So vieles steht uns offen, was uns vor einigen Jahren noch verschlossen war. Heutzutage haben wir mehr Möglichkeiten als jemals zuvor, unsere Persönlichkeit zu entfalten und unser Leben nach unseren Wünschen einzurichten. Vor allem die freiere und natürlichere Einstellung zur Sexualität hat unser Leben reicher und lebenswerter gemacht. Vor wenigen Jahren noch war diese schnelle Entwicklung unvorhersehbar. Heute begrüßen schon 93 % der bundesdeutschen Bevölkerung die freie Diskussion über sexuelle Themen.

Offener Brief an Oberbürgermeister
Dr. Walter Wallmann (31. 12. 83)
Sehr geehrter Herr Oberbürgermeister,
mit Besorgnis entnehme ich einigen Frankfurter Medien, dass im Kampf gegen Drogen und Prostitution eine Gleichstellung und Vermischung von Sexualität und Pornographie zusammen mit Prostitution, Drogen, Kriminalität und Gewalt vorgenommen wird. Ihr Kampf gegen die Zuhälterei, den Drogenhandel, den Drogenmissbrauch und sonstige kriminelle Auswüchse ist nur zu begrüßen.
Ich wehre mich jedoch dagegen, dass die Beate Uhse-Läden, die Dr. Müller's-Filialen und die Blue Movie-Kinos, die zur Beate Uhse Aktiengesellschaft gehören, von Ihnen in Zusammenhang mit Prostitution und Drogen genannt und bekämpft werden.

Seit über 30 Jahren ist es mein Bemühen, die Sexualität von den Tabus und ihrem »anrüchigen«, illegalen Dasein zu befreien. Durch diese jahrzehntelange Pionierarbeit habe ich sicherlich dazu beigetragen, dass 1975 das Sexualstrafrecht liberalisiert und die Pornographie für Erwachsene freigegeben wurde. Die Verbreitung der Pornographie unterliegt allerdings einigen Beschränkungen, die das Unternehmen Beate Uhse selbstverständlich respektiert. (…)

In den Centren der Großstädte der Bundesrepublik und West-berlin ist die Beate Uhse Aktiengesellschaft mit ihren Beate Uhse-Läden, Dr. Müller's-Filialen und Blue Movie-Kinos seit Jahrzehnten präsent und gehört zur Angebotspalette einer jeden Einkaufsstraße. (…)« (Erschien einige Tage später in der FAZ.)

Alles sehen, was nach draußen geht

Sie sollten der Wächter über das Unternehmensimage sein. Das heißt, dass Sie bestimmen, in welcher Form Informationen nach außen gelangen.

Die Erfahrung hat mich gelehrt, dass man auf unser Geschäft, auf diese Branche, besonders sensibel reagiert. Wir waren – und sind es noch – verstärkter Aufmerksamkeit ausgesetzt, nicht nur von Seiten der Justiz, die jahrelang unser Werbematerial streng kontrolliert hat, auch von Seiten der Medien und Meinungsma-cher. Dass ich nun »alles« kontrollierte, was nach draußen ging, ist vielleicht ein wenig übertrieben. Aber man kann sagen, dass ich im Hinblick auf die Kommunikation mit der Umwelt im Unternehmen ein Nadelöhr war. Ich hatte immer ein Auge auf die wichtigen Informationen. Mein Vorgehen bestand darin, mir wichtigen Schriftverkehr, der an mehr als zwei Leute ging, von Mitarbeitern noch einmal vorlegen zu lassen und eventuell in den Text einzugreifen. Dies kann man kritisch sehen; man könnte mir mangelndes Vertrauen vorwerfen. Das aber war es nicht. Ich hatte in meinen Schreiben und Statements den typi-schen »Beate-Uhse-Stil« entwickelt und konnte immer schnell entscheiden, welche Information »öffentlichkeitsfähig« war, wel-che nicht. Ich hatte eine Routine entwickelt, die eine Kontinuität in der Darstellung sicherstellte. Dass dieses Vorgehen von meinen Mitarbeitern akzeptiert, sogar oft begrüßt wurde, ist für mich ein Zeichen, dass allen klar war, damit dem Unternehmen zu dienen. Viele Mitarbeiter haben meine Mitwirkung in dieser Sache als Hilfe, nicht als Kritik verstanden.

Im Laufe der Jahre ist mir klar geworden, dass *jede* Kommunikation, nach außen oder innen, eine Imagewirkung hat. Nicht nur die Mitteilungen der Presseabteilung, die Mailings oder Schaufensterbeschriftungen. Auch jedes Kundenanschreiben und jede Kommunikation mit Lieferanten wirkt auf das Image zurück, selbst jede Äußerung der Mitarbeiter in ihrem privaten Bereich hat Außenwirkung, wenn auch mit geringerer Reichweite. Jeder Arbeitnehmer erzählt zu Hause, bei Freunden, im Verein, in Organisationen über seine Arbeit und seinen Arbeitgeber, das ist nur natürlich. Und fällt der Name »Beate Uhse«, werden die meisten Zuhörer ungemein neugierig, stellen vielleicht kritische Fragen, zeigen Abneigung, fordern einen Schlagabtausch heraus etc. Daher war es wichtig, dass sich unsere Mitarbeiter den »Beate-Uhse-Stil« ebenfalls aneigneten.

Wenn der Unternehmensstil von »oben« vorgelebt wird, kann er der Belegschaft in Fleisch und Blut übergehen. Können Sie sich z. B. vorstellen, wie schwierig es für neue Mitarbeiter bei Beate Uhse ist, über ein Produktsortiment zu sprechen, das aus Vibratoren, Gummipuppen oder Sex-Chats besteht – es ist eben doch etwas anderes als Halbleiter, Schreibwaren oder Schrauben. Hier muss jeder einen Lernprozess durchmachen. Je besser allerdings die gesamte Organisation eingeschworen ist auf einen Stil, umso schneller wird dieses Wissen weitergetragen. Und je durchgängiger der Stil ist, umso konsistenter ist das Bild, das Außenstehende von der gesamten Organisation gewinnen.

Chefsache PR

PR ist in jedem Fall eine wichtige Führungsaufgabe. Sie kann nur wirksam sein, wenn derjenige, der diese Aufgabe erfüllt, an den Entscheidungsprozessen des Unternehmens beteiligt ist oder zumindest »ganz nah dran« ist. In kleinen Unternehmen übernimmt daher nicht selten automatisch die Firmenleitung die Presse- und Öffentlichkeitsarbeit. Der Existenzgründer, der mit einer findigen Geschäftsidee bekannt werden möchte, wird als Erstes versuchen, selbst Kontakte zur Presse und zu den Rundfunkmedien aufzubauen, Interviews und Artikel zu bekommen, um seine Idee erklären und die Öffentlichkeit von deren Nützlichkeit überzeugen zu können. Nun gut, aber was wird er machen, wenn das Unternehmen etabliert ist, muss er auch dann noch diese Dinge selbst machen? Auch ich hätte, z. B. als die Firma einen Justitiar bekam, diese Aufgabe delegieren können. Doch ich tat es nicht, weil ich wusste, dass die PR für unser Unternehmen immer elementar sein würde.

Personality-PR bedeutet: Sie sind als Imageträger aufgebaut. Und dann sollten Sie niemand anderen vorschicken, wenn es sich um wichtige PR-Aufgaben handelt. Sie müssen jetzt repräsentieren. Sie selbst sollten die PR-Aufgaben in die Hand nehmen und unter Kontrolle halten.

Nun ist PR-Arbeit auf Dauer aber eine zeitraubende Sache, selbst wenn man selbst »nur« Repräsentationstermine wahrnehmen muss. Man muss sich vorbereiten, Reisezeit ist einzukalkulieren – und viele andere Dinge bleiben liegen. Daher überlassen natürlich viele Führungskräfte oder Unternehmensleiter diese Aufgabe gerne einem Pressesprecher oder einer Pressesprecherin.

Aber es gibt einige ganz praktische Vorteile der »Chefsache PR«:

- Tritt ein Vorstand oder Unternehmensleiter vor die Presse, verleiht es dem Auftritt und dem Thema insgesamt mehr Gewicht; dadurch steigt das Interesse.
- Der einzelne Journalist fühlt sich ernster und wichtiger genommen, sitzt er der Unternehmensleitung gegenüber. Wird das Gespräch offen geführt, lassen sich Gefühle der Distanz oder Berührungsängste leichter abbauen. Folge: Es lässt sich eine persönlich geprägte Beziehung mit solider Vertrauensbasis aufbauen.
- Die Stellungnahmen gewinnen einen unmittelbareren Charakter, wenn der, der Strategien mitentwickelt hat, sie gleichzeitig nach außen vertritt.

■ Kontinuität in der Darstellung nach außen kann eher sichergestellt werden. Der Unternehmensleiter und Eigentümer
bleibt, unsicher aber ist, ob Ihnen Ihr Pressesprecher lange
Jahre treu bleiben wird.

Es ließe sich einwenden, dass man für die Pressearbeit eine
gewisse Begabung braucht. Abgesehen von rhetorischem Geschick, der Fähigkeit, Dinge auf den Punkt zu bringen, Situationen und Stimmungen schnell einzuschätzen und rasch und
schlagfertig auf Fragen zu reagieren, ist ein sympathisches
Auftreten, vielleicht ein bisschen Charme oder gar Charisma
nicht von Schaden. Keine Angst, man kann den Umgang mit
der Öffentlichkeit lernen. Erstens: Richtig schwer wird es erst,
wenn man nichts zu sagen hat. Zweitens: Wichtig ist, dass
man authentisch und glaubwürdig erscheint, und das erreicht
man am besten durch Ehrlichkeit, Offenheit und Vorurteilslosig-
keit. Dies sind die Waffen, mit denen Sie auch sehr kritische
Journalisten für sich einnehmen können. Wenn ich persönlich
auch niemals eine solche Sprachgewandtheit erreichte, wie ich
sie an Oswalt Kolle zum Beispiel bewundert habe, bin ich in
meine Sprecherrolle doch langsam, aber sicher hineingewach-
sen.

Machen Sie sich die Presse zum Freund
Wenn Sie viel Imagearbeit über PR machen, dann brauchen Sie
Freunde in der Presse. Sie brauchen ein Netzwerk, Sie brauchen
gute persönliche Kontakte. Klar, wir hatten es in dieser Hinsicht
ein bisschen leichter als viele andere Unternehmen. Zumindest
ab dem Zeitpunkt, als wir in der Öffentlichkeit nicht mehr nur als
»unsittliches Unternehmen« galten. Wir mussten allerdings auf-
passen, dass unsere Inhalte nicht auf unsere Kosten »ausge-
schlachtet« wurden.

Die Presse war unser wichtigstes Forum. Der Rundfunk und
das Fernsehen, das sich erst allmählich verbreitete, spielten
anfangs noch keine so große Rolle. Unsere Geschäftstätigkeit bot,
zumal in den 50er und 60er Jahren, mit den Auseinandersetzungen vor Gericht um das Thema Sexualität gerade jenen Stoff,

der die Presse (allerdings vornehmlich die Regenbogenpresse, wie *Bild, Quick, Hamburger Morgenpost*) anzog.

Erste Maxime: Den Medienvertretern sollte man immer offen begegnen; das bringt Pluspunkte. Ich sprach also mit Journalisten, begrüßte jede Berichterstattung über uns, wenn sie fair war. Ich stellte mich für Diskussionen im Fernsehen zur Verfügung und scheute auch nicht vor einer Konfrontation mit meinen Gegnern zurück. Wenn die Medien von selbst auf einen zukommen, beweist das, dass man in der Branche eine führende Rolle spielt. Akzeptieren Sie es also, wenn die Presse über Sie berichten will und begegnen Sie ihr nicht von vornherein mit Misstrauen. Denn Berichte, Interviews und Fernsehauftritte sind grundsätzlich eine Chance, sich positiv darzustellen.

Zweite Maxime: Man muss den Journalisten zufrieden stellen. Man muss ihm informativen Background für seine Geschichte bieten. Und auch hin und wieder amüsante Geschichten. Man kann mal aus dem Nähkästchen plaudern, soweit das die Firma positiv zeigt. Bekommt der Journalist, was er für seine Berichterstattung braucht, schlägt sich dies in der Regel auf eine positive Darstellung nieder. »Eine Hand wäscht die andere«, lautet nicht nur ein Sprichwort, für mich ist es eine der wichtigsten Regeln innerhalb der PR. Selbst wenn ein Unternehmen nicht direkt davon profitiert – es gehört zur Beziehungspflege, Journalisten, die man kennt und schätzt, bei der Suche nach einer Story, bei fachlichen Fragen oder bei der Informationsbeschaffung behilflich zu sein.

Dritte Maxime: Man muss für klare Grenzen sorgen. Man muss längst nicht auf alles antworten, was der Journalist fragt. Sagen Sie ruhig einmal: »Bitte verstehen Sie, darauf möchte ich Ihnen nicht antworten, weil ich meine Mitbewerber nicht klug machen möchte.« Ein altes Interview-Gesetz sagt auch, dass man nur über das Thema sprechen sollte, über das man sprechen will. Kommt eine unerwünschte Frage, kann man sie als »gute Frage« bezeichnen und dann das Thema wechseln. Diese Regel ist zwar nicht immer optimal durchführbar, aber sie hilft doch über etliche Klippen.

Die Voraussetzungen schließlich für eine erfolgversprechende Kooperation mit der Presse würde ich so umreißen:

- Die Berichterstattung muss fair und sachlich sein; der Journalist muss vertrauenerweckend wirken.
- Eine langjährige Zusammenarbeit mit einzelnen Journalisten ist von Vorteil.
- Das Diskretionsgebot gegenüber Kunden muss gewahrt bleiben; auf eine Anonymisierung von Adressen, z. B. bei Filmaufnahmen im Lager, ist zu achten.
- Mitarbeiter und Lieferanten in sensiblen Bereichen sind besonders zu schützen (z. B. bei uns im Telefonierbereich, also den telefonischen Diensten).
- Interna, die der Konkurrenz nutzen, dürfen nicht veröffentlicht werden.
- Die Privatsphäre von Mitarbeitern und Führungskräften ist zu achten. Privates gehört nicht an die Öffentlichkeit.

Wir haben übrigens die Medien aller Sparten begrüßt. 1968 drehte H. Frank drei Tage für seinen Aufklärungsfilm »DU« in unseren Firmenräumen. Immer wieder interessieren sich die Medien im Rahmen von Dokumentationen dafür, wie ein Erotikversand so funktioniert, die Presse vor allem berichtete wiederholt über unsere Sex-Shops. Auch zur Yellow Press hatten wir in der Regel ein gutes Verhältnis. Wer uns allerdings in der Hoffnung aufsuchte, eine schlüpfrige Story zu bekommen, dem konnten wir nicht weiterhelfen. Zu einer fairen Berichterstattung gehört es nicht unbedingt, wenn bei Aufnahmen für einen Dokumentarfilm einer Mitarbeiterin die Frage gestellt wird, welchen Vibrator sie denn bevorzuge. Die Souveränität, mit der die Mitarbeiterin die Frage zurückgewiesen hat, zeigte jedoch, dass wir einfach gut geworden sind im Umgang mit den Medien. Jeder bei uns weiß um die Besonderheiten unseres Geschäfts; und die Regel »Der private Geschmack gehört nicht hierher« hat bei uns jeder begriffen.

Machen Sie sich attraktiv

Wie man sein Unternehmen im Auf und Ab der Zeiten durch PR nach vorne bringt. Was verkauft man – persönlichen Geschmack oder Fakten oder Meinungen? Unsere PR-Strategien im Wandel. Wie Sie die Öffentlichkeit wieder neugierig auf sich machen – von Erfolgsmeldungen bis zum Sponsoring.

Von der Last der Lust in der PR

Vorsicht Geschmacksfrage!

Jeder weiß, was Sex ist. Jeder will Sex. Jeder versteht etwas davon. Wozu PR? Man könnte meinen, wir hätten es kinderleicht.

Nicht ganz. Die Erfahrungen haben mich gelehrt, dass PR im Bereich Sexualität immer ein Spiel mit dem Feuer ist. Erotik und Sex sind von jeher heiße Themen. Nicht nur für die Medien. Jeder hat eine Meinung dazu, was geschmackvoll, was zulässig, was verboten ist. Jeder hat seine eigenen Scham- und Tabugrenzen. Und die Gesellschaft hat immer bestimmte Toleranzgrenzen, die sich mal in die eine, mal in die andere Richtung verschieben. Jeder hat mit seinem Körper seine ganz eigenen Erfahrungen. Sex und Erotik betreffen zweifelsohne einen sehr persönlichen Bereich.

Zugleich wird der Bereich Sexualität stark durch gesellschaftliche Normen – die in anderen Kulturen wieder jeweils unterschiedlich sind – geprägt. Das rührt daher, weil in der Regel immer zwei Personen beteiligt sind. Und es geht nicht nur um eine Kultur, die sich immer wieder neu definiert, sondern auch um etwas für die Gesellschaft Essenzielles, nämlich die Fortpflanzung. Da jeder eine Meinung zur Sexualität hat und es viele gesellschaftliche Gruppen gibt, die wiederum je eigene Ansichten dazu haben, baut sich ein Spannungsfeld auf, wenn das Thema in die Öffentlichkeit gelangt. Die katholische Kirche sieht das Ganze anders als die evangelische, die Prostituierte anders als der Freier, der Homosexuelle anders als der Heterosexuelle. Ich kann also mit einer Aussage vielleicht die eine Zielgruppe »kundengerecht bedienen«, wie man so schön sagt, gleichzeitig aber fünf andere damit abstoßen oder sogar tief verletzen. Ich werde mir garantiert *immer* Gegner schaffen. Wie Sie im Kapitel »Kondome im Paragraphendschungel« gesehen haben, ist mir dies schon alleine durch die Art meines Geschäfts gelungen. Und dabei bin noch gar nicht bei einzelnen Produkten, bei Gummipuppen, Vibratoren oder anderen Dingen, die noch stärker die Geschmacksfragen bzw. persönlichen Einstellungen von Personen betreffen als eine Diskussion über Aufklärung oder spezielle Verhütungsmethoden. Sicher spielt auch bei einer Debatte etwa über die Pille oder über AIDS die persönliche Einstellung eine entscheidende Rolle, aber hier kann man noch rational argumentieren. Versuchen Sie das jedoch einmal z. B. bei einer Gummipuppe oder bei dem Angebot der Chatkanäle, die von »Bizarr und wild« bis »Quicky« reichen. Ich könnte noch zahlreiche Beispiele anführen, die zeigen, wie viele verschiedene Geschmacksrichtungen unsere Produkte und Dienstleistungen ansprechen und wie müßig es wäre, darüber eine Diskussion zu führen.

Ein anderer Fall sind die moralischen Diskussionen, etwa die Pornographiedebatten. In den 70er Jahren, als ich mit Erotikheften begann und später die Pornofilme folgten, geriet ich in einen Konflikt mit der Frauenbewegung, die eine Verschärfung des Pornographie-Strafrechts forderte. Hier gab es keine Annäherung, die Fronten waren klar. Als diese Debatte in den 80ern erneut angekurbelt wurde, gingen die Meinungen darüber innerhalb der Frauenbewegung auseinander, was erlaubt sein sollte, welche Folgen Pornographie hat, was gute und schlechte Pornographie ist, ob auch Frauen Pornographie wollen und wünschen, und wenn ja, mit welcher Ästhetik etc. Soll man sich da äußern? Läuft man da nicht ganz schnell Gefahr, eine ganz andere Gruppe vielleicht wieder auszugrenzen?

Sie können es drehen und wenden, wie Sie wollen: Man kann mit einer Äußerung jeden persönlich verletzen, man kann verschiedene Interessengruppen beleidigen. Daher ist PR hier äußerst heikel. Die Frage lautet also, wie man das Thema anpackt, damit man gerade nicht z. B. eine unnütze Geschmacksdiskussion auslöst oder eine Kundengruppe verschreckt. Wir haben sie also durchaus gebraucht in unserem schwierigen und bewegten Markt: eine sehr sensible, aktive PR-Arbeit.

Worauf kam es an?
Publicity war jedoch immer wichtig für uns. Sie stellte den Austausch mit der Öffentlichkeit sicher; nur so konnten wir die Meinungsbildung beeinflussen und unseren Handlungsraum ständig erweitern.

PR hat die Aufgabe, den Dialog mit der Gesellschaft so flexibel zu steuern, dass einerseits ständig neugierig auf ein Unternehmen geschaut wird, andererseits langfristig Vertrauen aufgebaut wird. Es genügte also in der Vergangenheit nicht, dass Beate Uhse durch temporäre Ereignisse wie einen Unzuchtsprozess oder eine neue Pornographie-Debatte in die Schlagzeilen geriet, wir mussten dafür sorgen, dass sich dabei auch ein positives Bild des Unternehmens in den Köpfen der Verbraucher festsetzen konnte.

Dies gelang uns, weil wir erstens eine eindeutige Werbebotschaft verbreiteten und zweitens beständige Werte besetzten, die viele Menschen ansprechen. Gleichzeitig haben wir den Faden zum Puls der Zeit nie abreißen lassen. Wir konnten uns immer wieder interessant machen und sind gerade heute wieder bemüht, mit neuen Botschaften neue Käuferschichten anzusprechen, ohne unsere Traditionen über Bord zu werfen.

Nun möchte ich nicht den Eindruck erwecken, dass sich der Erotik- und Pornographiemarkt durch ein ständiges Auf und Ab auszeichnete, aber er hatte vor allem im Hinblick auf die gesellschaftliche Akzeptanz durchaus seine Höhen und Tiefen.

In den 50er Jahren wäre unser Thema ganz klar »Aufklärung« gewesen – aber war das gleichzeitig ein Wert? Waren hier nicht vielmehr die gefragten Werte: Ehe, Fleiß, Sparsamkeit, Häuslichkeit? Mit einer Botschaft wie »Bei uns bekommen Sie genoppte Kondome, die Spaß in Ihre Ehe bringen!« wären wir nicht nur mit der Tür ins Haus gefallen, sondern hätten uns noch mehr Feinde geschaffen, als wir ohnehin hatten. Und heute? Blicken wir nur einmal auf das Medienumfeld, das uns viel über die Gesellschaft und ihr Verhältnis zur Sexualität erzählt. Was da mit »Tutti Frutti« noch recht harmlos begann, findet in Sendungen wie »Wa(h)re Liebe« zur Meisterschaft. Sexualität ist zum Dauerbrenner geworden, ob in der Variante des »Problemlösungsangebots« in den Talks am Nachmittag (»Hilfe, mein Busen ist zu klein!«) oder in der offen voyeuristischen Variante, die eindeutig auf das Bedürfnis der Zuschauer, etwas Scharfes zu Gesicht zu bekommen, zielt (»Peep-Show«). Menschen, die sich vor laufender Kamera Intimschmuck anlegen – vor 10, 15 Jahren noch undenkbar –, das ist heute Fernsehalltag im Spätprogramm. Dies alles geschieht im Rahmen einer Entwicklung, bei der es anscheinend als normal erachtet wird, dass die Privatsphäre Einzelner präsentiert werden kann wie die Lage auf dem Arbeitsmarkt. Da mag es fast schon anachronistisch wirken, wenn sich die Hauszeitschrift der Barmer Ersatzkasse in ihrer Ausgabe 2/2000 dem Thema »Über Sexualität reden« widmet mit dem Ziel, Jugendliche aufzuklären. Natürlich laufen die härteren Fernsehsendungen mit sexuellen Contents zu einer Zeit, wo Kinder nicht mehr vor dem Fernseher sitzen (sollten). Aber niemand wird bezweifeln, dass die Jugend heute auf ganz andere Weise mit dem Thema Sexualität und Verhütung konfrontiert wird als noch vor 20 Jahren. Und dass man mit den Themen und Werten von vor 50 Jahren heute keinen Hund mehr hinterm Ofen hervorlocken dürfte.

Von der Verhütung in den Cyberspace

Uns gibt es länger als die Bundesrepublik. Wenn ich mir das manchmal vor Augen halte, denke ich mir: »Da haben wir ja wirklich schon einiges geschafft. Vor was müssen wir noch Angst haben?« Angst habe ich sowieso selten, aber wenn man die Beschleunigung so mancher Entwicklungen heute sieht, da darf einem wenigstens mal kurz schwindlig werden, oder finden Sie nicht? Was sich alles in unserer Umwelt geändert hat, nicht nur in Sachen »Sex«, ist schon enorm. Werte und Medienumfeld im 21. Jahrhundert sind mit denen vor 50 Jahren kaum mehr vergleichbar.

Was hat PR in der Erotikbranche für Aufgaben gehabt, welche Aufgaben stellen sich heute, welche stehen morgen an? Mittels PR haben wir uns – das steht außer Zweifel – etabliert. PR war lange Zeit *das* Werbemittel für uns – neben Katalog und Mailings und später den Insertionen und TV-Spots. Durch die Bedeutung der Neuen Medien kamen neue Werbeformen hinzu. Seit den Umstrukturierungen im Zuge des Börsengangs beginnt sich das Gewicht der Personality-PR im Marketingmix allmählich zu verschieben.

Erst draußen, dann drin: Beate Uhse in der Gesellschaft
Als wir auf den Markt kamen, in den prüden 50er Jahren, standen wir außerhalb der Gesellschaft. Wir gehörten nicht dazu, zumindest wollten uns das viele glauben machen. In diesem Umfeld war die Rücksichtnahme auf die gesellschaftlichen Grundwerte und Befindlichkeiten enorm wichtig. Nicht umsonst habe ich die Ehe als Norm in dieser Zeit nicht angezweifelt, obwohl ich natürlich unheimlich gerne die Nichtverheirateten mit Kondomen & Co. bedient hätte. Ich habe mich in dieser ersten Zeit weitgehend aus öffentlichen Diskussionen rausgehalten, da ich immer nur in ein Wespennest stoßen konnte. Meine Aufmerksamkeit galt mehr den Kunden – und der Staatsanwaltschaft, wobei letzteres so ziemlich auf Gegenseitigkeit beruhte.

Die zunehmende Toleranz gegenüber dem Thema Sexualität machte die Sache dann einfacher. Mit der Debatte um die Pille Anfang der 60er Jahre wurde erstmalig eine qualifizierte Diskussion zur Sexualität in den Medien geführt – mit sachlichen Ausdrücken und nicht im Straßenjargon. Die »sexuelle Revolution« gipfelte in libertären Parolen der Kommunen und Flowerpowerbewegung wie »Wer zweimal mit derselben pennt, gehört schon zum Establishment«. Dieser Schub bot die Gelegenheit, die bekannte Ehehygiene-Versenderin aus Flensburg mal in Sachen Sex zu befragen. Da war doch jemand, der schon 15 Jahre so Sachen versendete, Kondome zur Verhütung, Salben und Mittelchen für noch ganz andere Dinge. Damit öffneten sich allmählich Portale für uns. Galt es in den 50er Jahren noch, uns für unsere permanente Tabuüberschreitung zu rechtfertigen und zu reparieren, was die Staatsanwaltschaft anrichtete, wurden wir nun – gefragt! Wir konnten uns als ernst zu nehmende Dialogpartner erweisen – und damit auch wagen, das Thema selbst aufzugreifen und aktive PR zu machen. Wir forcierten unsere Imagearbeit also in dem Moment, als die Gesellschaft »reif« für das Thema und eine positive Berichterstattung zu erwarten war. Nicht nur die Yellow Press, jetzt wollten auch *Die Zeit* und das Fernsehen genauer wissen, wer wir waren und was wir machten und was wir über Mann und Frau und ihr Sexualverhalten wussten – und man war neugierig, wie ich diese ungewöhnliche Firma aufgebaut hatte. Geschäftlich gab es einige bedeutende Schübe: erste Zukäufe, eine zunehmende Automatisation, neue Ideen zum Direktmarketing aus den USA, ein neues großes Firmengebäude, den Aufbau der Beate-Uhse-Läden.

In den 70er Jahren traten bereits die ersten Abnutzungserscheinungen des Themas Sexualität auf! Dafür kamen mit der Pornographie 1975 ein neues »Branchenkind« und mit den Sexkinos – das erste »Blue Movie« wurde 1975 eröffnet – und den ersten Sexfilmen ein weiterer wichtiger Vertriebskanal hinzu. Obwohl die Pornographie seit der Gesetzesnovelle reguliert erlaubt war, gerieten wir als seriöser Anbieter auch in dieser Zeit wiederholt unter gesellschaftlichen Druck – Pornos waren und blieben eine umstrittene Sache. Auch unsere Shops wurden nicht immer begrüßt, zogen aber immer wieder die Aufmerksamkeit auf sich. Um diverse Sexfilme und die Kinos gab es hin und wieder kleinere Skandale. Aber jetzt hatten wir viele Pressestimmen auf unserer Seite. Mit der Markterweiterung um das Pornographiesegment waren neue Anbieter aufgetreten, der Markt wurde härter und insgesamt stärker. Das Unternehmen Beate Uhse war Ende der 60er eine nicht mehr zu leugnende wirtschaftliche Größe: Mit unserem erfolgreichen Vertriebswegemix hatten wir eine finanzielle Konsolidierungsphase eingeläutet. Aber wir erlebten auch, wie es ist, wenn die Presse ein Unternehmen zerreißt – unser Sex-Reisen-Angebot geriet unterm Strich zum ersten Flop.

Im Zuge der Aids-Debatte Ende der 80er Jahre kam das Thema Sex wieder aufs Tapet – unter ganz anderen Voraussetzungen allerdings als in den 70ern. Aufklärungskampagnen flirrten über die Bildschirme und an jeder Ecke mahnten uns Plakate zum Safer Sex. Wir haben darauf prompt mit einer verstärkten Bewerbung von Kondomen reagiert. In den Medien betonte ich zu dieser Zeit immer, dass man sich nun wieder mehr auf den eigenen Partner konzentrieren und durch Erotik- und Pornoprodukte von Beate Uhse mehr Abwechslung in der Liebe erreichen könne. Während der Zeit der Realteilung (1981) und bis ich den Versand wieder eröffnete (1986), konzentrierten wir uns auf den Großhandel und die Läden; viel war daher von uns im Zusammenhang mit Pornographie die Rede.

Die Themen gingen Ende der 80er und in den 90ern nicht aus. Mit dem politischen Umbruch und dem Ende des Kalten Krieges gab es auf einmal fünf neue Länder – einen neuen Markt in Deutschland. Hier konnten wir uns als erster Anbieter etablieren. Wir wurden euphorisch begrüßt von der Ostpresse und von den Ossis.

Ein für uns sehr wichtiger kultureller Wandel hat sich mit der zweiten großen Liberalisierungswelle in Sachen Sex und Erotik vollzogen, die bereits in den 80er Jahren einsetzte, und zwar durch das Aufkommen und die enorme Expansion des Privatfernsehens. Dann kamen die Neuen Medien, das Internet und »Cybersex« – erste Anzeichen, dass man sich als Erotikunternehmen mit seinen Hauptthemen oder -problemen schon längst sehr viel näher am allgemeinen Wirtschaftsgeschehen befand als früher. Mit dem Unterschied, dass die Erotikbranche bei vielen Entwicklungen eine Vorreiterrolle gespielt hat, ob es um die Eroberung des Marktes in Ostdeutschland, um das Btx oder das Internet ging. Aber nun war endlich klar: Beate Uhse befindet sich mitten drin in der Gesellschaft, gehört dazu, hat sich endlich etabliert.

Welche Bedeutung es hatte, dass wir inzwischen zu einer Marke geworden waren, und was das eigentlich für unser Image bedeutete, wurde uns erst so richtig bewusst, als wir anlässlich der Eröffnung des Erotik-Museums in Berlin 1996 und dann drei Jahre später beim Gang an die Börse eine enorme Presseresonanz erhielten. Wir wussten zwar, dass Beate Uhse sehr bekannt war und zu einem Begriff in der Erotikbranche geworden ist. Aber wir hatten uns bis dato eigentlich nicht besonders darum gekümmert. Nach dem Going Public war nichts mehr so wie vorher. Der Börsengang hat uns einen enormen Schub gegeben, finanziell und vom Potenzial her. Und seitdem expandieren wir permanent durch Zukäufe und Beteiligungen. Die Entwicklung zu einem internationalen Konzern besitzt eine ganz eigene Dynamik und zwingt uns dazu, neue Wege zu beschreiten. Am rosaroten Erotikhorizont zeichnen sich neue Herausforderungen, aber auch neue Chancen ab. Für Spannung ist weiterhin gesorgt.

Vom »Schmuddelkind« zum Markenführer
Man kann bei Beate Uhse vier Phasen ausmachen, wie sich das Unternehmen und sein Image entwickelt und etabliert haben, mit den dazugehörigen unterschiedlichen Zielen der PR (im Rahmen der Unternehmensziele):

- Phase 1: Neu auf dem Markt. Sex war ein Tabu. Aufgabe: Bekannt werden ohne aufzufallen. Sich positiv gegen Mitbewerber absetzen, sich gegen Anfeindungen wehren. Überleben.
- Phase 2: Der Markt will erobert werden, langsames Wachsen. Das Umfeld wird günstiger. Man wird neugierig auf uns. Aufgabe: Aufmerksamkeit nutzen. Zeigen, dass man als Dialogpartner ernst zu nehmen ist. Bewusste PR. Image systematisch aufbauen (seriöser Anbieter, Pionier). Verlässlicher Geschäftspartner werden.
- Phase 3: Der Markt bietet neue Aussichten. Schnelles Wachstum. Das Umfeld wird tolerant. Man ist bekannt. Aufgabe: Kontinuität schaffen und sich gleichzeitig als wandlungsfähig erweisen. Intensive PR. Image schärfen, z. B. Experte, Vorreiter der Branche, größter Anbieter. Sich etablieren.
- Phase 4: Der Markt unterliegt Einflüssen wie andere Märkte auch (Internationalisierung, neue Vertriebswege, Internet, härterer Wettbewerb). Das Umfeld ist liberal eingestellt. Das Image ist »die Marke«. Aufgaben: Imagepflege und -intensivierung. Den Markt erweitern, neue Märkte suchen. Stärke zeigen. Neue Themen suchen, neue Herausforderungen annehmen. Treibende Kraft sein.

Diese Phaseneinteilung soll nur die Schwerpunkte verdeutlichen. Bestimmte Unternehmensziele waren immer relevant: unsere Kunden optimal zu bedienen, zu wachsen und sich als der erste Anbieter auf dem Markt zu behaupten.

Beate Uhse etabliert sich – durch Fleiß, Erfolg und technischen Vorsprung

In der ersten Phase »Bekannt werden ohne aufzufallen« wurden die Grundlagen gelegt, die auch für die späteren Phasen und die aktive PR gültig waren. Diese setzte mit Phase 2 ein.

Im Jahr 1967 druckten wir erstmals eine vierfarbige Unternehmensbroschüre für die Pressearbeit. Einige Seiten dieser Broschüre finden Sie im Bildteil (Abb. 18, 19, 21, 25). Daran möchte ich die wichtigsten Strategien von Beate Uhse zeigen. Die folgende Übersicht greift zentrale Botschaften daraus auf, die durch einzelne Textpassagen und Bilder transportiert werden.

Die Bilder finde ich heute noch ansprechend, aber sie hätten heute eine ganz andere Bedeutung als damals. Bilder wirken umso stärker, je deutlicher sie Gefühle ansprechen; wo es kompliziert wird, die geeigneten Worte zu finden, kann ein passendes Bild sofort überzeugen. Damals gab es bei weitem nicht so viele stilistische Tricks der Bildbearbeitung. Daher muten die Fotos dieser Broschüre statisch und vielleicht altmodisch an. Für die damalige Zeit waren sie jedoch nicht unmodern. Vielleicht können Sie nachvollziehen, dass mit den Fotos bestimmte Bedürfnisse der damaligen Zeit angesprochen wurden, nämlich »Sicherheit« und »Vertrauen«. Denn sie zeigen durchweg ein seriöses und für damalige Verhältnisse modernes Unternehmen. Weil vor allem viele Mitarbeiter bei ihrer täglichen Arbeit gezeigt werden, bekommt der Leser zudem den Eindruck, einem sehr offenen und persönlichen Unternehmen gegenüberzustehen.

Der Text mutet heute streckenweise – dort, wo es um die Geschäftsbereiche geht – etwas umständlich an. Über die Produkte zu sprechen war damals ja in rechtlicher Hinsicht viel heikler als heute. Er ist in der Regel eher knapp gehalten und erläutert, was auf den Bildern zu sehen ist. Die dynamische Werbebotschaft »Alle sechs Sekunden wendet sich jemand an Beate Uhse« zieht sich als Motto durch die gesamte Broschüre. Neben den Bildern sind in der folgenden Tabelle die wichtigsten Schlüsselbegriffe aus dem Text herausgegriffen.

PR-Ziele der Aufbauzeit anhand der ersten Unternehmensbroschüre von 1967

Bildmotiv und Schlüsselbegriffe	Botschaft/Ziel
Weltkarte auf dem Umschlag »Alle sechs Sekunden wendet sich jemand an Beate Uhse«.	Beate Uhse wird gebraucht. Sie ist erfolgreich. Beate Uhse liefert in die ganze Welt.
Vorne ein Foto von Beate Uhse vor dem Firmengebäude, mit Unterschrift.	Beate Uhse steht hinter ihrem Unternehmen.
Pressezitat aus »Il Tempo« und Fotos von Beate als Fliegerin, bei Besprechung und beim Sport. Schlüsselworte: »Mut«, »schon vor 25 Jahren«, »Vertrauen«.	Als mutige, vertrauenswürdige Person erhält Beate Uhse viel Anerkennung. Sie sorgt für Sicherheit und Kontinuität und ist eine fleißige Unternehmerin.
Werbefotos von junger Frau und jungem Mann, halbseitiges Gesicht, ernste Mienen. Motto: »Nur der ganze Mensch kann glücklich sein.« Text enthält Beispiel zur Aufklärung (ungewollter Kinderwunsch/ Verhütung) und Gründermythos. Schlüsselworte »Mensch« und »glücklich«.	Beate Uhse ist für ihre Kunden da. Für Mann und Frau. Produkte von Beate Uhse sorgen für Aufklärung und Verhütung. Beate Uhse verhilft den Menschen zu mehr Glück.
Fotos von »Kunden« von Beate Uhse mit Statistik (nach Beruf und Altersstruktur).	Unsere Kunden kommen aus allen Schichten, es sind viele erfolgreiche Menschen darunter. Wir sind für alle da.
Abbildung eines Kundenbriefs; Schlüsselworte: »Zufriedenheit«, »glückliche Familie«.	Wir haben eine persönliche Beziehung zum Kunden. Wir stellen unsere Kunden zufrieden.
Fotos von technischer Ausrüstung, etwa des Computers Bull Gamma 30 oder eines Magnetbandes, Arbeitsplätze. Schlüsselworte »Glück und Elektronik«, »Computer lösen Probleme«.	Das Unternehmen ist fortschrittlich und innovationsfreudig. Hier wird professionell gearbeitet mit den modernsten Maschinen und an modernen Arbeitsplätzen.
Fotos von der Brieffut in der Postsortierstelle, Fotos von der Kundenkartei, der Altersprüfstelle, Kundenservice, Angestellter mit Diktiergerät, Trennautomat, Packlager, Förderbänder, Poststelle. Schlüsselworte »zwei Millionen« (Anschriften), »beste Antwort«, »Experten«, »präzise«, »freundlich«, »Konzentration«, »vermeidet Leerlauf«, »immer vorrätig«, »schnell und reibungslos«, »nichts wird vergessen«.	Der geschäftliche Erfolg ist durch Fakten belegbar. Wir haben viele Aufträge. Wir machen unsere Arbeit gerne, wir sind fleißig. Wir beschäftigen viele Mitarbeiter. Wir sind Experten. Wir arbeiten rationell. Wir bekennen uns zu den rechtlichen Schranken und setzen dies durch eine institutionalisierte juristische Prüfung um. Fazit: Wir sind ein großes professionelles Unternehmen. Bei uns sind die Kunden gut aufgehoben.

Bildmotiv und Schlüsselbegriffe	Botschaft/Ziel
Werbefoto von vier Paaren. Schlüsselwort »modern«.	Unsere Kunden sind normale, aufgeschlossene und moderne Menschen wie du und ich.
Schlüsselausdruck »Intimkauf ohne jede Peinlichkeit« (Zitat aus dem *Stern*).	Beate Uhse garantiert Diskretion.
Fotos von Ladenansichten und Lagepläne, Schlüsselworte »Selbstbedienung«, »offen«.	Wir bieten in unseren Läden eine moderne, freundliche Einkaufsatmosphäre. »Unsere Tür steht allen offen« (explizit).
Abbildung eines Organigramms.	Wir sind ein transparentes Unternehmen.
Fotos von Produktionsstätten (Dessousatelier). Schlüsselworte »Design für Dessous«, »Schmuckstück«.	Wir bieten hochwertige Produkte im Bereich Aufklärung und Erotik an.
Fotos von Druckereimaschine und Labor, Liste der Tochterunternehmen. Schlüsselworte »ärztliche Aufsicht«, »Certificate of Excellence«, »Werbung«.	Wir sind marktorientiert. Wir wachsen durch Zukäufe. Wir tragen Verantwortung. Wir genießen dank unserer professionellen Arbeit Erfolg und internationale Anerkennung.
Angabe der Umsatzzahlen 1966 in einem Diagramm	Wir sind erfolgreich.
Auszug aus den Grundsätzen des Versandhauses für Ehehygiene Beate Uhse.	Beate Uhse verfügt über eine Unternehmenskultur.
Foto eines »Oberpostrats für Beate« (*Stern*), Flugzeug mit Postfracht.	Beate Uhse ist ein wichtiger Wirtschaftsfaktor.
Fotos von Firmenkursen, Arbeitsbesprechungen, einer Mitarbeiterbesprechung mit Beate Uhse. Stichwort »Harzburger Modell«.	Beate Uhse ist ein Unternehmen mit modernen Strukturen. Professionalität.
Foto vom Modell des neues Firmengebäudes.	Beate Uhse investiert in die Zukunft.

Welche PR-Strategien der zweiten Phase werden dadurch verdeutlicht?

■ Beate Uhse ist eine mutige Frau, die für ihr Unternehmen einsteht (Personality-PR).
»Als Einfliegerin ... hat Beate Uhse schon vor 25 Jahren Mut bewiesen. Männer, die sich in die von ihr geprüften Maschinen setzten, wussten: ›Ihrem Urteil können wir vertrauen.‹ ... Jeder Brief, jede Anfrage und jede Bestellung sind Beweis für das Vertrauen in ihre Arbeit.« Mit diesem Text zum Fliegerfoto, Fotos von einer Besprechung und beim Sport wird Beate Uhse als Person zum persönlichen Garant für Seriosität, Offenheit, Ehrlichkeit, Mut, Fleiß und Kontinuität.

■ Beate Uhse zeigt sich als kundenorientiertes, seriöses und professionelles Unternehmen:

Die Karte auf der Umschlagseite zeigt durch Stecknadeln alle Plätze auf der Welt, an denen Beate-Uhse-Kunden wohnen. Bilder von Kunden und Zielgruppen zeigen, für wen Beate Uhse da ist.

Das Angebot wird sehr allgemein im Abschnitt »Nur der ganze Mensch kann glücklich sein« angesprochen; Ziele und Aufgaben des Unternehmens decken sich mit einem vorhandenen Bedarf an Aufklärung und Verhütungsmitteln sowie dem Streben nach mehr Zufriedenheit in der Partnerschaft. Die Produkte sind Problemlösungen für das Intimleben verheirateter Paare. Dadurch legitimiert sich das Unternehmen Beate Uhse. Im Versandhaus werden die wichtigsten Stationen des Workflow vorgestellt: einzelne Abteilungen wie die Postsortierstelle, Expedition, Korrespondenzabteilung oder Altersprüfstelle mit ihren verschiedenen Arbeitstechniken und Prozessen. Auf einem Bild sieht man, wie Kundenbriefe beantwortet werden. Ebenfalls ausführlich werden die Abläufe gezeigt, die für eine schnelle Lieferung und fachkundige Betreuung sorgen. Die Bilder der arbeitenden Mitarbeiter wirken sehr eindrucksvoll. Gezeigt wird dabei ganz klar ein Arbeitsethos im Dienste der Kunden; wiederholt gibt es Hinweise im Text auf die Professionalität des Unternehmens. Fleiß und Sorgfalt sind hier ganz wichtige vertrauensbildende Faktoren. Auch im Leitbild sind diese Tugenden verankert. Und auf Seite 1 wird mit dem Satz »Sie hat es gern, wenn es rundgeht« das Vorbildmotiv der fleißigen Chefin in lockerer Weise aufgegriffen.

- Wir sind als Ansprechpartner für die Medien da.

Dies belegen zum Ersten die Zitate aus der Presse. Die Broschüre an sich war dann zum Zweiten Ausdruck dafür, dass wir uns mit einem bestimmten Image zeigen wollten.

- Wir schöpfen unser Selbstvertrauen aus unserem Erfolg, der sich an Fakten, nicht an Meinungen misst.

Der sichtliche Erfolg: Wir haben einen großen, internationalen Kundenstamm aufgebaut. Unsere Umsatzentwicklung ist nicht nur positiv, wir wachsen überdurchschnittlich schnell. Wir haben schon Tochterunternehmen gegründet. Auch das Motto »Alle sechs Sekunden …« ist eindeutig Erfolgssprache. Die einfache, aber sehr beeindruckende Umsatzstatistik des Erfolgsjahres 1967, dargestellt als Balkendiagramm, sagt in der Broschüre mehr als tausend Worte. Die Broschüre zitiert darüber hinaus noch ein paar positive Schlagzeilen und Textausschnitte aus Presseberichten.

- Unser Verhalten gegenüber der Umwelt ist grundsätzlich offen.

Die Seiten, in denen sich das Unternehmen vorstellt, die Offenlegung der internen Strukturen im Organigramm sowie die vielen Bilder, wie wir arbeiten, vermitteln »das transparente Unternehmen«. Die freundlichen Bilder der Kunden (»Menschen wie diese ...«) haben hier einen ganz subtilen Effekt: Auf ein offenes Unternehmen reagieren auch offene Menschen.

- Wir beziehen sachlich Stellung.

»Der Art. 2 des Grundgesetzes garantiert jedem das Recht auf die freie Entfaltung seiner Persönlichkeit. Oft setzt mangelndes Wissen dieser Entfaltungsmöglichkeit Grenzen.« Die Enttabuisierung des Themas »Sexualität« wird im Text »Nur der ganze Mensch kann glücklich sein« zum Ausdruck gebracht. Das Eintreten für Interessen der Kunden findet sachlich statt.

- Wir vertreten Werte.

Die Werte werden im Leitbild zum Ausdruck gebracht (s.u.).

Wichtige Botschaften waren außerdem:

- Wir agieren im Bereich des Legalen.

Die Regel, dass wir uns an die geltenden Gesetze halten und insbesondere Vorsorge tragen, Jugendliche von Information und Belieferung auszuschließen, kommt in einer Regel im Leitbild zum Ausdruck.

- Wir sind ein modernes, innovatives Unternehmen.

Dafür sprechen der Einsatz des Computers sowie die elektronische Adresserfassung, beides unter der schönen Überschrift »Glück und Elektronik« in der Broschüre beschrieben. Der Computer soll sicherstellen, dass »... innerhalb von zwei Tagen nach seinem Eintreffen jeder Kundenauftrag als fertiges Päckchen unser Versandhaus verlassen haben« soll. Auf anderen Fotos zeigen wir weitere moderne Maschinen wie Magnetband, Computerarbeitsplätze, einen automatischen Trennapparat und Förderbänder. Damit beweisen wir Modernität. Ebenfalls fortschrittlich: Das Harzburger Führungsmodell, das wir ganz neu eingeführt hatten und das wir durch Fortbildungen im Unternehmen etablierten.

■ Wir sind ein wachsendes Unternehmen.
Der neue Vertriebsweg »Beate Uhse-Laden« wird vorgestellt und alle Tochterunternehmen aufgelistet. Schließlich wird ein laufendes Investitionsvorhaben vorgestellt, der Bau des neuen Firmengebäudes mit Foto des Modells.

■ Wir sind die Pioniere und sorgen für Kontinuität.
Schon hier in der Broschüre spielt die Unternehmensgeschichte/der Gründermythos eine Rolle. Im Text auf S. 3 heißt es: »Empfängnisverhütung war in der Zeit nach dem zweiten Weltkrieg häufig ein Existenzproblem. Beate Uhse bemühte sich damals – vor mehr als 20 Jahren –, ihren Mitbürgern in einem kleinen nordfriesischen Dorf mit Rat und Tat zur Seite zu stehen. Sie ließ ein von einem Arzt geschriebenes Manuskript über Möglichkeiten der Geburtenregelung drucken ... Hier liegt die Wurzel für die spätere Arbeit – für Gründung, Wachstum und Erfolg ...«

■ Wir sind ein Wirtschaftsfaktor.
Die Broschüre porträtiert Beate Uhse als Arbeitgeber, Steuerzahler und als Wirtschaftsfaktor; das Bild des Oberpostrats, den wir »beschäftigen«; unerwähnt bleibt auch nicht, dass wir der größte Kunde in Flensburg und der bedeutendste Auftraggeber der Druckereien der Stadt sind. Und wir verweisen darauf, dass wir der Stadt hohe Steuereinnahmen sichern (mit einem konkreten Vergleich, dass nämlich ein ganzes Stockwerk des Rathauses damit finanziert werden konnte).

Erfolg macht sexy

Was Sie immer verkaufen sollten, sind Ihre Leistungen, Ihr Erfolg. Sowohl in guten wie in schlechten Zeiten. Warum?

- Gerade, wenn ein Unternehmen unter Beschuss steht, ist es viel klüger, die Fakten sprechen zu lassen und seine Stärken zu zeigen, als sich auf eine emotionale Auseinandersetzung einzulassen. Erfolgszahlen und erbrachte Leistungen sprechen die reine Wahrheit. Sie sind nicht angreifbar.
- Erfolgsberichte in den Medien trotzen den Lesern oder Zuschauern Bewunderung ab.
- Erfolg zeugt von Dominanz und erfüllt – nicht nur bei Kunden – das Bedürfnis nach Sicherheit. Es kann ein eindeutiges Identifikationsangebot sein: »Schlage dich auf meine Seite, denn ich bin stark!«

Interviews in der Presse nutzte ich regelmäßig, um unser Wachstum sichtbar zu machen. Der Slogan aus der Imagebroschüre »Alle sechs Sekunden wendet sich jemand an Beate Uhse« war ein schöner Fingerzeig auf den Erfolg. Hier als kurzes Beispiel ein Ausschnitt aus einem Interview mit dem *Kölner Stadtanzeiger* (21. 9. 1968), in dem ich unseren Erfolg auf dem Markt eher nebenbei erwähnte:

Beispiel Presseinterview: Erfolge herausstreichen
»Frau Beate Uhse, wie viele Kunden beliefern Sie?«
»Zwei Millionen. Wissen Sie, alle sechs Sekunden wendet sich jemand an Beate Uhse.«
(…)
»Sie bekommen viele Briefe und Anfragen. Was sind die Hauptprobleme?«
»Klar, täglich mehrere hundert. Die hauptsächlichsten Fragen: Wie bekomme ich kein Kind, wie bekomme ich ein Kind? …«
(…)
»Verdirbt die Pille das Geschäft?«
»Absolut nicht. Unser Umsatz auf dem Sektor der konventionellen Verhütungsmittel steigt nach wie vor.«

Unser Erfolg gab uns zwar Recht, was den Markt betraf, aber er »adelte« uns deswegen noch lange nicht. Zumindest nicht in den ersten drei Jahrzehnten. Wie kann man Erfolg noch besser verkaufen? Am besten, man streicht die Vorteile, die andere

Ein Image entsteht

Das erste PR-Foto von 1952

Welches Bild wollen Sie von Ihrem Unternehmen vermitteln?
Die ersten, prägenden Fotos für das Image des Unternehmens erzählen auch eine Geschichte. Die frühen Bilder für die Öffentlichkeit zeigen – selbstverständlich immer mit einem Lächeln – die mutige Frau, die sich auch in einer Männerwelt auskennt, die zupackende Unternehmerin, die selbst Hand anlegt und die Windschutzscheibe ihres Lieferwagens putzt, und die Mutter von drei Kindern. Hier deutet nichts auf die Welt der Erotik, vielmehr steht die selbstbewusste Auseinandersetzung mit der Umwelt im Vordergrund, ganz im Sinne der aufklärenden Produkte des Unternehmens.

as Fliegerfoto als Teil des
eate-Uhse-Mythos (1937)

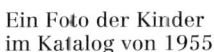

Ein Foto der Kinder
im Katalog von 1955

Nach allen Regeln der Direktmarketingkunst

Die Bilder dieser Werbebroschüre von 1952 könnten aus einem Lehrbuch zum Direktmarketing des 21. Jahrhunderts stammen.

Die direkte Ansprache des Kunden . . .

. . . und ein Siegel für Rechtssicherheit sowie die Unterschrift wecken Vertrauen.

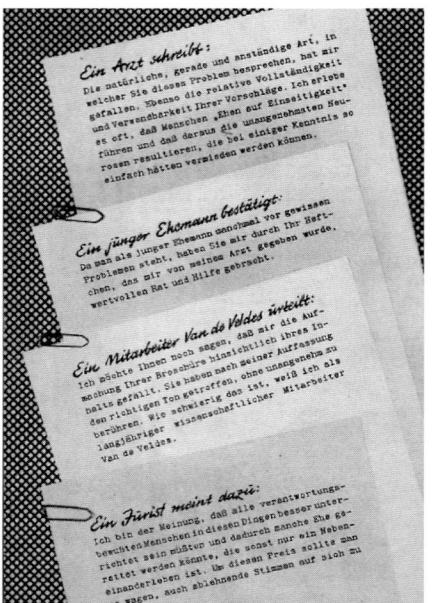

Schreiben von Experten und Kunden, scheinbar aus einem Riesenberg von Anschreiben herausgegriffen (Heftklammern) . . .

Hier steht jemand für sein Geschäft ein. Das gibt Sicherheit und baut eine persönliche Beziehung zum Kunden auf.

Die Geburt der Erotik aus dem Geist der Aufklärung

Die Werbebroschüre von 1952 verdeutlicht den Ursprung des Unternehmens – die Aufklärung über fruchtbare Tage und Präservative. Der Stil der Broschüre verrät viel über die Unwissenheit und Unsicherheit dieser Zeit in Bezug auf Sexualität.

Darf selbstverständlich in keinem Werbemittel fehlen: der Begriff »neu«. Damit ein Werbemittel nicht weggeworfen wird ...

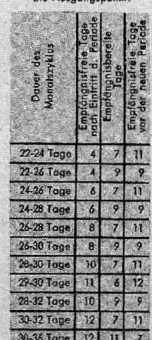

... bietet es Informationen und baut durch Vorleistung Vertrauen auf: Follow the free!

Community 1967

In der relativ konformen Umgebung der 60er Jahre tragen alle Männer Krawatte, alle Frauen Kleider und laufen untergehakt pärchenweise durch einen öffentlichen Park. Noch ist nichts vom Nebeneinander verschiedenster Gruppen (Aussteiger, Yuppies, Technofreaks, Surfer...) zu spüren, die seit den 70ern die Marktforscher beschäftigen. Die Beate Uhse Community bildet eine geschlossene Front: Wenn es alle anderen auch so machen wie ich, kann ich nichts falsch machen.

Menschen wie diese – aktiv und aufgeschlosse

Aus der ersten Image-
broschüre von 1967

alles Moderne – wenden sich an Beate Uhse

Motivation, Mitarbeiterbeteiligung, Open-book-Management...

Anregungen auch für Ihre Management-Praxis 2000 finden Sie in den Mitarbeiterzeitschriften von Beate Uhse aus den Jahren 1962 bis 1973.

absender beate

8. Jahrgang
Dezember 1969
Nr. 3/4

Liebe Mitarbeiter!

Wenn Sie diese Jahresschlußnummer unserer kleinen Hauszeitschrift in der Hand halten, dann liegen vor Ihnen fünf freie Tage.

Nach dem Trubel und der vielen Arbeit der letzten Wochen tut solch Kurzurlaub sicher uns allen gut! Ihnen und Ihren Angehörigen wünsche ich von ganzem Herzen schöne und erholsame Weihnachten!

In den letzten Wochen des Jahres haben wir im Betrieb an den Plänen für „Die Siebziger Jahre" gearbeitet. Daraus für Sie die wichtigsten Fakten:

1969 werden wir einen Bruttoumsatz von ca 27,6 Millionen erreichen.

Im Jahre 1970 planen wir für die Gesamtfirma einen Umsatz von 35,8 Millionen.

Die Aufgaben und Umsatzziele für jeden Betriebszweig und jedes Ressort wurden mit den zuständigen Mitarbeitern besprochen und in 12 detaillierten Einzelplänen exakt festgelegt.

Die sechs wichtigsten Punkte — an denen mit Vorrang gearbeitet werden soll — nenne ich hier für Sie:

1. Rentable, flexible Versandhauswerbung mit guten Produkten.
2. 7 neue Beate Uhse-Läden eröffnen.
3. Belieferung und Revision der Läden verbessern.
4. Im Verlag erfolgreiche DM 9,80 - Paperbacks herausgeben.
5. Vorarbeiten und Planung für modernen, neuen Computer.
6. Mitarbeiterschulung und -training intensivieren.

Sie sehen, viele neue Aufgaben und viel Arbeit wartet 1970 auf uns alle!

Für heute aber wünsche ich Ihnen schöne Feiertage und für 1970 einen guten Start!

Beate

Freispruch für Beate Uhse

Am 11. November 1969 wurde Frau Rotermund durch die Erste Große Strafkammer des Landgerichts Flensburg vom Vorwurf freigesprochen, „Gegenstände, die zum unzüchtigen Gebrauch bestimmt sind, dem Publikum angekündigt und angepriesen zu haben" (§ 184, Absatz 1 Nr. 3 StGB).

Bei den betreffenden Gegenständen handelte es sich um insgesamt 16 Artikel aus unserem Verkaufsprogramm — verschiedene Präparate wie z. B. „longtime männercreme", einige Ehehilfsmittel wie „O-Garant" und „happy end" und 8 Rauh- bzw. Spezialpräservative.

In erster Instanz führten die Rauh- und Spezialpräservative am 18. Februar 1969 vor dem Schöffengericht Flensburg zu einer Geldstrafe in Höhe von DM 6.000,—. Weder Frau Rotermund noch die Staatsanwaltschaft Flensburg

BILD ZEITUNG meldet heute:

Flensburg
Freispruch für Beate Uhse

Um diese Produkte ging es in dem Prozeß

waren mit diesem Urteil zufrieden und auf die Berufung beider Seiten fand am 11. 11. 1969 eine neue Verhandlung vor der Ersten Großen Strafkammer des Landgerichts Flensburg unter Vorsitz von Herrn Landgerichtsdirektor Dr. Stoehr statt. Der von uns benannte Sachverständige, Dr. Dr. Wille vom Gerichtsmedizinischen Institut der Universität Kiel vermochte in der Verhandlung überzeugend darzulegen, daß nach den heutigen Erkenntnissen namhafter Vertreter der medizinisch-sexo-

logischen Wissenschaft im In- und Ausland der Orgasmus der Frau ein völlig natürlicher Vorgang sei, dessen Erreichung vom ärztlichen Standpunkt aus unbedingt bejaht werden müsse. Auch wenn das Hinführen zum Orgasmus durch irgendwelche Hilfsmittel geschehe, so könne darin keine unnatürliche Reizaufspeitzung gesehen werden.

Mit Nachdruck setzten sich unsere Verteidiger, die Herren Rechtsanwälte Dr. Kuntze, Flensburg, und Hans Klaus Merzenich, Offenbach, dafür ein, daß endlich einmal eine klare, richtungsweisende Entscheidung ergehen müsse, die im Einklang mit den heutigen wissenschaftlichen Erkenntnissen stehe.

Das Gericht sprach Frau Rotermund in allen Punkten der Anklage frei und schloß sich weitgehend den Ausführungen des Sachverständigen an. „Wenn der Orgasmus als natürlicher Vorgang ist, dann kann auch die Reizsteigerung dahin nicht als unnatürlich bezeichnet werden", sagte Herr Landgerichtsdirektor Dr. Stoehr in der mündlichen Urteilsbegründung.

Bereits am 12. November 1969 hat die Staatsanwaltschaft gegen das freisprechende Urteil Revision beim Schleswig-Holsteinischen Oberlandesgericht in Schleswig eingelegt.   RA-Lo.

BILD ZEITUNG meldet heute:

Flensburg
Beate Uhse verurteilt!

6000 DM Geldstrafe:
Sex-Werbung ist zu aufpeitschend!

Letzte Meldung
Noch ein Freispruch!

Am 10. 12. 1969 sprach Amtsgerichtsdirektor Jahncke (Schöffengericht Flensburg) Frau Rotermund von dem Vorwurf des Betruges frei.

Es ging um die Produkte Cythera, Amatella und Nous deux.

Die Gerichts- und Anwaltskosten trägt die Staatskasse.

Die pfiffige Mitarbeiterzeitschrift »absender beate« informiert u. a. über Ergebnis und Planung der Geschäftstätigkeit oder über aktuelle PR-Geschichten. (Dezember 1969)

Von der Fachbuchhandlung zur »International World of Erotic« – aber bitte immer seriös!

Flensburg 1962: das erste Beate-Uhse-Fachgeschäft

Service 1963

Ein Image wird gepflegt

Insignien des Erfolgs. Die späteren Bilder für die Öffentlichkeit bleiben der bewährten Linie treu. Auch hier wird dem Erotikgeschäft alles Schmuddelige genommen. Nun dienen die Bilder als Beleg für den Erfolg und den Eintritt in die Gesellschaft. Beate Uhse zeigt sich offen und positiv, stolz und selbstbewusst, aber nie überheblich: vor dem neuen Firmengebäude mit Postsäcken für zwei Millionen Kunden, als Management-Team mit ihren Söhnen im Katalog (1973), in fast staatstragender Geste mit ihrem Sohn Ullrich in einem Katalogmailing von 1992, mit dem 2000 in Cannes verliehenen Branchenpreis.

Beate Uhse

Klaus (30)

Dirk (2

Ulli (24)

Katalog-Mailing 1973

Pressefoto 1969 für die »Time«.

Katalog-Mailing 1992

Cannes 2000

daraus ziehen, heraus. Man kann z. B. – das wäre die etwas trockenere Art – den Standort ins Spiel bringen und seine Bedeutung als Arbeitgeber, Steuerzahler und Auftraggeber. Man kann aber auch weiche oder emotionale Aspekte betonen: etwa dass der Erfolg zur Vermehrung der Kundenzufriedenheit führt oder dass er der Motor des Fortschritts ist. Die Bull Gamma 30 war der erste Computer, den es überhaupt gab, und dass wir ihn besaßen, fand auch in der seriösen Presse wie der *Frankfurter Rundschau* Erwähnung; daneben verfügten wir über moderne Techniken der Auftragsbearbeitung und Korrespondenz – alles Errungenschaften, die nicht nur zeigten, wie modern wir waren, sondern dass wir auch für eine noch schnellere Auftragserledigung sorgten – im Dienste des Kunden.

Nur weil wir erfolgreich waren, konnten wir investieren. Natürlich muss man das nicht so explizit sagen, aber wenn Sie alle drei Faktoren – Erfolg, Innovation, Kundenzufriedenheit – erwähnen, kann jeder diesen Schluss selber ziehen.

Errungenschaften und kleine Niederlagen wirksam inszenieren
Gut verkaufen sich Fakten wie Investitionen und Innovationen, die für andere interessant sind und Vorbildcharakter haben. Zum Beispiel die Errichtung einer neuen Lagerhalle, die Vergrößerung oder der Bezug neuer Büroräume etc. Solche Gelegenheiten sollte man unbedingt inszenieren und die Öffentlichkeit daran teilhaben lassen. Wir machten natürlich aus jeder Ladeneröffnung einen kleinen Event. Ein wichtiger Meilenstein war die Eröffnung des ersten Fachgeschäfts in Flensburg 1962, zu der ich die Presse, Nachbarn, einige Vertreter des Bauamts und der Handelskammer eingeladen hatte. Aber Flensburg war zu klein. 40 Leute waren da, die Presseresonanz ließ noch zu wünschen übrig. Später verteilten wir regelmäßig Werbefaltblätter mit einem Gutschein für eine Gratis-Warenprobe (»Beate Uhse eröffnet ein Fachgeschäft in XX… mit dem echten Beate-Uhse-Angebot«, natürlich immer mit meinem Bild, dem typischen Schriftzug und der Beate-Uhse-Blume). Wir informierten die Presse, verteilten am Tag der Eröffnung vor dem Laden Luftballons etc.

Ein wirklicher Meilenstein des Aufstiegs war die offizielle Einweihung unseres Großraumbüros in der Gutenbergstraße am 13. 8. 1969. Wir waren damals die Ersten, die sich im späteren Industrieviertel ansiedelten. Zur Eröffnung hatten wir die ganze Stadt eingeladen, 340 Gäste kamen. Auf meine Initiative war die Straße umbenannt worden in Gutenbergstraße (weil wir ja viele Printprodukte verkauften, erschien mir dieser Name passend). Das Großraumbüro schlug ein wie eine Bombe, wir erhielten eine enorm positive Presse. Wir präsentierten uns lebendig und locker, sehr farbig, lifestylig (natürlich gemäß dem 70er-Jahre-Stil), mit weiß bemalten Bäumen, in denen riesige bunte Papierblüten steckten, mit einer gelben Teppichlandschaft, mit eleganten Pohlschröder-Möbeln, mit leiser Musik, die aus den Waben an der Decke kam, mit einer sehr modernen Klimaanlage. Das Großraumbüro galt technisch als sehr zeitgemäß.

All dies beeindruckte unsere Besucher sehr. »Hier kann man mit Lust und Liebe für die Lust und Liebe tätig sein«, hatte der Flensburger Oberbürgermeister Adler in seiner Rede ausgerufen – und die Presse griff diesen Spruch vielfach auf. Hieran sieht man, wie einfach es sein kann, dass andere für einen Werbung machen. *Die Zeit* berichtete noch 1972 (Ausgabe 28. Januar) im Rahmen einer langen Reportage über Beate Uhse von den Vorzügen dieser Arbeitsstätte (»…mit geradezu verschwenderischer Großzügigkeit angelegte Bürolandschaft: Aus einem über tausend Quadratmeter großen honiggelben Teppichboden ragen weiß angemalte präparierte Bäume mit riesigen Papierblumen in den kahlen Ästen … Dezente Hintergrundmusik aus unsichtbaren Klangkörpern unter der Wabendecke sorgt für einen gleichmäßigen Stimmungspegel. Dem körperlichen Wohlbefinden in diesem Bürogarten Eden dient eine mit Hilfe sensibler Stabthermostaten gesteuerte automatische Klimaanlage. Zwei repräsentative Freitreppen aus afrikanischem Edelholz führen auf die Galerie der stilvollen Großraumidylle …«).

Die Regenbogenpresse prägte den sprechenden Namen »Sex-Eck«, der sich bis heute hartnäckig hält, obwohl das Gebäude achteckig ist. Wir hüteten uns natürlich, dagegen Einspruch zu erheben. Das Attribut »Sex« bzw. »sexy« hatte damals jedenfalls schon lange nichts Schlimmes mehr, war noch ein bisschen provokant, durchaus im positiven Sinn. An solchen Spiegelungen in der Presse jedenfalls erkennt man, dass man den Durchbruch geschafft hat.

Erstaunlich früh hat übrigens die ausländische Presse sachlich und positiv über das Unternehmen berichtet. Einen großen Multiplikator-Effekt zog etwa ein Bericht des Magazins *Time* im Juni 1969 nach sich; dpa und AP stellten daraufhin unabhängig voneinander Bild- und Textreportagen über uns zusammen, was wiederum eine Welle von Anfragen aus der ganzen Welt auslöste. In dieser Reportage blieb nicht unerwähnt, dass wir zu dieser Zeit immer noch Imageprobleme hatten. Wie bei vielen anderen Gelegenheiten auch erwähnte ich dem Reporter gegenüber nicht nur die vielen Siege in Sachen Strafanzeigen, sondern auch, dass ich wegen meines Geschäfts nicht in den Flensburger Tennisclub aufgenommen worden war. Wie oft diese Tatsache von den Medien aufgegriffen wurde, zeigt, dass kleine Niederlagen auch ihre Funktion in einer Erfolgsstory haben; sie sind dem Mythos sogar eher dienlich als hinderlich, genauso wie die großen Hürden, die man bewältigt hat. Denn was wäre ein siegreicher Held ohne Feinde, die ihm Böses wollen? Was verbindet einen Helden mit den Menschen – dass er immer nur oben schwimmt? Wir kennen es aus den antiken Mythen: Erst das Scheitern holt den Helden zurück auf die Erde, erst durch diese Brüche werden Gefühle wie Mitleid beim Zuschauer ausgelöst. Scheitern will man natürlich als Unternehmen nicht, aber was zählt ein Erfolg, der einem einfach in den Schoß fällt? Interessiert das die Menschen? Ohne Feinde, ohne Hürden, ohne kleine Niederlagen wäre die Beate-Uhse-Geschichte sehr viel langweiliger geworden. Nur weil wir viel kämpfen mussten, konnten wir Punkte sammeln.

Ich hatte schon erwähnt, dass es aber auch Flops gab, mit der wir negative Berichterstattung ernteten. Unsere Sexreisen waren ein Versuch (im Jahr 1974), dem Kunden ein neues, attraktives Angebot zu machen. Der Versuch ging schief. Ein Angebot, eine Reise nach Amsterdam, wurde von Journalisten des *Stern* und von anderen Zeitungen getestet. Die Besprechungen waren ziemlich schlecht (»Ach wärst du doch in Düsseldorf geblieben«, titelte der

Stern). Hier lag der Fall etwas anders als z. B. bei der Berichterstattung über Pornofilme, bei der wir schon öfter mal eine ähnlich schlechte Presse bekamen. Denn die Sexkinos, Videos etc. hatten sich etabliert, aber die Reisen waren etwas Neues. Was blieb? Wir übergingen diesen Misserfolg eher stillschweigend, zumal die Idee als solche auch vom Kunden nicht besonders gut angenommen worden war.

Hallo Besucher!

Für uns war es verständlicherweise besonders wichtig zu beweisen: Wir haben nichts zu verstecken – von Kunden- und Marktdaten einmal abgesehen. Wir wollten nie den Verdacht nähren, bei uns gäbe es etwas Geheimnisvolles oder Anrüchiges, das hinter verschlossenen Türen passiert. Wir haben nicht nur den Austausch mit gesellschaftlichen Gruppen gesucht, wir haben uns auch offen präsentiert. Wir konnten ja nicht davon ausgehen, nur über unsere Produkte Akzeptanz zu bekommen – wer im Verborgenen agiert, bleibt in dieser Branche einfach ein unsicherer Kantonist. Ich kann nur empfehlen, wenn man Probleme in dieser Richtung hat: Heißen Sie Medien und Besucher in Ihrem Unternehmen willkommen. Zeigen Sie sich – das ist ein ganz wichtiger Teil der Imagearbeit.

Vor allem im Business-to-Business-Bereich erschien es mir nach dem oben erwähnten Umzug wie eine Erlösung, als sich auf einmal viele Augen gespannt auf uns richteten. Im März 1972 etwa waren in drei Monaten 350 Besucher gekommen, unterschiedlichste Gruppen, die mal echtes Interesse am Unternehmen, mal die Neugier zu uns trieb: »Neben Einzelbesuchern (kamen) Gruppen mit Betriebswirten, Stabsärzten, Studenten, Beamten, Fachoffiziersanwärtern, Dozenten, Steuerberatern, Soldaten, Berufsschülern und Offizieren. Nach unseren Feststellungen ist es zu 90% das Interesse, einen modernen Betrieb zu sehen und sich über bestimmte Themen des modernen Managements, der elektronischen Datenverarbeitung, über Disposition und Lagerhaltung, über Erfahrungen mit der Arbeit im Großraumbüro oder über Menschenführung nach dem ›Harzburger Modell‹ zu informieren.« Um den Zusammenhalt in der Firma zu stärken, berichtete das Pressereferat regelmäßig in dieser Weise in unserer Hauszeitschrift »Absender Beate«, wer uns besucht hatte und was sonst noch alles los war.

Bis heute heißen wir Besuchergruppen willkommen, die unsere Firma kennen lernen wollen, Vertreter der Versandhandelsbranche ebenso wie Studenten oder Branchenfremde. Anfangs waren insbesondere B-to-B-Kontakte wichtig, wenn sich etwa jemand für die Umsetzung des Harzburger Modells oder die Abläufe im Versandgeschäft interessierte und man Erfahrungen austauschen konnte. Ich begriff dieses Repräsentieren auch als Chance, jeden einzelnen der Besucher als Kunden zu gewinnen. Wir haben im Eingangsbereich des Firmengebäudes einen Laden, was viele animiert, sich zum Abschluss ihres Besuches einmal umzusehen.

Immer gefragt: Expertenschaft

Dass Sie die Presse begrüßen und ein Netzwerk aufbauen sollten, habe ich bereits im Kapitel »Machen Sie sich die Presse zum Freund« (Seite 95) erwähnt. Ich nahm in meiner Laufbahn zahlreiche Einladungen zu Presse-, Radio- und TV-Interviews an, wenn sie nur in irgendeiner Weise für unser Unternehmen nützlich sein konnten. Und wir begrüßten die Medien bei uns: Meinen ersten Fernsehauftritt verdankte ich der ARD, die mich in einer Sendung am 24. 10. 1966 zu Abtreibung und Geburtenregelung befragen wollte. Wir arrangierten es, dass das Kamerateam in unserem Betrieb filmen konnte; ich sollte als Leiterin eines »Versandhauses für Hygiene-Artikel« meine Einstellung zum Paragraphen 218 zum Besten geben. Es folgten noch viele Medienbesuche bei uns. Zu erwähnen wäre noch, dass die Fernsehauftritte in den 90er Jahren mit dem Aufkommen der Talkshows sprunghaft zunahmen.

Auch in Fachkreisen war ich bald als Gesprächspartnerin gefragt, etwa im Marketingclub zum Thema »Marketing ist nicht Männersache« (1970) und auf Fachveranstaltungen wie den Kongressen des Direktmarketingverbandes (z. B. 1973). Auch andere Vertreter von Beate Uhse scheuten öffentliche Kontakte nicht, allen voran mein Sohn Ulli Rotermund, mit dem ich lange das Geschäft führte und der besonders später in den Segmenten

Video, Kinos und Pornographie zum Fachmann avancierte. So konnten wir uns jenen Ruf der Experten rund um den »Sex« erwerben, den wir bis heute haben. Auch diese PR transportierten wir übrigens über unsere Mitarbeiterzeitschrift wieder nach innen.

Nur nicht zu schüchtern!

Kaum ein Unternehmen kommt umhin, in der Gesellschaft seine eigenen Interessen einmal ernsthaft vertreten oder verteidigen zu müssen. Ein Lobgesang auf den freien Sex in der Yellow Press und nackte Brüste im Privatfernsehen sind ja schön und gut – aber die echte Interessenarbeit für Beate Uhse oder die Erotikbranche ist damit leider noch nicht geleistet. Die Medien springen auf den Themenzug auf, wenn er direkt ins Auflagenparadies fährt, die wirklich harte Streckenarbeit muss man selber machen.

Da ist einmal die Positionierung im Markt, die ein Unternehmen hauptsächlich durch Werbebotschaften kommuniziert. Und wenn die unterstützt werden durch schöne Schlagzeilen, ist das auch wunderbar. Die übergeordneten politischen Interessen hingegen kommuniziert man über andere Kanäle, über PR, Verbände oder andere Lobbys. Lobbyarbeit im engeren Sinn, also der Versuch, direkten Einfluss auf die Meinungsbildung der politisch Verantwortlichen zu nehmen, ist in deutschen Unternehmen viel weniger verbreitet als in den USA. Selten hört man davon, dass ein einzelnes Unternehmen in direkten Kontakt mit verantwortlichen Politikern tritt, um für seine Interessen einzutreten. Meist bleibt die PR in diesem Bereich Aufgabe der Verbände und ihrer Sprecher.

Für uns gab es bis 1975 das klare Ziel Liberalisierung. Problematisch war nur, dass wir in den 50er/60er Jahren keinen organisierten Verband hinter uns hatten, der dieses Ziel für uns hätte vertreten können. Unsere stärkste Interessenvertretung damals wäre die Kundschaft gewesen, aber die konnte man ja nur indirekt bemühen, durch Zahlen etwa. Niemand wäre für uns damals aktiv auf die Straße gegangen und hätte auf Transparenten »Freiheit für die Pornographie« gefordert. Wir waren auf uns selbst angewiesen, bis Bewegung in die Gesellschaft kam und mit Kolle und der Studentenbewegung eine echte Pressuregroup in Sachen »freier Sex« auftrat. Wir mussten dennoch immer vorsichtiger sein mit unseren Äußerungen als gesellschaftliche Interessengruppen, denn unser Anliegen war nach wie vor ein kommerzielles – und die Gesetzeshüter beobachteten uns scharf.

Nach 1975 lautete unser Ziel: Keinen Rückschritt in Sachen Pornographie, gab es doch nach der Reform immer wieder Bemühungen, das Strafgesetz zur Pornographie wieder zu verschärfen. Dagegen konnten wir uns nun aber guten Gewissens wehren, denn die Reform war ja von einer demokratischen Mehrheit getragen worden. 1984 wandte ich mich z.B. gegen einen von der CDU/CSU eingebrachten Gesetzesentwurf im Bereich des § 184 StGB und schrieb an den Bundeskanzler und die Bundestagsabgeordneten einen offenen Brief, der in der *Frankfurter Allgemeinen Zeitung* wie folgt abgedruckt wurde.

Beispiel: Lobbyarbeit

Offener Brief

Erwachsenenbevormundung in Deutschland!

Eine Zensur findet nicht statt?

Sehr geehrter Herr Bundeskanzler,
meine Damen und Herren Bundestagsabgeordnete,
ich bitte um Ihr Verständnis, wenn ich den ungewöhnlichen Weg eines offenen Briefes wähle, um gehört zu werden.
Die CDU/CSU-Fraktion hat einen Gesetzesentwurf zur Neuregelung des Jugendschutzes vorgelegt. Schwerpunkte des Entwurfes sind vordergründig der Jugendschutz vor Videofilmen mit kriegsverherrlichendem, gewaltverherrlichendem und pornographischem Inhalt. Jeder verantwortliche Mensch unserer Gesellschaft würde diese Zielsetzung begrüßen und unterstützen.
Meine Frage ist allerdings: Müssen wir – um unsere Jugend zu schützen – mit einer Flut von Gesetzesänderungen reagieren,

die die Freiheiten der Erwachsenen einschränkt? Muss deshalb der <u>Verleih</u> von pornographischen Filmen <u>an Erwachsene verboten</u> werden?

Um die Jugend zu schützen, würde es ausreichen, dass die vorhandenen Vorschriften beachtet und durchgesetzt werden. Gemäß § 184 StGB und § 6 des Gesetzes zum Schutze der Jugend ist die Weitergabe von indizierten und pornographischen Büchern und Filmen an Jugendliche bereits untersagt und unter Strafe gestellt. Der Verkauf an Erwachsene ist seit 1975 – seit fast 10 Jahren also – gesetzlich erlaubt.

Warum sollte es zukünftig dem Erwachsenen nicht mehr möglich sein, auf legale Weise pornographische Filme zu leihen, die bisher für Jugendliche gesperrt waren?

Ich befürchte, dass hier das berechtigte Anliegen »Jugendschutz« missbraucht wird, um den erwachsenen Bürger zu bevormunden. Das geltende Recht geht davon aus, dass dem mündigen Bürger die Entscheidung überlassen bleiben muss, ob er jugendgefährdende Schriften betrachten will oder nicht. Diese Freiheit soll ihm nun per Gesetz genommen werden, ohne dass damit für den Jugendschutz etwas gewonnen wäre.

Im Gegenteil: Ein Verleihverbot für pornographische Videokassetten an Erwachsene führt zu einem Abdrängen dieser Vertriebsform in den illegalen Untergrund, da sich nur eine privilegierte Minderheit den Kauf der teuren Videokassetten leisten kann.

Sehr geehrte Mitglieder des Bundestags, <u>in Artikel 5 des Grundgesetzes heißt es:</u>

Eine Zensur findet nicht statt.

Ich fordere Sie auf, diese Verpflichtung zu respektieren und bitte Sie, die geplanten Gesetze aus diesem Blickwinkel zu betrachten.

Namhafte Wissenschaftler haben schwere Bedenken gegen die geplanten Vorschriften. Man sollte sie in dem nächsten Hearing unbedingt zu Wort kommen lassen.

Beate Uhse-Rotermund
Vorstandsvorsitzende
Beate Uhse Aktiengesellschaft

Offene Briefe sind ein Mittel, ehrlich, direkt und öffentlichkeitswirksam Einfluss auf die Meinungsbildungsprozesse zu nehmen. Ein anderes Beispiel haben Sie bereits auf Seite 91 gesehen (Brief an den Oberbürgermeister von Frankfurt).

Wir hatten noch ein zweites Interessenproblem: die Läden. Nicht immer konnten wir uns dort ansiedeln, wo wir es für sinnvoll erachteten, weil es Widerstände der Anwohner oder benachbarter Geschäftsinhaber gab. Es kam einige Male vor, dass man versuchte uns an einer Ladeneröffnung zu hindern, z.B. in Düsseldorf. Letztlich waren wir machtlos, wenn die Behörden nicht zustimmten. Das Projekt »Erotik-Museum in München« scheiterte übrigens aus ähnlichen Gründen. So eröffneten wir es in Berlin.

Verkaufen Sie Werte

Die Achtung vor dem Menschen, seinem Recht auf Glück und freie Entfaltung der Persönlichkeit auch in seinen Intimbezirken bestimmt unser Verhältnis zu unseren Kunden.
(1. Grundsatz aus dem Leitbild von 1967)

Die Öffentlichkeit interessiert nicht nur, *was* Sie tun, sondern auch das *Wie* und *Warum*. Ich meine jetzt nicht nur, dass ziemlich viele Leute todesneugierig waren, wie wir die Wirksamkeit unserer Produkte testen. Und wir erklärten es ihnen natürlich auch gerne – wenn wir auch den geheimen Testraum im Keller niemandem zeigen konnten, weil es ihn schlicht und einfach nicht gab. Ich meine hier vielmehr auch: Die Öffentlichkeit will wissen, ob Sie sich an die Spielregeln halten. Ob Ihr Unternehmen auch sinnvolle Dinge tut. Ob die Allgemeinheit etwas davon hat. Erst wenn die Gesellschaft Ihren Nutzen für sich selbst sieht und erkennt, dass Ihr Unternehmen Werte lebt, die für alle Gültigkeit haben, können sich die Menschen richtig mit ihm identifizieren. Sie müssen also zeigen, wie sich Ihr Unternehmen insgesamt gesehen in der Gesellschaft, im soziopolitischen und sozioökonomischen Umfeld legitimiert, und dass es sich an ein gemeinsames Wertesystem hält. Daneben müssen Sie natürlich die für Ihre Zielgruppe wichtigen Werte und Bedürfnisse ansprechen.

Hier kommt dem Leitbild oder der Firmenphilosophie eine wichtige Funktion zu. Darin lassen sich nicht nur bestimmte Regeln, die sich das Unternehmen auferlegt, festhalten, sondern auch eine Vision. Die Vision sollte immer im Dienst »höherer« Ziele stehen. Höhere Ziele haben Relevanz für die ganze Gesellschaft oder große Gesellschaftsgruppen. Ein Außenstehender identifiziert sich dann eher mit diesen Unternehmenszielen: »Dieses Unternehmen hält sich an etwas, was mir sehr viel bedeutet, bzw. es setzt sich Ziele, die allen nützen.«

Die einfachste Legitimation ist immer, die Bedürfnisse der Kunden als Motor des eigenen Tuns zu verstehen. Daher stellen wir den Dienst am Kunden an die erste Stelle unserer Firmenphilosophie bzw. unseres Leitbilds: »Der Kunde steht im Mittelpunkt unserer Bemühungen.« Aus diesem Leitbild sowie aus der Unternehmensbroschüre von 1999 stammen einige der im Folgenden aufgeführten Schlüsselsätze, die zeigen, für welche Werte Beate Uhse heute steht.

Welche Werte kann man besetzen?

- **Tradition**
  »50 Jahre Beate Uhse.«
- **Zuverlässigkeit/Kompetenz**
  »Der Kunde steht im Mittelpunkt unserer Bemühungen. Er ist der Brennpunkt all unseres Denkens und Handelns. Um Kundenzufriedenheit sicherzustellen, stehen ein faires Preis-Leistungsverhältnis und der Kunden-Service an erster Stelle. Wir bedienen unsere Kunden sorgfältig und schnell.« (Leitbild)
  »Über den wirtschaftlichen Erfolg hinaus zählt: Kompetenz in Fragen der Sexualität. Oft wenden sich die Medien direkt an Beate Uhse, wenn es um neue Erkenntnisse oder sexuelle Verhaltensänderungen geht.«

»Erfahrene Juristen bearbeiten die in einem Wirtschaftskon-zern anfallenden Rechtsfragen.«

»Spezialisierte Mitarbeiter stellen sicher, dass die Wünsche der Kunden professionell und zügig erfüllt werden.«

■ **Sicherheit**

»98% aller Deutschen kennen das Unternehmen Beate Uhse.«

»Wir halten uns an die geltenden Gesetze.« (Leitbild)

»Die 100%ige Geld-zurück-Garantie schafft Käufer-Vertrauen.« (Leitbild)

»Gewinne sind erforderlich, um zu bestehen und zu wach-sen.« (Leitbild)

■ **Freiheit/Toleranz**

»Bei allen Planungen stehen die Wünsche der Millionen Kun-den im Vordergrund.«

»… ein großes vielfältiges Programm, das sich ständig erneu-ert.«

»Männer und Frauen haben bei uns die gleichen Chancen.« (Leitbild)

»Gute Angebote und Produkte sind das Ergebnis all unserer Bemühungen, die Kundenwünsche aufs Beste zu erfüllen.« (Leitbild)

»Die Abkehr von herkömmlichen Denkstrukturen.«

»Kein Kaufdruck oder Kaufzwang. In Ruhe kann der Kunde sich informieren lassen und auswählen.« (Beate Uhse-Läden)

■ **Stärke/Dominanz**

»Beate Uhse – Symbol für Erotik und Sex (…) ein Unterneh-men, einzigartig in Europa und in der Welt.«

»Was einst aus kleinsten Anfängen begann – angetrieben von dem Willen und der Energie einer einzigen Frau –, hat heute erhebliche wirtschaftliche Bedeutung und Popularität errun-gen.«

»Weltweit gilt Beate Uhse als Style-Leader der Erotik-Bran-che.«

»1979 übernahm Beate Uhse die Ladenkette ihres Mitbewer-bers Dr. Müller's.«

»Frühzeitig hat sich Beate Uhse in den Bereichen Online, Tele-fonie und der Erstellung von Multimedia-Produkten engagiert.«

»Das Beate Uhse Erotik-Museum in Berlin: Fachleute sagen, es sei das größte der Welt.«

»Wir alle arbeiten im Team zum Besten des Unternehmens. Zur Stärkung der Wettbewerbsfähigkeit und unserer Rentabilität.«

■ **Mut**

»Es ist unser Ziel, in unserem Markt – der Erotik-Branche – weltweit führend zu sein. Im Produktangebot, im Preis-Leistungsverhältnis, im Fulfillment und im Kundendienst wollen wir besser sein als unsere Mitbewerber.«

»Unternehmerischer Mut, Originalität, zündende Ideen, frühzeitiges Erkennen von Trends ... sind die Grundsätze des Erfolgs.«

»Immer offen und auf dem Sprung sein für neue Möglichkeiten und Marktchancen, das war stets die Marketing-Politik von Beate Uhse.«

■ **Ehrlichkeit**

»Unsere Produktinformation ist ehrlich.«

»Wir behandeln einander ehrlich, mit Vertrauen und Respekt.« (Leitbild)

Ein Grundwertesystem entsteht nicht von heute auf morgen. Die meisten Werteinstellungen einer Gruppe oder Gesellschaft verändern sich nur sehr langsam. Für viele Kunden von heute haben die gleichen Werte Gültigkeit, die schon für die Kunden von gestern wichtig waren: Sicherheit, Mut, Zuverlässigkeit, Freiheit/Toleranz.

Tradition als Wert an sich spielt in der New Economy vielleicht keine so große Rolle mehr. Zumindest ist es kein Wert für eine bestimmte junge Käufergruppe. Es gab und gibt also zweifellos Werteverschiebungen in den letzten 50 Jahren. Der Wert »Stärke/Dominanz« spielte wiederum für uns erst später eine tragende Rolle. Ich komme auf die einzelnen Werte an anderer Stelle nochmals ausführlich zu sprechen. Wir werden sehen, dass die Besetzung dieser Werte auf ganz bestimmte Emotionen und Urbedürfnisse der Menschen abzielt, die sehr wichtig sind, um eine Marke erfolgreich in den Köpfen der Verbraucher zu verankern (ab Seite 163).

Mal sportlich, mal kunstsinnig – mit Sponsoring im Gespräch bleiben

Nach dem Waschen kommt die Pflege. Fast genauso ging es uns mit unserem Image. Erst mal »reinigen«, dann pflegen. Klar, wir waren ja immer sauber, aber die Öffentlichkeit sah das eben nicht so. Aber als sie es dann endlich erkannte – was bietet man ihr dann? Fällt man dann in ein großes PR-Loch? Um gewisse Ermüdungserscheinungen gar nicht erst auftreten zu lassen, sollte man stets nach attraktiven Möglichkeiten suchen, die einen wieder ins Gespräch bringen. Werbeaktionen und Events können hier die PR wirksam unterstützen. Eine wirklich spektakuläre Werbeaktion von Beate Uhse war z. B. die bereits erwähnte Katalogverteilung in Ostdeutschland, die in der Presse tolle Resonanz fand (Seite 21).

Eine andere Möglichkeit ist Sponsoring bzw. jede Art der kulturellen oder sozialen Förderung. Gutes zu tun wirkt sich immer positiv auf das Unternehmensimage aus – es beweist, dass man sich seiner sozialen Verantwortung bewusst ist und nicht immer in den gleichen langweiligen Bahnen schwimmt. Vor allem wer Kunst und Kultur fördert, zeigt, dass er über seinen Horizont hinausblicken kann. Sponsoring fördert die Akzeptanz ungemein. Es werden neue Berührungspunkte zwischen Unternehmen und Öffentlichkeit sichtbar, was die Hemmschwellen herabsetzt. Es erschließt die Kommunikation mit neuen Zielgruppen. Auf jeden Fall gewinnt man durch »Gutes tun« in der Regel viele Sympathien. Und man bietet der Presse einen aktuellen Aufhänger für einen Bericht; man will ja zeigen, dass man Gutes tut, damit der Werbeeffekt nicht verpufft.

Es gibt hier viele Möglichkeiten, von der Finanzierung langfristiger Projekte wie etwa einer Kunstsammlung über mittelfristige Projekte wie das Sponsoring eines Sportvereins bis hin zur kurzfristigen Unterstützung von kleineren regionalen Projekten.

Fit durch Sportsponsoring

Einen Sportverein zu unterstützen fand ich immer eine prima Sache. Man hat einen wirksamen Werbeträger, der, das ist ganz entscheidend, jeden persönlich anspricht. Einen medienträchtigen Spitzensportler zu sponsern kann sich allerdings nur ein großes Unternehmen leisten. Auch beim Fußballbundesligaverein ist das Ganze noch eine ziemlich teure Angelegenheit. Aber es gibt in jeder Gegend irgendwo eine erfolgreiche oder viel versprechende Mannschaft, die vielleicht (noch nicht) medienträchtig, dafür aber froh ist, wenn ein Unternehmen kommt, das sie mit einem Werbevertrag unterstützt. Man macht sich damit innerhalb seiner Region einen guten Namen und außerhalb wird man bekannter. Denn diese Mannschaft wirbt dann für einen bei jedem Spiel und bei jedem Medienbericht, der sie mit Foto zeigt. Abgesehen davon, dass man die Bilder der Mannschaft in eigenen Werbemitteln einsetzt.

Die Idee, mit einer Mannschaft einen Werbevertrag abzuschließen, hatte ich schon früh. 1979 begannen wir den Handballverein TSB Flensburg zu sponsern, dessen Herren in der 1. Bundesliga spielten. Je bedeutender der gesponserte Verein bzw. je erfolgreicher die Mannschaft, umso größer ist natürlich die Reichweite der Werbung. Die Trikots der Handballer trugen die Aufschrift »Beate Uhse am Ball«. Für uns bedeutete diese Werbung überregional eine gute Imageaufwertung.

Allerdings lief es auch hier mal wieder nicht ohne Schwierigkeiten – lustfeindliche Sportfunktionäre sahen den deutschen Sport ernsthaft in Gefahr. Der DSB und das NOK hatten 1974 entschieden, keine Trikotwerbung bei Amateuren zuzulassen. Zudem akzeptierte der Deutsche Handballbund Beate-Uhse-Werbung »wegen Verstoßes gegen die guten Sitten« nicht (1979!); es drohte TV-Boykott und Entzug der Sporthilfe. Beim ersten Spiel mit dem neuen Trikot wurden aber auch von anderen Seiten empörte Stimmen laut – erneutes Zeichen, dass wir noch längst nicht überall anerkannt waren. Der *Spiegel* brachte jedoch erfreulicherweise am 7. 12. 1979 einen Artikel mit dem Foto unserer Spieler, den Schriftzug genau im Bild – ein toller Multiplikatoreffekt. Für den TSB war die Trikotwerbung damals jedenfalls eine weitaus einträglichere Sache als TV-Honorare und Sporthilfe – und somit war es dann nach offiziellem o. k. zum Werbevertrag gekommen. Als der Verein abstieg, blieb ich ihm weiter treu. »Ich finde es einfach gut, wenn ein Flensburger Club spitze ist«, gab ich damals der

Presse Auskunft. Die *Bild* titelte am 16. 9. 1981: »Handball-Bund genehmigt neue Sex-Werbung. Beate Uhse zahlt 40 000 Mark – für 14 Männer ... Was von Beate Uhse kommt, wird normalerweise im Schlafzimmer versteckt. Die Handballer des TSB Flensburg (2. Bundesliga) tragen es auf der Brust. Sie werben für Deutschlands Sex-Königin – für 40 000 Mark im Jahr.«

1990 unterstützte ich auch mal einen kleineren Verein, die Frauenmannschaft des SSB Neubrandenburg; für 15 000 DM im Jahr trugen sie unseren Schriftzug auf dem Ärmel. Heute noch sind wir Hauptsponsor der Damen im Handballverein von Flensburg.

Welche Wirkung hat das auf Kunden? Sport wirkt immer sympathisch, dynamisch, verbindend. Natürlich – nicht jeder ist Handball- oder Tischtennis- oder Judofan, aber es dürfte nur wenige Menschen geben, die zu Sport überhaupt keine Beziehung haben. Wer selbst Sport macht, empfindet Sympathie oder Bewunderung für andere Sportler. Der besondere Effekt dieser Art von Mannschaftssponsoring ist, dass damit auch eine Art Personality-PR stattfindet. Denn hier werben nicht ein lebloses Ding, ein Abziehbild oder ein virtuelles Ideal für ein Unternehmen, sondern authentische, greifbare Menschen, die mit ihren ganz speziellen Fähigkeiten, ihrer Persönlichkeit und überdies mit vollem Einsatz für den Erfolg kämpfen. Sportsgeist, hartes Training, die Abstimmung im Team, die Anstrengung, um ein gemeinsames Ziel zu erreichen, Freude über den Erfolg – da lässt sich vieles übertragen auf das eigene Unternehmen, auf das eigene Image. Und nicht zuletzt kann man als Unternehmer selbst zu einer Mannschaft eine persönliche Beziehung aufbauen, man fiebert mit bei den Spielen, man freut sich für sie, man hält zusammen, man fühlt sich an eigene Sporterlebnisse erinnert – kurz, das Ganze bringt einem auch selbst viel Spaß.

Ein Treffen mit Jimi Hendrix, Schnitzler und Godzilla

Meine Firmenphilosophie ist sicher geprägt von einer gewissen Sparsamkeit. Um nicht zu sagen, von einer recht großen Sparsamkeit. Ich habe daher zum Beispiel stets darauf geachtet, möglichst gute Werbeeffekte mit möglichst geringem finanziellen Aufwand zu erzielen. Dennoch gab und gibt es auch Gelegenheiten, wo das Geld einfach nicht so wichtig war. Also Förderprojekte, die mir einfach am Herzen lagen. Abgesehen von der eigenen Befriedigung, die man durch private Förderung einer guten Sache erhält, hat so etwas – innerhalb der Personality-PR – immer auch eine positive Auswirkung auf das Unternehmensimage. Wenn Sie bei einem Projekt noch zögern, ob Sie es sponsern wollen oder nicht – überlegen Sie, ob nicht das Ganze einfach eine gute Werbemaßnahme ist oder wie man vielleicht den Werbeeffekt noch verstärken kann.

Eine sehr frühe, witzige Aktion: Im Sommer 1970, Woodstock war schon fast Legende, unterstützte ich das dreitägige »Love and Peace«-Pop-Festival auf der Ostseeinsel Fehmarn. 30 Gruppen traten auf, darunter die Flower-Power Größen Alexis Korner, Embryo und Ten Years After. Und Jimi Hendrix war dabei – es sollte sein letzter Auftritt werden. Ich griff den Veranstaltern damals unter die Arme und bevorschusste fast die Hälfte der Künstlergagen. Denn ich fand diesen Event wirklich super. Und einen Nutzen für das Unternehmen konnten wir auch noch daraus ziehen: Wir verkauften in unseren damals bereits 20 Filialen die Karten mit und konnten Werbung verteilen und eine Auswahl an Aufklärungsbüchern sowie Verhütungsmitteln verkaufen.

Besonders gut zu Beate Uhse passte die Förderung einer Aufführung von Schnitzlers »Reigen« 1992 im Salzburger Kleinen Theater. Von Schnitzler fühlte ich mich nicht zuletzt durch die auffälligen Parallelen sehr angesprochen. Im »Reigen« variiert der Dramatiker in 10 Akten ein Thema, das 1904 Anlass gab, das Bühnenstück zu verbieten: Zehn Protagonisten offenbaren in ihren Gesprächen vor und nach dem Liebesakt, dass sie allesamt ihre Beziehungen rein aufgrund sexueller Bindungen führen. Als das bereits 1896 entstandene Bühnenstück 1920 in Berlin erstmals vollständig aufgeführt wurde, löste es einen Skandal aus. Die Sittenwächter der Weimarer Republik strengten einen Prozess gegen Schnitzler an, den dieser jedoch für sich entschied. Verpönt und diffamiert zu werden – das kam mir irgendwie vertraut vor. Die Förderung war übrigens dem *Spiegel* eine Notiz wert.

Ebenfalls ein überregionales Presseecho erhielt ich für die Finanzierung von sechs Selbstverteidigungskursen in Flensburg, die von der Polizei organisiert wurden; die eigenen Fördergelder dafür waren aufgebraucht, die Kurse hatten bislang großen Anklang gefunden. Ich fand das Angebot unter dem Motto »Polizei und Frauen – Gemeinsam gegen Gewalt« eine gute Idee. Ich weiß, dass viele Frauen, so wie die Zielgruppe dieses Kurses, in einem ganz anderen Umfeld stecken als ich und lernen müssen, sich zu wehren – gerade deswegen sind Veranstaltungen wie diese sehr wichtig. Ich machte als Gast einige Trainingsdoppelstunden mit, die erste begleitet von Radio und ZDF. Ich bekam Heads wie »Beate Uhse trifft Godzilla«, »Beate Uhse schlägt zu« – mit Bild, wie ich den Trainer angreife. Alles nur wegen der Publicity? Sicher nicht – wenn mir etwas gefällt, dann stehe ich dazu, und ich konnte auch wieder viel dazulernen.

Auch das ist ein guter Effekt: Wenn man als Sponsor neben (anderen) großen Firmennamen steht. Die Beate Uhse AG unterstützt das Naturschutzprojekt »Nationalpark Schleswig-Holsteinisches Wattenmeer«. Auf einer PR-Postkarte mit Bild spricht Beate Uhse für eine Gemeinschaft: »Der Nationalpark macht Lust auf Meer. Wir Schleswig-Holsteiner können stolz sein auf dieses Geschenk der Natur. Beate Uhse, Vorstandsvorsitzende der Beate Uhse AG. Mit freundlicher Unterstützung von ...« – und da stehen wir neben dem Internationalen Tierschutz-Fonds IFAW, Motorola, dem Schleswig-Holsteinischen Zeitungsverlag und der Umweltstiftung WWF-Deutschland. Das zeigt, wie enorm sich das Firmenimage gewandelt hat in 50 Jahren. Wir gehören endgültig »dazu«.

Erotik im Museum

Sponsoring im Bereich der Kunst und Kultur ist etwas, das sich inzwischen fast jedes größere Unternehmen, das etwas auf sich hält, leistet. Vom Opernfestival bis zum Kunstpreis, den Möglichkeiten sind keine Grenzen gesetzt.

1996, zu unserem 50-jährigen Jubiläum, eröffneten wir an der Kantstraße in Berlin, zwischen Ku'damm und Bahnhof Zoo, das Erotik-Museum. Wir hatten zunächst eine Eröffnung des

Museums in München, in der Fußgängerzone gegenüber der Bürgersaal-Kirche erwogen. Das »Porno-Museum« – manche kannten den Unterschied zur Erotik immer noch nicht – stieß allerdings auf Ablehnung aller Münchner Rathausparteien.

Das Erotik-Museum vereint auf 1800 qm Ausstellungsfläche über drei Etagen an die 5000 erotische Exponate aus aller Welt. Daneben befindet sich, abgetrennt durch einen separaten Eingang, ein Beate-Uhse-Laden. Das Museum widmet einen Raum dem Pionier der Sexualforschung, Magnus Hirschfeld, der 1919 das Institut für Sexualwissenschaft gründete.

Das Erotik-Museum weckt mit seinen erotischen Ausstellungsstücken sicher die Neugier vieler Menschen. Es vermindert die Hemmschwellen bei Zielgruppen, die sich nicht in einen Beate-Uhse-Shop trauen würden, aber trotzdem neugierig auf Erotik sind. Dies bewies die Eröffnungsfeier, die ein großer Erfolg war. Wir bekamen internationale Presseresonanz; am zweiten Tag strömten 10 000 Besucher ins Museum. Und da der Shop gleich nebenan ist, kamen auch viele in den Laden. Im Museum wird übrigens auch die Beate-Uhse-Geschichte gewürdigt. Das Museum ist ein Prestigeprojekt, aber der Shop ist natürlich nicht umsonst nebenan, so schreiben beide zusammen schwarze Zahlen.

1998 schrieben wir im Rahmen des internationalen Wirtschafts- und Kulturfestivals Vision Schleswig-Holstein einen Kunstwettbewerb zur Förderung junger Talente aus, Thema – natürlich Erotik. Der »1. Beate Uhse Erotik-Kunstpreis« wurde mit 20 000 DM dotiert; für eine anschließende Ausstellung im Erotik-Museum wählten wir unter den fast 500 Einsendungen die besten 25 Malereien und Zeichnungen aus.

Meine PR-Strategien für eine erfolgreiche Markenbildung im Überblick

Unabhängig davon, in welcher Situation, in welcher Branche, in welcher Phase sich ein Unternehmen gerade befindet, gibt es bestimmte Strategien, die nach meiner Erfahrung die Imagearbeit für Ihre Marke wirksam unterstützen:

1. Verleihen Sie der Öffentlichkeitsarbeit das adäquate Gewicht, organisatorisch wie in der Wahl des Sprechers. Im Idealfall wird PR zur Chefsache.

2. Werden Sie für Ihre Kunden sichtbar.

3. Treten Sie mit einem durchgängigen Stil auf. Leben Sie diesen Stil auch nach innen. Entwickeln Sie eine Corporate Identity.

4. Achten Sie auf die nötige Kontinuität in der Darstellung Ihres Images.

5. Überzeugen Sie mit Botschaften, die jeder versteht.

6. Setzen Sie auf Bilder, die Gefühle ansprechen.

7. Bringen Sie eine Geschichte ins Spiel.

8. Vermitteln Sie Werte.

9. Vermeiden Sie Geschmacksfragen in der PR.

10. Lassen Sie in schwierigen Zeiten Fakten sprechen.

11. Verkaufen Sie Ihren Erfolg.

12. Gehen Sie mit Ihrem Thema an die Öffentlichkeit, wenn Sie mit positiver Resonanz rechnen können.

13. Zeigen Sie, dass Ihr Unternehmen der Umwelt gegenüber offen ist.

14. Machen Sie sich die Medien zum Freund!

15. Setzen Sie klare Grenzen. Achten Sie darauf, dass Ihre Interessen (z. B. keine Informationen für die Mitbewerber) und die der Kunden (z. B. Diskretionsgebot) gewahrt bleiben.

16. Vertreten Sie Ihre Interessen deutlich, z. B. durch Lobbyarbeit.

17. Sorgen Sie für Neues, machen Sie sich immer wieder attraktiv.

18. Erwägen Sie die Möglichkeiten, die Sponsoring und Kulturförderung bieten.

19. Scheuen Sie öffentliche Konfliktsituationen nicht – sie sind Herausforderungen, aus denen man gestärkt hervorgehen kann. Achten Sie auf eine sachliche Auseinandersetzung.

20. Denken Sie bei jedem öffentlichen Auftritt an die Wechselwirkungen zwischen den verschiedenen Imageträgern: Unternehmen, Produkte, Verkaufsstellen, Person oder Marke.

Ausblick: Und was kommt nach dem Auftritt?

In den beiden letzten Abschnitten ging es um die PR. Viel haben Sie gelesen über die öffentlichen Auftritte von Beate Uhse. Ich hoffe, ich konnte Ihnen anhand der Beispiele aus der Vergangenheit zeigen, dass es oft ganz einfache Dinge sind, die man beachten muss. Was gibt es noch zu sagen? Vielleicht haben Sie den einen oder anderen Hinweis vermisst – zum Eventmarketing oder zum Krisenmanagement.

Viel wichtiger, als alle möglichen Strategien aus dem FF zu beherrschen, erachte ich jedoch eine Sache: Alles, was man in der PR vertritt, an Werten, Inhalten, Überzeugungen, an Bildern, Botschaften, Geschichten – all das sollte immer Relevanz nach innen haben. Was man »PR-mäßig« tut, sollte man auch (vor-) leben im Unternehmen. Vereinzelt habe ich darauf bereits Hinweise gegeben. Für mich bedeutete der öffentliche Auftritt nicht, mich zu verstellen. Wenn Sie so wollen, habe ich auf der Bühne nicht anders agiert als Backstage, als im Unternehmensalltag davor und danach. Die »private Öffentlichkeit« sind, wenn Sie so wollen, die Mitarbeiter. Wenn Sie gleich interessiert, wie ich das genauer meine, dann blättern Sie bitte weiter zum Kapitel »Beate Uhse – ein Vorbild«. Im folgenden Abschnitt erwarten Sie die Strategien von Beate Uhse zur Kundenbindung.

Machen Sie Ihre Kunden glücklich

Sorgen Sie im Angebot, im Service und in den Abläufen für Kundennähe. Lassen Sie den Kunden entscheiden, nie Ihren eigenen Geschmack. Gestalten Sie die Beziehungen zum Kunden so aus, dass er sich bei Ihnen aufgehoben fühlt. Seien Sie an verschiedenen Verkaufsstellen mit Ihrem Produkt und Ihrem Namen präsent. Schaffen Sie Vertrauen durch persönliche Beratung und Extraleistungen.

Reicht Ihnen Treue oder brauchen Sie den Luftsprung? Von Kundenbindung und -begeisterung

Erfolgreiches Marketing zeichnet sich meiner Meinung nach durch drei Dinge aus:

- den Dienst am Kunden,
- Corporate Identity
- und ein perfektes Fulfillment.

Es sind oft so einfache Dinge, die den Erfolg ausmachen. Und es sind oft die einfachen Dinge, die man vergisst. Oder die in der Hektik des Alltagsgeschäfts schon mal drohen verloren zu gehen.

Aber es trägt wesentlich zum Erfolg einer Marke bei, den Kunden als Dreh- und Angelpunkt der unternehmerischen Bemühungen zu begreifen. Dies beinhaltet sowohl die Berücksichtigung des Kunden bei der Positionierung von Produkten oder Marken, als auch die alltäglich praktizierte Kundennähe, die sich in den Leistungen eines Unternehmens und in der Beziehungspflege spiegeln muss. »Der Kunde steht im Mittelpunkt unserer Bemühungen« – dieser Leitsatz von Beate Uhse bringt es auf den Punkt.

Doch heutzutage muss man sich schon etwas Neues überlegen, um seine Kunden zu begeistern – Eventmarketing und Ähnliches sollen das Unmögliche möglich machen. »Kundenbegeisterung« hört sich ja schön an – aber was genau heißt das? Dauernd neue Kundenideen zu produzieren? Droht dann nicht die Gefahr, über lauter Aktionismus die eigentlichen Ziele zu vergessen, nämlich eine solide und ehrliche Beziehung zum Kunden aufzubauen und den Kundenauftrag möglichst perfekt zu erledigen? Muss der Kunde jedes Mal einen Riesenluftsprung machen, wenn er ein Paket von Beate Uhse öffnet? Reicht es nicht, wenn er eigentlich schon sicher ist, dass er darin alles wie bestellt vorfinden wird und sich leise freut, wenn das auch so ist?

Von Mäusen, Management und Moden

In den 90er Jahren ist der Begriff der Kundenorientierung (und mit ihm Begriffe wie »Kundenbegeisterung«) zu einem Managementschlagwort geworden. Ein Unternehmen, so die Grundidee, ist da, um dem Kunden Produkte und Dienstleistungen anzubieten, die sein Leben angenehmer und komfortabler machen. Der Dienst am Kunden steht dabei ganz oben, bildet die Daseinsberechtigung für ein Unternehmen überhaupt.

Das alles ist sicher nicht verkehrt. Aber wie so oft wird hier ein altes Thema in neuem Gewand präsentiert und viel Wirbel um eine Aufgabe (nicht nur des Managements) gemacht, die doch eigentlich eine Selbstverständlichkeit ist – sowohl was das Mittel »zum Kunden zu gelangen« als auch den Zweck »Gewinn zu machen« betrifft. Man möchte angesichts der umfangreichen Literatur zur Kundenorientierung meinen, dass man es mit einer hochkomplexen Materie zu tun hat. Wird nicht in Hunderten von Publikationen viel zu viel Energie verschwendet, etwas eigentlich Banales zu definieren und zu erläutern? Ist nicht das Bemühen um den Kunden wahrscheinlich so alt wie der Handel selbst? Soll denn das Wissen darum verloren gegangen oder nicht mehr gültig sein? Das wird niemand ernsthaft annehmen.

Und ein Zweites: Wie so oft bei diesen Schlagwörtern darf man natürlich nicht dem geforderten Extrem folgen. Jeder Kundenorientierungsguru, der die völlige Unterordnung aller Aufgaben und Tätigkeiten im Unternehmen unter den Kundenwunsch stellt, übersieht einfach vieles. Kundenorientierung kann keinesfalls als *Ultima Ratio* frei über allen anderen Unternehmenszielen schweben. Kundenorientierung muss selbst dem Hauptzweck dienen, jedes gewinnorientierte Unternehmen verfolgt: langfristig zu überleben, seine Potenziale auszuschöpfen und so groß wie möglich zu werden. So argumentiert Arie de Geus in seinem Buch »The living company«. Diesem Selbstzweck dienen auch noch andere Ziele, z. B. offen zu bleiben, mit allen gesellschaftlichen Gruppen zu kommunizieren, gute Mitarbeiter zu bekommen etc. Somit tritt die Durchsetzung von Kundenorientierung als Führungsaufgabe in ein Wechselspiel mit anderen Aspekten des Managements, angefangen bei der Mitarbeiterführung bis zur Gewinnsteigerung.

Kundenorientierung beinhaltet, dass man

- die Bedürfnisse und Probleme des Kunden ernst nimmt,
- dem Kunden das Gefühl gibt, gut aufgehoben zu sein, ihn auf der emotionalen Ebene »abholt«,
- ihn durch gute Leistungen/Produkte zufrieden stellt,
- jeden Auftrag perfekt abwickelt und
- dem Kunden einen guten Service, Beratung und Extraleistungen anbietet.

Eine Voraussetzung dafür, dass man seine Kunden erreicht, ist, immer wieder selbstkritisch sein Tun zu hinterfragen: »Bringt das, was wir tun, dem Kunden einen Nutzen oder Vorteil? Helfen ihm unsere Produkte?« Und es ist wichtig zu prüfen, ob man noch am Puls der Zeit lebt oder ob nicht vielleicht wichtige gesellschaftliche Entwicklungen an einem vorbei gelaufen sind. Stellt man sich diese Fragen nie, kann ein Unternehmen eigentlich gar nicht überleben.

Vom Wirtschaftswunderkind zum Internetsurfer

Wie haben sich die Kundenbedürfnisse geändert in der Zeit, in der Beate Uhse groß geworden ist?

Die Marktsituation im Deutschland der Nachkriegszeit war durch die rasche Entwicklung eines Verkäufermarktes bestimmt. Eigentlich muss ein Unternehmen hier »nur« möglichst schnell Kapazitäten und eine entsprechend gut funktionierende Logistik schaffen, um die steigende Nachfrage zu befriedigen.

In einer solchen Situation, mag man meinen, mussten die Unternehmen nicht viel darüber nachdenken, was ihren Kunden wichtig sein könnte. Sie mussten sich nicht besonders um sie bemühen, sie mussten nur produzieren und den enormen Bedarf decken. Das stimmt nicht ganz. Das Konsumverhalten der Verbraucher in der Nachkriegszeit ist schwer mit dem heutigen zu vergleichen.

Einerseits bestand in der Tat ein großer Bedarf an vielen Gütern. Andererseits ging man ganz anders mit seinem Geld um. Es herrschte große Unsicherheit in den ersten Jahren des Kalten Krieges, ausgelöst durch politische Krisen wie die Berlin-Frage oder den Korea-Konflikt. Die Menschen konnten noch nicht davon ausgehen, dass der wirtschaftliche Aufwärtstrend, der sich langsam anbahnte, von Dauer sein würde. Erst nach 1952 setzte ein dynamischer Aufschwung ein, der dann allerdings ununterbrochen bis zur ersten Rezession Mitte der 60er Jahre oder sogar bis Anfang der 70er Jahre anhielt.

Wollten die Kunden in den 50ern keine Qualität?
Unmittelbar nach der Währungsreform hatte die breite Bevölkerung jedoch noch wenig Geld zur Verfügung. Sparsamkeit war damit *die* Tugend der 50er Jahre. Das heißt, es wurde nicht in der Form konsumiert, wie es heute der Fall ist. In den ersten Jahren des Aufschwungs verzichteten die Verbraucher bewusst auf vieles, um sich später lang gehegte Wünsche, zum Beispiel ein Auto, eine Wohnung oder ein Haus, erfüllen zu können.

Beispiel
Anfang 1950 musste ein Industriearbeiter für ein Kilo Bohnenkaffee noch 22 Stunden und 37 Minuten, für ein Kilo Kotelett oder Butter jeweils über vier Stunden arbeiten. Auch andere Konsumgüter des täglichen Bedarfs waren teuer, ein Hemd kostete mehr als ein durchschnittlicher Tageslohn, ein paar Schuhe zwei Tageslöhne, für ein Rundfunkgerät arbeitete man rund einen halben Monat. Ein Leichtmotorrad war für den Durchschnittslohn von 56,5 Arbeitstagen fast unerschwinglich. 1953 besaßen erst neun Prozent aller Haushalte einen Kühlschrank, 26 Prozent einen Staubsauger, 1962/63 waren es dann aber bereits 52 bzw. 65 Prozent. In den 50erJahren stieg die Sparquote bis 1960 etwa um das Dreifache an, von unter 3 auf 8,7 Prozent; das Bausparen verzwölffachte sich sogar.

(Zahlen aus »Informationen zur politischen Bildung«, Heft 256, teilweise nach Einkommens- und Verbrauchsstichproben des Statistischen Bundesamtes)

Ich glaube nicht, dass man pauschal davon ausgehen kann, dass die Kunden der 50er und 60er alles kauften, was angeboten wurde, sondern durchaus auch auf Qualität achteten. Nicht umsonst entwickelte sich »Made in Germany« als Aushängeschild deutscher Produkte. Auch für uns war Qualität immer ein wichtiges Verkaufsargument.

Ein weiterer Aspekt betrifft die Beziehung zwischen Unternehmen und Kunde: Der persönliche Kontakt war selbstverständlicher, denn der Kunde stand in der Regel keinem Großunternehmen gegenüber. Daraus lässt sich folgern, dass »Kundenorientierung« bestimmt nicht erst mit der Kundenbindungsdiskussion der 90er Jahre geboren wurde – der Garantie- und der Servicegedanke waren den Unternehmen auch schon vor dem Krieg bekannt. Überspitzt lässt sich sagen, dass nicht viel darüber nachgedacht wurde, wie man die Beziehung zum Kunden ausgestaltete, sondern man hatte eine. Wer ein überlebensfähiges Unternehmen aufbauen wollte, tat gut daran, die Kundenwünsche ernst zu nehmen.

Im E-Business verändern sich die Inhalte, aber nicht die Kundenbeziehung

Zweifelsohne ist der Kunde von heute anspruchsvoller geworden. Und die Märkte sind enger. Die Neuen Medien haben neue Vertriebswege hervorgebracht, E-Business ist in aller Munde. Bestimmte Produkte haben tatsächlich durch das Internet auf einmal eine neue Zukunft, betrachtet man etwa Videos. Aber ob nun eine Bestellung im Internet oder eine Bestellung im Katalog erfolgt – die Gesetze der Kundenbeziehung sind die gleichen.

Die Inhalte verändern sich. Die jungen Kunden von heute wollen mehr Spaß. Ein spielerischer Umgang mit den Contents im Internet liegt schon in der Benutzung der neuen Technologien begründet. Aber trotzdem wollen auch diese jungen Kunden ehrlich und fair behandelt werden. Auch heute noch besteht ein großes Bedürfnis nach Beratung. Daher bieten wir zum Beispiel auch eine Aufklärungsrubrik im Internet an (Seite 196).

Natürlich, durch die Entstehung der heutigen Medienlandschaft sind ganz andere Werbeformen entstanden, ganz neue Kommunikationsformen. Nur ein Beispiel: Heute ist in Deutschland auch vergleichende Werbung gestattet. Wenn man auch damit noch sehr vorsichtig umgehen sollte, weil der Konsument diese neue Werbesprache erst einmal lernen muss. Würde man hier übergangslos mit alten Gewohnheiten brechen, würde man wohl wenig Akzeptanz ernten. Und die Menschen selbst sind viel offener geworden, was man an den Kindern sieht, die heute viel eher reif sind als früher, viel schneller selbstständiger werden, viel weiter im Denken sind. All diese Dinge tragen dazu bei, dass man heute vieles in der Beziehung Kunde – Unternehmen anders umsetzt als früher.

Aber wo auch immer Sie mit Kunden zu tun haben, es läuft stets nach dem gleichen Muster. Nur das Transportmittel und das Umfeld sind anders. Sie zahlen im Versandhaus keine Miete wie für Läden, dafür haben Sie aber die hohen Akquisitionskosten für die Neukundengewinnung. Oder Sie senden ein Mailing, von dem Sie eine Million Stück verschicken, das vielleicht am Ende eine Responsequote von 3 % hat. Das ist das, was die Mietkosten ersetzt, die man im Filialgeschäft hat. Oder Sie bieten Ihre Produkte im Internet an, haben damit hohe Entwicklungs- und Investitionskosten, müssen sich mit neuen Zahlungssystemen auseinander setzen etc. Die Grundbedingungen des Umgangs mit dem Kunden sind jedoch vom Prinzip her immer gleich. Die »alten« Regeln der Kundenarbeit sind in der New Economy nicht ausgehebelt. Die New Economy ist auf Kundenbindungsmaßnahmen genauso angewiesen wie die alte. Und das heißt: Sie kann von der Old Economy eine Menge lernen.

Wie praktizieren wir Kundennähe?

Kundennähe besteht aus zwei Dimensionen: den Leistungen, also *was* Sie dem Kunden anbieten, und der Kommunikation, also *wie* die Beziehung zum Kunden ausgestaltet ist.

Leistungen und Produkte:

- Wir haben immer frühzeitig neue Wege genutzt, auf unsere Kunden zuzugehen. Zum Versand kamen als Erstes ab 1962 die Beate Uhse-Läden hinzu. Dazu kamen die Blue-Movie-Kinos. Wir waren frühzeitig in den Online-Vertriebswegen (Btx, Internet). Dieser Vertriebswegemix ist ein wichtiges Erfolgskriterium von Beate Uhse. (Dazu mehr im Kapitel »Bleiben Sie nicht im warmen Bett liegen«.)
- Wir richten unser Angebot konsequent am Kunden aus; seine Bedürfnisse entscheiden. Er erhält bei uns eine breite Produktpalette an Erotik und pornographischen Erzeugnissen – im Rahmen des Legalen. Wir bedienen somit alle Facetten der Bedürfnisse.
- Wir achten auf Qualität und ein faires Preis-/Leistungsverhältnis.
- Wir sorgen für reibungslose Abläufe, Flexibilität und eine schnelle Lieferung.
- Beate Uhse garantiert für Produkte und Leistungen durch die Geld-zurück-Garantie.
- Wir bieten Extraleistungen an, wie im Versand z.B. den Sofort-Service, Incentives etc.
- Jedem Kunden steht eine kostenlose Beratung zur Verfügung. Wir bieten dem Kunden echte Hilfe an, ob es um Aufklärung oder Produktberatung geht. Schon früh haben wir diesen Service durch die zentrale Bereitstellung von Korrespondenzhandbüchern für die hier tätigen Mitarbeiter professionalisiert.

In der Kommunikation mit dem Kunden waren wichtige Punkte: Ehrlichkeit, Offenheit, Toleranz, Freundlichkeit, ein respektvoller Umgang etc. Gerade diese weichen Faktoren sorgen für Kundennähe und damit eine enge Kundenbindung. Sie sollten nicht nur das Verhalten im direkten Kundenkontakt prägen, sondern fester Bestandteil der Unternehmenskultur sein.

Wie gestalten wir die Beziehung zum Kunden aus?

- Durch Personality-PR erhält das Unternehmen ein Gesicht. Aber auch neuere Angebote wie der Chat@Shop (siehe Kapitel

»Bleiben Sie nicht im warmen Bett liegen«) sichern eine persönliche Beziehung zum Kunden.

- Wir nehmen die Kundenwünsche ernst.
- Wir achten auf absolute Diskretion, z. B. im Versand durch die Paketgestaltung, im Internet durch Datensicherungssysteme.
- Alle Mitarbeiter sind angehalten, Vorurteile abzubauen und sich jeglicher Wertung zu enthalten.

Wie Sie sehen, hat Beate Uhse keine »Geheimrezepte« für Kundenbindung parat. Bestimmte Umgangsformen, wie etwa das offene und ehrliche Zugehen auf den Kunden, klingen sogar recht einfach – aber sind sie selbstverständlich? Ich denke, es ist nützlich, sich immer wieder an solche Leitsätze zu erinnern und die Aktivitäten im ganzen Unternehmen daran zu messen, damit die Sorge um den Kunden nicht zum bloßen Lippenbekenntnis verkommt.

Im Folgenden möchte ich Ihnen darlegen, wie das Unternehmen Beate Uhse die Kundenbedürfnisse in seine Entscheidungen einbezieht und wie es Kundennähe praktiziert. Im Kapitel darauf geht es darum, welche Gefühle eine Marke vermitteln muss, damit sie vom Kunden angenommen wird.

Fahren Sie eine eindeutige Produktpolitik

Wenn man ein Geschäft gründet, hat man natürlich seine eigenen Vorstellungen, wie das Sortiment auszusehen hat, das man dem Kunden anbieten möchte. Man hat entweder zuerst eine Geschäftsidee und prüft, ob man mit ihr auch Käufer erreicht. Oder man überlegt sich zuerst, wo eine Marktlücke ist, um genau dieses Bedürfnis dann zu befriedigen. Heute, wo Produkte immer austauschbarer und die Märkte gesättigt erscheinen, wird das immer schwieriger. Das war es bei meinem Start noch nicht; hier ist allerdings auch vieles eher zufällig verlaufen.

Obwohl ich keine Kompetenz und keine Geschäftserfahrung hatte, begriff ich jedoch eines rasch: dass da eine Marktlücke war. Die Aufgabe war klar: »Kläre die Leute auf und hilf Ihnen bei der Verhütung.« Ich bekam durch die zahlreichen Anfragen schnell mit, wo die Wissenslücken lagen und welche Produkte die Kunden brauchten. Das war alles noch recht einfach.

Aber, und das mag widersprüchlich klingen, je weiter sich das Geschäft dann entwickelte und je liberaler das Umfeld wurde, umso schwieriger wurde es, die immer spezielleren Wünsche zu erfüllen. Denn einmal ist es nicht einfach, sich in die konkreten Vorstellungen eines Sexkunden hineinzuversetzen. Und ab einem bestimmten Zeitpunkt wurde es schwierig, im Erotikmarkt etwas wirklich Neues zu entwickeln. Denn mit dem Sex ist es nicht anders als mit dem Essen. Eigentlich könnten wir uns auch von Kopfsalat, Wasser und einer Hand voll Körnern ernähren. Aber wir kaufen uns alle möglichen Zutaten und Kochbücher, um diesen Essensgenuss zu verfeinern. Einen Grundbedarf wird es also immer geben, aber dass hier Grenzen liegen, ist ebenso offensichtlich.

Beate Uhse hat daher konsequent eine Produktpolitik betrieben, die sich logischerweise aus dem Ziel, der größte Anbieter zu sein, ergibt: Wir haben stets auf ein breites Angebot gesetzt und versucht, die ganze Palette der Bedürfnisse abzudecken. Und wir haben auf Qualität geachtet, um auch in dieser Hinsicht unserer Position innerhalb der Branche gerecht zu werden: Qualität geht vor Niedrigpreis. Und wir versuchten auf das Rücksicht zu nehmen, was der Kunde sich wünscht. Das hat sich bewährt, der Kunde hat diese Produktpolitik absolut angenommen.

Ein spannendes Programm und Eigenprodukte
Zunächst ein paar Bemerkungen zum Sortiment. Ende der 40er Jahre nahm ich die ersten Anregungsmittel ins Sortiment auf (wie »Erotin« oder »Sanursex«). Von da an wurde das Erotikangebot von Beate Uhse ständig erweitert. Im Katalog von 1952 hatten wir schon 50 Produkte anzubieten, darunter 9 Spezialkondome, die als Stein des Anstoßes in späteren Prozessen eine gewisse Berühmtheit erlangten. Heute umfasst das Angebot im Katalog bis zu 2000 Artikel, in den Läden finden sich dazu noch weitere 3000.

Unsere Programmanpassungen erfolgten bis 1975 immer unter den Bedingungen, die gerichtliche Entscheidungen schufen. Als der Umgang mit Nacktheit und Sexualität freier wurde und im Kino die ersten aufklärenden Erotikfilme wie »Helga« und »Helga und die Männer« (1967/1968) liefen, konnten wir mehr Freiheit in unserem Programm wagen, um unseren Kunden etwas Neues und Aufregendes zu bieten: 1966 erschien in unserem Stephenson Verlag Sha Kokkens »Sexuelle Technik in Wort und Bild«, in dem Liebesstellungen erstmals bildlich anhand zweier Holzpuppen gezeigt wurden – ein Highlight des Kataloges. Bis 1969 hatten wir davon 255 000 Exemplare verkauft, die Gesamtverkaufszahlen waren insgesamt fast viermal so hoch. Doch der Erfolg war vor allem, dass das einzige mit dieser Veröffentlichung zusammenhängende Strafverfahren niedergeschlagen wurde. Daraufhin entwickelten wir die Buchserie »Helga und Bernd«, in der ein Paar Liebespositionen zeigt, allerdings im ersten Band noch in engen Trikotanzügen in Rosa und Hellblau. Die Serie erreichte eine Rekordauflage von 350 000 Exemplaren. Die bebilderten Sex-Ratgeber waren zu einer wichtigen Säule unseres Printprogramms geworden.

Und so priesen wir 1969 unsere Bücher zur Liebeskunst an:

»*Sex-Spiel. Hingabe und Ekstase:* Dieses großartige Lehrbuch der Liebeskunst zeigt dem Mann die wirkungsvollste Technik der Verführung und der Frau die Kunst der Hingabe, damit beide höchstes Glück erleben.«

»*Intime Küsse*: Dieses Buch ist eine Sensation. Auf über 300 Seiten zeigt es in aller Ausführlichkeit die wirksamsten Techniken, den Partner oder die Partnerin mit dem Mund zu erregen ...«

»*Sexuelle Technik in Wort und Bild* von Sha Kokken: Auf über 400 Bildern zeigt dieses Buch alle Positionen des Liebesspiels ... und erläutert ihre Wirkung auf das Glücksempfinden von Mann und Frau.«

»*Einmaleins für Zwei:* Ein nacktes junges Paar zeigt die Stellungen der liebenden Vereinigung auf 103 scharfen, ganzseitigen, unretuschierten Farbfotos ...«

»*Helga & Bernd zeigen 100 Liebespositionen:* 100 Fotos eines liebenden Paares ... gemeinsam fotografiert, wie in der Wirklichkeit des Liebesspiels ... Auf den scharfen realistischen Aufnahmen sieht man, was wirklich geschieht ...«

Dann folgte als wirklich neue Produktform das Erotikheft. Dann kamen ab 1975 Filme hinzu (Kino), schließlich Videos, Telefon- und Onlinedienste. Und zwischendurch gab es auch Flops, größere Projekte wie die Sex-Reisen, immer wieder auch Einzelprodukte wie z. B. der sprechende Vibrator. Etwas Neues ohne Risiko gibt es eben einfach nicht.

Die Fülle des Angebots spiegelt sich heute z. B. im Videobereich, wo man von Filmen mit den klassischen Erotik- und Pornostars bis hin zum breiten »Special-Interest«-Bereich alles findet. Das Angebot greift daneben auch modische Trends aus der In-Szene auf. Auch im Internet bietet Beate Uhse mit fast 200 Domains eine Erotikwelt an, die die gesamte Palette der Geschmacksrichtungen abdecken, von Profi- bis zu Privatangeboten, von ästhetisch ansprechenden Seiten bis hin zu Amateur-Seiten. Darüber hinaus ist Beate Uhse auch im Non-Erotik-Bereich vertreten.

Die Vielfalt spiegelt sich aber auch in den Marken, die die Unternehmensgruppe führt. Bislang war das neben Beate Uhse die Marke Dr. Müller's die eher Bizarres bzw. eine etwas härtere Linie abbildet (natürlich auch hier alles im Rahmen des Erlaubten) und die damit eine etwas andere Ausrichtung als die Marke Beate Uhse hat. Bislang wird das Produktimage der Marke Beate Uhse jedoch kaum differenziert wahrgenommen, auch wenn für die Kunden natürlich jedes Produkt für sich ein gewisses Image hat – von scharf bis brav. Aber je mehr Mitbewerber einem das Feld streitig zu machen drohen, umso wichtiger wird es, seine Marke genau zu positionieren. Wettbewerbsvorteile verschaffen hier z. B. Eigenprodukte mit einem klaren Image. Das Label Beate Uhse wird daher seit zehn Jahren wieder durch hochwertige Eigenproduktionen gestützt. Dazu zählen z. B. Bildbände, Magazine und Softvideos, die Trends setzen. Bei den Produktmarken haben wir die Notwendigkeit erkannt, uns noch klarer zu positionieren. Darauf werden wir auch in Zukunft unser Augenmerk richten: die Marke Beate Uhse für hochwertige Produkte im Erotikbereich zu stärken und neue Zielgruppen zu erschließen, ohne die alten Kunden zu verlieren. Damit wir aber Zielgruppen mit niedrigerer Preisbereitschaft nicht ausschließen, planen wir unter dem Label Pabo eine preisgünstigere Zweitmarke.

Achten Sie auf Qualität

Dem Qualitätsstandard müssen sich alle Mitarbeiter verpflichtet fühlen. Dies tun sie umso mehr, je mehr sie sich dem Unternehmen zugehörig fühlen. Die Corporate Identity fördert dieses Denken, ist also eine wichtige Voraussetzung, damit ein Unternehmen gute Qualität schaffen kann.

Zum Qualitätsmanagement gehört einmal die Einhaltung der Rechtsstandards der Erotikbranche; dazu wurde im zweiten Kapitel schon einiges gesagt (ab Seite 23). Dann gehören aber auch einzelne Qualitätskontrollen dazu. Beate Uhse hat für den Versand- und Ladenbereich schon vor Jahrzehnten die so genannte Neuaufnahmebesprechung eingeführt. In dieser Runde, an der Vertreter verschiedener Abteilungen, vor allem aus Einkauf und Werbung, teilnehmen, wird entschieden, welche der vom Einkauf aufgespürten neuen Produkte ins Sortiment gelangen. Auswahlkriterien sind neben dem Aussehen und dem Neuigkeitswert auch Qualitätsmerkmale.

Als wichtige Station der Qualitätskontrolle sind aber auch die ausgesuchten Lieferanten nicht zu unterschätzen. Beate Uhse strebt in der Regel eine langfristige Zusammenarbeit mit allen Lieferanten an, wenn diese bei den ersten Aufträgen gut war.

Im Eigenproduktions-Bereich versuchen wir selbst Qualitätsstandards zu setzen. In welchen Bereichen wir gut sind, erkennen wir daran, dass unsere Mitbewerber uns zu kopieren versuchen, etwa bei den Videokassetten. Hier bemühen wir uns, Produkte mit Niveau zu einem vernünftigen Preis auf den Markt zu bringen. Unsere Eigenkreationen verkaufen wir sehr erfolgreich im Versand, aber auch im Ladenbereich. Bei Fremdproduktionen nehmen wir auf die Qualität Einfluss, indem wir etwa beim Schnitt der Kassette oder bei der Covergestaltung kreativ mitarbeiten. Die Ideen hierzu kommen von außen oder von den Mitarbeitern; sie werden im Team geprüft und weiterentwickelt (Texter, Werber, Grafiker etc.). Neue Themen im Bereich Sex zu finden ist allerdings gar nicht so einfach. Aber warum nicht einmal ein erotisches Kochbuch herausbringen?

Auch bei den Eigenprodukten arbeiten wir, um Qualität sicherzustellen, überwiegend mit festen Geschäftspartnern zusammen. Das hat den Vorteil, dass sich gewisse Routinen einstellen und die Abläufe reibungslos funktionieren. Im Printbereich stehen etwa nach zwei bis drei Wochen die Konzeption und das Layout; nach maximal zwei, bei umfangreicheren Projekten auch nach drei Monaten ist das Produkt fertig. Die Fotos müssen wegen der hohen Kosten für Studio und Models in zwei bis drei Tagen aufgenommen sein, was auch nur gelingt, wenn die Models gut sind und Erfahrung haben. Layout und Druckvorstufe erfolgen im Haus, auch die Lithos werden intern gemacht. Seit durch den Standard DTP in den letzten Jahren ein rasanter Preisverfall in der Druckvorstufe stattfand, hat ein ziemlicher Konkurrenzkampf zwischen den Druckereien eingesetzt. Aber wenn man einen gewissen Qualitätsstandard erreichen möchte, braucht man Partner, die mitdenken – und das geht meist nur, wenn sie die Anforderungen gut kennen. Insofern ist es nicht immer von Vorteil, ständig nach billigeren Anbietern zu suchen und an der Preisschraube zu drehen.

Bei Eigenproduktionen haben wir auch die Sicherheit, die Hintergründe der Geschäftspartner zu kennen (übrigens keine reine Männerdomäne). Wir achten darauf, nur mit seriösen Partnern zusammenzuarbeiten. Der Ruf, den einzelne Anbieter in der Branche genießen, ist entscheidend; wir verzichten lieber auf Geschäftskontakte, die uns nicht ganz koscher vorkommen. Auch den Hintergrund der Models kennen wir in der Regel. Das gibt uns das sichere Gefühl, im seriösen Bereich zu bleiben – was ja eines unserer wichtigsten Unternehmensziele ist.

Nicht nur die Produkte, auch die Abläufe müssen gut sein
Dies wurde bereits am Beispiel der Printprodukte deutlich. Anhand eines weiteren Beispiels, diesmal aus dem Ladenbereich, möchte ich zeigen, wie wir ein gutes Angebot auf dem schwierigen Markt der Videos sicherstellen.

Der Bereich der Pornographievideos ist ein unendlich schwer zu überblickender und sehr schnelllebiger Markt. Der Produktlebenszyklus bei den Neuheiten, die in unseren Videokabinen eingesetzt werden, liegt in der Regel bei ein bis zwei Wochen, ist also extrem kurz. Der Großhandel wartet mit 500 bis 550 Neuheiten pro Monat auf, die er in teils bebilderten Wochenmailings anbietet – eine Zahl, die für den einzelnen Shopper kaum mehr zu überblicken ist. Daher wird in diesem Segment der Einkauf nicht zentral gesteuert, sondern die Filialisten können die Ware selbst ordern. Doch Sie können sich vorstellen, dass kein noch so geübter Einkäufer im Monat 500 Filme anschauen und beurteilen kann. Und dennoch wollen wir hier möglichst hochwertige Ware anbieten.

Hier haben wir nun die technische Möglichkeit, den Erfolg eines Filmtitels oder einer Serie zu ermitteln. Wir messen die Verweildauer der Kunden in den Kabinen bei den angebotenen Titeln, werten die Zahlen aus und richten bei einem positiven Ergebnis Daueraufträge beim Produzenten ein, was eine sofortige Direktbelieferung unserer Filialen gewährleistet. Erfolgreiche Serien laufen per Dauerauftrag, schlechte fliegen raus und völlig neue durchlaufen den Test. Erst zu einem späteren Zeitpunkt werden die Titel im Backprogramm der Anbieter gelistet, weil sie dann im Einkaufspreis drastisch gesunken sind, und daraus stellen wir unsere Serien für das Videosortiment zusammen. Der Produktlebenszyklus liegt dann immerhin schon durchschnittlich bei drei Monaten bis zu einem Jahr (wobei es auch Produkte gibt, die sich über 10 oder 20 Jahre halten, wie unsere Dauerseller, die Josephine-Mutzenbacher-Filme).

Nehmen Sie die Wünsche des Kunden ernst

Wie erfährt man ohne
Marktforschung, was die Kunden wollen?

Und nun das große Problem: Wenn man den Kunden entscheiden lassen möchte, muss man in Erfahrung bringen, was er will. Systematische Marktforschung können wir in unserer Branche jedoch kaum durchführen. Zumindest bislang nicht. Wenn jemand zum Beispiel gefragt wird: »Wie oft in der Woche haben Sie Sex? Was wünschen Sie sich in dieser Hinsicht? Benutzen Sie Hilfsmittel, und wenn ja, welche?«, dann kann man mit einer ehrlichen Antwort kaum rechnen. Zudem sind Marktforschungen eine sehr aufwendige und teure Angelegenheit; insofern sind wir sicher nicht das einzige Unternehmen, das nach Alternativen suchen muss.

Wir müssen uns unsere Informationen also von unseren Kunden direkt besorgen. Dies machen wir in der Hauptsache durch Kundenbefragungen. Da telefonische Befragungen nicht auf Akzeptanz stoßen und das Diskretionsgebot verletzen, sind wir auf schriftliche Befragungen angewiesen. Dazu legen wir meist einer Werbesendung einen Fragebogen bei. Wer sie beantwortet, bekommt dafür ein kleines Geschenk oder einen Gutschein. Abgefragt werden Wünsche, Verbesserungsvorschläge, Produkte usw. Das wird sehr gut angenommen von unseren Kunden. Die Ergebnisse aus diesen Befragungen nehmen wir dann auch wichtig. Wenn wir beispielsweise feststellen, dass mehr Wäsche in größeren Größen gewünscht wird, richten wir uns danach.

Der zweite Pool, der wertvolle Kundenaussagen liefert, ist unser Call Center, der Kundenservice. Hier landet alles, was den regulären Stationen des Fulfillments nicht zugeordnet werden kann. Wir achten immer darauf, was im Call Center aktuell passiert, welche Briefe häufiger geschrieben werden, ob bestimmte Themen zunehmen, ob bei einem Produkt häufig reklamiert wird etc. Das Call Center ist also auch ein wichtiges Infotool für die Qualitätssicherung. Um wirklich brauchbare Aussagen zu erhalten, muss man das Ohr am Kunden haben, oder besser gesagt an den Kundenbetreuerinnen, denn sie müssen das Marketing darüber informieren, welche Themen gerade aktuell sind. Steuerbar wird das Ganze, indem wir möglichst alle Vorgänge, Anfragen, Reklamationen etc. mittels unserer 200 Themen-Formbriefe zu bearbeiten versuchen. Somit lässt sich statistisch erfassen, wie viele der einzelnen Briefe verschickt werden. Welche Produkte besonders gut laufen, sieht man z. B. an der Zahl der Rückstandsbriefe. Übrigens haben wir die Kundenberatung schon früh professionalisiert: In den 50er Jahren führten wir bereits Formbriefe ein und später, als die ersten elektronischen Schreibsysteme aufkamen, arbeiteten wir schon mit Textbausteinen.

Über die statistische Auswertung hinaus herrscht ein intensiver persönlicher Austausch zwischen dem Marketing und dem Call Center. Wir sind schon deswegen sehr bemüht, qualifizierte

Mitarbeiter im Call Center zu beschäftigen, die ein Gespür dafür entwickeln, welche Informationen relevant sind für das Marketing und weitergegeben werden sollten.

Die letzte gute Möglichkeit der Informationsgewinnung sind Retouren. Sie bieten einen guten Anlass zu erkunden, wo die eigenen Schwächen liegen. Wir versuchen immer die Gründe für die Retournierung herauszufinden und bitten den Kunden dazu um einige Angaben: Ist das Produkt z. B. zu groß/zu klein, zu viel/zu wenig etc. Hier ist der Kunde auch meist bereit, sich zu äußern; denn er hat ja einerseits durch unsere 100-prozentige Geld-zurück-Garantie die Sicherheit, dass er die Ware ohne Angabe von Gründen zurückgeben kann und muss also gar kein schlechtes Gewissen haben. Andererseits merkt er, dass wir ihn ernst nehmen.

Die Schnittstelle zwischen Kunde und Rentabilität:
Katalogauswertungen
Im Katalogmarketing ermitteln wir das Kaufverhalten auf die Gesamtheit der Kunden betrachtet. In den 60er Jahren geschah dies noch durch »Pi x Q x Wellenschlag«, also: Der Einkäufer hat nach Augenschein und bestem Wissen die Bestellungen ausgewertet. Am 29. 6. 1966 bekamen wir unseren ersten Computer, die Bull Gamma 30. Ab Juli diesen Jahres begannen wir mit einer präzisen Warenbedarfsermittlung, zunächst durch Sichtkontrolle über die Hinterlegung von Artikelnummern, ab den 80er Jahren setzten wir schließlich die verbrauchsgesteuerte Beschaffung ein (Bestellrhythmus-Verfahren).

Durch Tests und unterschiedliche Platzierung der Produktsegmente, anhand der Größe der Darstellung und Anordnung wird ausgewertet, welche Produkte wie vom Kunden angenommen werden. Dies spielt insbesondere bei neuen Produkten eine Rolle, weil man mit Analysen z. B. über die Produktgruppe nur eine vage Einschätzung gewinnt. Laufen Produkte nicht, werden sie schnell wieder aus dem Sortiment genommen. Bei allem bleibt jedoch die Kalkulation das ausschlaggebende Kriterium. Nur nach Fingerspitzengefühl zu entscheiden bleibt ein Risiko.

Eine weitere Möglichkeit, die allerdings nur indirekte Informationen über die Kunden liefert, bietet die Konkurrenzbeobachtung: Was machen die Mitbewerber in Sachen Werbung, Sortiment, Preis etc.? Auch hier sollte man systematisch Informationen sammeln. Im Laden arbeiten wir schließlich nicht nur mit den üblichen Absatzzahlen, sondern auch mit Testverkäufen, die an ausgewählten Standorten durchgeführt werden. Wir versuchen anhand von Produktvergleichen Trends oder Tendenzen sichtbar zu machen. Diese Daten fließen schließlich auch in die Produktion der Eigenprodukte ein, um selbst zukunftsweisende Trends kreieren und möglichst konkurrenzlose Artikel anbieten zu können.

Der eigene Geschmack tritt zurück

Der Wurm, der an der Angel hängt, muss nicht dem Angler schmecken, sondern dem Fisch.

Wie heikel die Geschmacksfrage in unserer Branche, vor allem im Bereich der Pornographie ist, wurde schon angesprochen. Es gibt zweifellos Inhalte, die nicht jedermann gefallen. Was einem fremd erscheint, was man als »extrem« einstuft, was einen peinlich berührt, lehnt man spontan erst einmal ab. Das ist eine ganz normale Reaktion, weil es sich um Produkte für einen intimen Bereich handelt. Hier ist man stärker als woanders geneigt, seine eigenen Empfindungen als Maßstab für das Normale (und in der Folge vielleicht auch für das moralisch Vertretbare) zu sehen. Und man läuft schnell Gefahr, die Sortimentsgestaltung bzw. das Angebot nach den eigenen Vorstellungen auszurichten.

Nichts ist in diesem Geschäft jedoch so wichtig wie die Fähigkeit, eigene Wertungen zurückzuhalten und sachlich auf das zu achten, was der Kunde möchte und was bei ihm ankommt. Das gilt auch für Entscheidungen, die weniger mit Wertvorstellungen aufgeladen sind, etwa wenn eine Verpackung oder ein Covermotiv für den Katalog gestaltet werden soll. Natürlich geht man bei Farben z. B. auf aktuelle Trends ein und sieht sich um auf dem Markt. Aber es ist doch hauptsächlich der Kunde (oder die Mehrheit der Kunden), durch den die Richtung vorgegeben wird.

Beispiele

Warum sind so oft blonde Models auf den Covers der Beate-Uhse-Kataloge oder auf den Printprodukten abgebildet? Wird hiermit nicht nur ein Klischee bedient? Beate Uhse hat die Kunden befragt: In den Broschüren »Miss Beate Uhse« konnten die Kunden wiederholt unter etwa 50 Models ihr Lieblingsmodel auswählen. Die Ergebnisse: Es wurden von der Mehrheit blonde Typen bevorzugt, was unsere Erfahrung bestätigte. Allerdings haben wir gelernt, dass die Beate-Uhse-Kunden mehrheitlich eine eher zurückhaltende Erotik bevorzugen.

Einen Trend setzten wir hingegen, als wir anfingen, im Versandhauskatalog, dem Dr. Müller-Katalog und den Wäschekatalogen mit farbigen Models zusammenzuarbeiten. In den 70er und 80er Jahren war dies weitgehend vermieden worden, weil bei den Kunden die breite Akzeptanz für farbige Models fehlte. Doch dies hat sich inzwischen geändert.

Im Internet herrscht eine bunte Vielfalt, Trends lösen sich allerdings auch sehr viel schneller ab als im Versandhandel oder Ladengeschäft. Daher muss man sich hier laufend die Frage stellen, welche Inhalte in welcher Aufbereitung ankommen. Erfolgreich sind dabei nicht nur die hochwertigen Angebote, sondern gerade, was »privat« und amateurhaft wirkt. Das möchte man nicht vermuten, denn der ästhetische Anspruch tritt hier deutlich in den Hintergrund. Dennoch tragen auch wir diesem Trend Rechnung: mit Sites wie www.amateur.de, www.exfreundin.de u. a.

Dies gilt auch für die Werbung. Gerade in der Grafik gibt es ja häufig neue Trends, momentan sieht man etwa immer häufiger in Zeitschriften, wie Strukturen der grafischen Benutzeroberflächen von Computerprogrammen als Stilmittel eingesetzt werden. Das wirkt sehr »hype«, lässig und cool. Für den Katalogbereich sind solche schnellen Trends allerdings weniger geeignet. Denn von dieser Zielgruppe werden solche modischen Veränderungen nicht positiv aufgenommen. Insofern kann sich der Layouter des Katalogs auch kreativ nicht austoben, sondern er muss sehr auf den Geschmack der Kunden Rücksicht nehmen. Beim Beate-Uhse-Stil ist das Coole nicht so sehr gefragt, der Kunde will eher eine freundliche Optik und im Mittelpunkt steht ganz klar das Sexobjekt. Hier gilt es, die richtige Mischung zwischen Niveau und Erotik zu finden.

Folgen für die Mitarbeiter

Es herrschen nicht nur bestimmte Klischees über die Erotik-branche, sondern auch Vorurteile gegenüber Sex-Bestellern. Jeder, der in dieser Branche auf seriöse Weise tätig ist, wird bestätigen, dass er allzu häufig (und immer noch) mit diesen Klischees und Vorurteilen konfrontiert ist, wenn er zum Beispiel von seiner Tätigkeit erzählt. Und jeder, der bei Beate Uhse neu anfängt, wird selbst von bestimmten Vorurteilen nicht völlig frei sein. Das kann man auch kaum, weil man meist zu wenig über das Erotik-Business weiß.

Unsere Mitarbeiter müssen diese Vorurteile überwinden, sonst können sie dem Kunden nicht sachlich, fair, korrekt und erst recht nicht freundlich gegenübertreten. Jeder bei Beate Uhse muss lernen, Puppen, Pornofilme, Vibratoren etc. unter dem Aspekt der Verkäuflichkeit, Beliebtheit bei Kunden, Qualität usw. zu sehen.

Insofern beinhaltet die Kundenorientierung bei uns eine ganz eigene Komponente, die sich jeder Mitarbeiter erst einmal bewusst machen muss: Es gehört zur Corporate Identity, offen und tolerant zu sein und die Inhalte wertfrei zu betrachten. Wie dieser Lernprozess vonstatten geht, kann man schwer definieren. Jedenfalls kommt es dabei weniger auf den IQ als vielmehr auf den »EQ«, die emotionale Intelligenz, an.

Glänzen Sie durch guten Service

Schnell und kompetent für den Kunden da sein

Mit einem guten Service rund um Ihre Produkte können Sie sich positiv von Ihren Mitbewerbern abheben. Ein guter Service steigert immer die Zufriedenheit der Kunden. Wichtig ist:

- dass der Service schnell und zuverlässig ist,
- dass der Informationsfluss zwischen dem Service und den anderen Abteilungen reibungslos funktioniert,
- dass der Kunde den Service über alle Medien erreicht
- und dass er das Gefühl bekommt, persönlich und individuell betreut zu werden.

Service ist schon seit jeher ein wichtiges Feature bei Beate Uhse. Dadurch haben wir uns in unserer Gründungszeit von den übrigen Anbietern auf dem Erotikmarkt abgehoben.

Ein guter Service verlangt geschultes Personal und die Möglichkeit, schnell und rationell auf entsprechende Informationen zugreifen zu können. Dass der Service stets einen hohen Stellenwert hatte, zeigt sich darin, dass unsere Mitarbeiter schon früh mit Korrespondenzhandbüchern arbeiteten. In den 60er Jahren begannen wir mit dem Einsatz von Textbausteinen, die von einem Experten erstellt wurden. Die »Dura-Mach«, eine frühe elektronische Schreibanlage, hat es ermöglicht, die zahlreichen Fragen unserer Kunden schnell und bestmöglich zu beantworten. Unverzichtbar war, dass in sehr wichtigen Angelegenheiten oder komplizierten Reklamationsfällen die Kundenbriefe alle von mir unterschrieben waren. Das hat die persönliche Betreuung glaubwürdiger gemacht.

Heute bieten wir eine telefonische Beratung über unser Call Center an. Mit über 200 Musteranschreiben stellen wir sicher, dass die gängigen Kundenanfragen auch auf schriftlichem Wege kompetent und schnell beantwortet werden können. Und in besonderen Fällen erhält der Kunde natürlich wirklich eine persönliche Antwort. Im Internet bieten wir mit dem Chat@Shop ebenfalls eine umfassende Produktberatung an. Hier kann der Kunde seine Beraterin, die mit ihm chattet und ihm z. B. bei der Produktauswahl hilft, auf dem Bildschirm sehen (ab Seite 195). Diese persönliche Beziehung zum Kunden wird im Erotikgeschäft einfach immer wichtig bleiben. Wir verzichten daher im Call Center z. B. auf Router oder andere Techniken, die ohne menschliche Beteiligung auskommen.

Ein weiterer wichtiger Punkt: Wo auch immer der Kunde in Kontakt mit dem Unternehmen kommt, sollten ihm Möglichkeiten geboten werden, mit der Serviceabteilung zu kommunizieren. Stellen Sie sicher, dass der Kunde auch im Internet erkennt, dass er einfach und schnell auf den Service zugreifen kann. Achten Sie darauf, dass auf jeder Website ein Feedbackbutton bzw. Links zu den entsprechenden E-Mail-Formularen mit der Service-Adresse zu finden sind. Und natürlich wird die Betreuung des Kunden rund um die Uhr immer wichtiger. Wir stehen momentan (Oktober 2000) unseren Kunden im Internet sieben Tage in der Woche bis nach Mitternacht zur Verfügung und versuchen, diesen Service in absehbarer Zeit auf die kompletten 24 Stunden auszudehnen. Der telefonische Bestellservice wird rund um die Uhr angeboten.

Ein gewachsenes Call Center

Seit gut zehn Jahren wird der Kundenservice im Fulfillmentbereich durch ein internes Call Center erfüllt. Dieses Call Center haben wir selbst aufgebaut; anfangs hatten wir vier, heute besteht es aus ca. 20 Mitarbeiterinnen, die Hälfte davon in Teilzeit. Wir legen großen Wert auf eine gute Einarbeitung. Die Mitarbeiterinnen werden durch die ganze Abteilung, den Versand, die Retourenstelle etc. geschickt, um die Abläufe besser kennen zu lernen und um zu wissen, wo Schwachstellen liegen könnten. Sie müssen auch wissen, an welche Ansprechpartner sie sich wenden können. Bei Reklamationen führen sie selbst schon einmal Kontrollen durch oder machen Stichproben; ihnen muss es auffallen, wenn sich bei bestimmten Produkten die Reklamationen häufen. Das Call Center ist sozusagen eine Kontrollstation, wenn etwas mit der Qualität nicht stimmt.

Telefonberatung in der Erotikbranche ist sicher nicht einfach, denn die Inhalte verlangen, wie oben schon gesagt, große Toleranz und ein gutes Einfühlungsvermögen. Und manchmal verwechseln die Kunden den Kundenservice mit einem Telefonieangebot. Bei Bewerbungsgesprächen realisieren die Bewerber oft nicht, worum es wirklich geht, daher müssen sie sich am Telefon erst zwei bis drei Tage alles anhören und anschauen, um zu wissen, welche Gespräche auf sie zukommen. Denn sie sind keine reine Bestellannahme, sondern müssen Fragen zum Produkt kompetent beantworten können. Auf diese Anforderungen müssen die Agents gut vorbereitet sein.

Wir achten auf ein gutes Arbeitsklima im Call Center und können eine vergleichsweise niedrige Fluktuationsrate vorzeigen. Mit verschiedenen Teilzeitmodellen bieten wir flexible Arbeitszeiten, so dass sich für die Mitarbeiterinnen Beruf und Familie gut unter einen Hut bringen lassen. Ihre Schichten können sich die Mitarbeiter selbst zusammenstellen.

Beratung, Beratung, Beratung

Echte »Kundennähe« entsteht nur dort, wo ein persönlicher Kontakt zwischen Mitarbeitern und Kunden hergestellt wird. Und damit dieser Kontakt auch ein positives Gefühl hinterlässt, müssen bestimmte Regeln eingehalten werden, z. B. Offenheit, Ehrlichkeit, aber auch Empfänglichkeit für die Bedürfnisse des anderen (passive Offenheit). Vor allem eine gute Beratung – sei es im Verkauf oder im Service – steuert damit viel zur so genannten Kundennähe bei. Denn hier kann der Kunde ganz unmittelbar erfahren, dass Mitarbeiter ihm bei seinem Problem helfen.

Etwas wirklich Besonderes bieten Sie Ihrem Kunden mit einer kostenlosen Zusatzberatung. Also einem Beratungsservice, der nicht unmittelbar etwas mit dem Kauf und der Benutzung Ihrer Produkte zu tun hat. Denn dann gewinnt der Kunde das Gefühl, dass Sie ihm nicht um seines Geldes, sondern um seiner selbst willen weiterhelfen.

Sicher lässt sich eine solche Beratung nicht in allen Branchen durchführen. Wenn Sie Software oder Hardware vertreiben, werden Sie schon für den Support langfristig Geld verlangen müssen. Aber es muss ja nicht unbedingt eine sehr umfangreiche individuelle Beratung zu komplexen Problemen sein. Schon mit kleineren Extraservices wie einem kleinen Ratgebertool auf den Websites des Unternehmens kann man dem Kunden einen echten Mehrwert bieten. Natürlich sollte die Beratung innerhalb der Kernkompetenzen des Unternehmens liegen – sonst wirkt das Ganze nicht glaubwürdig. Außerdem gilt es Synergieeffekte zu nutzen und im Zuge der Beratung dem Kunden auch Produktangebote zu machen, wenn dies sinnvoll erscheint.

Wissenschaftliche Aufklärung und Expertenkompetenz

Wir bieten unseren Kunden eine individuelle, kostenlose Beratung rund um alle Fragen des Intimlebens an. Diese Sexualberatung hat eine sehr lange Tradition bei Beate Uhse, hatte doch der Versand mit einem Beratungsprodukt zur Verhütung begonnen. In der Folge war die Aufklärung ein wichtiger Zweig des Unternehmens, auf den wir immer hohen Wert gelegt haben. Dieses

Beratungsangebot wurde immer sehr gut genutzt – denn die Kunden hatten in unsere Kompetenz und Seriosität großes Vertrauen. Somit ist die Beratung eines der wichtigsten Kundenbindungsinstrumente geworden. Und sie ist ein ganz wichtiger Erfolgsfaktor für den Markenaufbau.

In den Anfängen der Firma gab es enormen Aufklärungsbedarf. Täglich schrieben mehrere -zig Kunden an mich und fragten Dinge wie: »Kommt das Baby aus dem Bauchnabel?« oder »Bekommt man vom Küssen ein Kind?« Solange das Unternehmen klein war, konnte ich noch mit persönlich gehaltenen Schreiben auf jede einzelne Anfrage reagieren. Dazu wälzte ich Aufklärungsbücher in der Bibliothek und gab mir Mühe, zu jedem Problem eine Lösung anzubieten. Manchmal war dies inhaltlich nicht schwer, aber es musste immer der richtige Stil, die richtige Ansprache getroffen werden.

Lange konnte ich diese Aufgabe natürlich nicht mehr allein bewältigen, und so holte ich einen Mediziner zur Unterstützung ins Haus, Herrn Rath, und stellte ihm eine Schreibkraft zur Seite. Unterschrieben habe ich die zahlreichen Antworten aber im Sinne der CI immer selbst. Aus Gründen der Rationalisierung wurden bald Musterbriefe entworfen bzw. Textbausteine eingesetzt. Bis heute wird dieser Beratungsservice verlangt. Daher bieten wir auch im Internet eine Möglichkeit an, per E-Mail Fragen an ein Sexualberaterteam zu richten.

Über die persönliche Beratung hinaus fanden sich in den Beate-Uhse-Katalogen bis in die 90er Jahre hinein stets ausführliche redaktionelle Abschnitte zu wichtigen und aktuellen Fragen der Sexualität. Sie wirkten wie wissenschaftliche Facherläuterungen, waren oft untermauert durch Grafiken oder Statistiken. Oder es handelte sich einfach um Statements von Fachleuten. Im Katalog ist dies aus Kostengründen heute nicht mehr möglich, aber dafür finden sich auf den kostenlosen Content-Websites »Sexpark« der Beate-Uhse.de entsprechende Rubriken.

Beispiel: Fachliche Aufklärung

Zusatznutzen Aufklärung: Durch sachliche Beratung in den Katalogen, später im Internet, wird dem Erotikkunden Sicherheit vermittelt – und das Angebot wird so zur echten Problemlösung. Auch die Wissenschaftlichkeit wurde immer wieder betont.

156

Machen Sie mehr als das Übliche

Im Versand sind darüber hinaus einige weitere Kundenbindungsmaßnahmen zum Standard geworden, z. B. der Eilservice, der eine
24-Stunden-Lieferung garantiert; für einen Aufschlag von DM 10
verlässt die Ware noch am selben Tag das Haus. Die E-Mail-Eilbe-
stellungen werden einmal in der Nacht eingespielt und laufen dann
wie der 24-Stunden-Service des Katalogs. Außerdem gibt es regel-
mäßige Verlosungen und Gewinnspiele. Daneben haben wir im
Versand die üblichen werblichen Anreizsysteme: Der Kunde
bekommt bei rascher Bestellung ein Incentive, die Lieferung ab DM
200 ist versandkostenfrei, ab DM 100 liegt der Bestellung ein Gra-
tisvideo bei etc. Und schließlich gibt es Mailings mit einem kleinen
Geschenk zu besonderen Anlässen wie Geburtstag oder Hochzeit.
   Was die Kunden aber wirklich begeistert, sind persönliche Briefe
mit der Unterschrift von Beate Uhse. Viele Kunden bitten mich um
einen Gruß oder eine Gratulation zu Geburtstagen und vor allem zu
Hochzeiten, entweder von Freunden oder der eigenen. Und wir
schreiben dann auch einen entsprechenden Brief und legen ein
kleines Geschenk dazu, allerdings nicht aus dem Erotikbereich.
Das machen wir natürlich nur auf Anfrage, aber gerade solche
Gefälligkeiten gehören eben auch zur Personality-PR. In diesem
Zusammenhang seien auch die Autogrammkarten erwähnt, um
die mich Kunden wie Nichtkunden immer wieder bitten.
   Ein weiterer Eckpunkt unserer Extraleistungen, bei dem die persönliche Beziehung zum Kunden eine Rolle spielt, ist die 100-pro-
zentige Geld-zurück-Garantie, die von den Kunden regelmäßig in
Anspruch genommen wird. Diese Garantie führten wir nach unseren ersten Fortbildungen in den USA zum Direktmarketing 1961
ein – lange vor großen Versandhäusern wie Neckermann. Hier
funktionierte das Rückgaberecht damals noch auf Kulanz. Wir
machten die Kunden explizit auf die Geld-zurück-Garantie aufmerksam. Sie wurde auch in unser Leitbild aufgenommen. Es sorgt
einfach für tiefes Vertrauen, wenn der Kunde weiß, das Unternehmen nimmt die bestellte Ware bei Nichtgefallen zurück. Das Entscheidende: Beate Uhse selbst garantiert dafür, wieder mit ihrer
Unterschrift. Wie auch für die Einhaltung der weiteren Garantien:

»Kauf ohne Risiko«, »Kundenrechte«, »absolute Diskretion« – darunter steht immer der Name Beate Uhse.

Im Folgenden Beispiele, wie wir die Geld-zurück-Garantie und andere Garantieleistungen in unserem Katalog ausgeflaggt haben.

Garantien und persönliche Empfehlungen binden Kunden

Der Pearl-Vibrator bietet Ihnen wohlige, stimulierende Gefühle in sehr konzentrierter Form und zusätzliche Reize, die Ihr schönstes Vergnügen noch genußvoller machen. Diesen Vibrator kann ich Ihnen besonders empfehlen.

Ihre

Beate Uhse

Das umfassende Garantie-Angebot: ganz im Zeichen der Sicherheit für den Erotikkäufer. Die Verbindung zur Personality-PR: persönliche Empfehlungen von Beate Uhse

Nutzen Sie persönliche Empfehlungen

Was wir im Umgang mit unseren Kunden immer wieder bemerken: Sie schenken Beate Uhse ein enormes Vertrauen. Dies zeigt sich z. B. in der Tatsache, dass viele Kunden bei Bestellungen immer noch Bargeld schicken. Oder darin, dass uns nach dem Fall der Mauer unzählige Angebote zur Zusammenarbeit erreichten, ob im Rahmen von Shops oder sonstiger Mitarbeit. Und ein Vertrauensbeweis sind die vielen Briefe an »Beate Uhse persönlich«, die uns täglich erreichen. Diese Briefe haben fast immer ausschließlich einen persönlichen Anlass. Kunden schicken Bilder ihrer Kinder oder von sich und ihrem Partner und schreiben dazu ein paar Dankesworte. Besonders viele persönlich gehaltene Kundenbriefe erreichten uns in den Jahren 1990/1991 aus den fünf neuen Ländern. (Die Kehrseite der Personality-PR ist, dass manche dann aber auch mit Beate Uhse sprechen wollen, nur weil sie einen Katalog möchten.)

Die reizendste Geste war jedoch die Zusendung eines Fotos mit einem Kleinkind darauf. Die Eltern schrieben dem Sinn nach Folgendes dazu: »Liebe Beate, nicht immer ist ein geplatztes Kondom erwünscht. In meinem Fall jedoch hat es mir das Leben geschenkt. Dafür sind dir meine Eltern sehr dankbar.«

Beispiel: Kundenschreiben

Kunden empfehlen Beate Uhse – aus einem Katalog von 1989

Nun ist das geplatzte Kondom ja nicht gerade ein schlagendes Verkaufsargument für ein Unternehmen, das diese Artikel selbst verkauft. Aber im Laufe der Jahre haben wir unzählige Dankesbriefe erhalten, die das bewiesene Vertrauen der Kunden auch sachlich begründeten. Solche Anerkennungsschreiben sollte man als Empfehlungen nutzen, selbstverständlich anonymisiert und nur in Auszügen. Aber eigentlich gibt es keine bessere Werbung als ein überzeugtes Dankesschreiben eines glücklichen Kunden. Sie verweisen auf den Erfolg des Unternehmens, dienen als soziale Legitimation und als Motivation für noch unentschlossene Käufer. Die Botschaft ist dabei so einfach: »Seht her, wenn Kunden so schreiben, dann kannst auch du beruhigt beim Versandhaus Beate Uhse bestellen.« Sie nehmen dem Kunden also die Schwellenangst, weil sie beweisen: Viele andere bestellen auch. Auf die Anerkennungsbroschüre habe ich schon verwiesen (Seite 45). Auch in unseren Katalogen druckten wir immer Empfehlungsschreiben von Kunden ab.

Kunden binden im Corporate Design: die Sammler-Aktie

Eine Kundenbindungsmaßnahme, die einer an der Börse gehandelten AG vorbehalten bleibt, sei noch erwähnt: Die Ausgabe effektiver Stückaktien und deren Verkauf als Sammlerobjekte.

Dank der Globalverbriefung muss ein Unternehmen heute eigentlich keine physischen Aktien mehr herstellen, wenn es an die Börse geht. Viele Unternehmen verzichten darauf, ihre Wertpapiere drucken zu lassen, um Kosten zu sparen. Dank der Digitalisierung der Geld- und Bankgeschäfte genügt es, eine Globalurkunde bei der Börse zu hinterlegen; die Aktien selbst bleiben virtuell, der Handel läuft nur noch elektronisch, nicht mehr physisch ab.

Wir haben uns gegen diesen Trend entschieden und eine begrenzte Anzahl von Beate-Uhse-Aktien drucken lassen. Denn es gibt gute Gründe für die Ausgabe effektiver Stücke, die den Kostenaufwand wieder wettmachen:

- Aktien sind repräsentativ und stellen ein besonderes Dokument dar, das unmittelbar mit dem Unternehmenswert verknüpft ist.
- Eine gut gestaltete Aktie im Corporate Design fördert das Image eines Unternehmens.
- Wenn Mitarbeiter Aktien erhalten, unterstützt eine physische Aktie noch stärker den Corporate-Identity-Gedanken.
- »Echte« Aktien sind begehrte Sammlerobjekte. Unter den Kleinaktionären befinden sich in der Regel immer auch eine Reihe von Fans und Kunden.

Und gerade für uns war die physische Aktie natürlich sehr wichtig – denn was ist von einem Erotik-Unternehmen zu halten, dessen Aktien man nicht einmal anfassen kann?

Das Wertpapier wurde in Zusammenarbeit zwischen unserem Werbegrafikteam, dem der Beate-Uhse-Stil vertraut ist, und einer darauf spezialisierten Druckerei erstellt, denn bei der Aktiengestaltung und dem Druck sind aus Sicherheitsgründen eine Reihe von Vorgaben zu beachten. Es dürfen nur wenige CI-Elemente aufgenommen werden, ein Wasserzeichen ist Pflicht, die Aktie muss auf Hadern oder Baumwollpapier gedruckt werden. Das Erscheinungsbild einer Aktie wird vor allem durch verschlungene grafische Elemente, die so genannten Guillochen bestimmt. Sie müssen geometrisch sein und sich schneiden, dürfen aber kein Raster bilden und lassen sich nur in einem speziellen Druckverfahren erzeugen. Trotzdem sollte natürlich eine Beate-Uhse-Bildwelt auf der Aktie zu finden sein. Ein einfaches Symbol, das zu uns passt, war die Lösung: Herzen, die in einer Reihe den oberen und unteren Rand des Papiers zieren. Botschaft: »Hier geht es um Liebe.«

Die Verwendung von CI-Elementen ist entsprechend beschränkt. Ein Muss ist natürlich der Firmenschriftzug. Unser Schriftlogo prangt links oben und sticht durch seine Farbe hervor. Der Prägestempel rechts unten macht den Namen Beate Uhse »fühlbar«, selbstverständlich in der gleichen Type. Blickfang sind die zwei hübschen Frauen in roter sexy Wäsche. Sie machen die Aktie unverwechselbar und verdeutlichen, wofür

Beate Uhse steht. Der längere Hingucker ist die liegende Schöne, die ganz ohne Hüllen und abgesoftet die Aktie über ihre ganze Breite ziert. Das Model vermittelt zurückhaltende Erotik. Die Beschränkung auf zwei Farben, mit Rot als Signalfarbe, gibt der Aktie einen hochwertigen Anstrich. Was man nur unter der Lupe sehen kann: Der Strich für die Kontrollunterschrift besteht aus einem Mikroschriftzug mit dem Text »Beate Uhse für Lust und Liebe«. Und als weiteres Sicherheitsmerkmal sind unter der Stückzahl, sichtbar nur unter UV-Bestrahlung, zwei Damen versteckt.

Die öffentliche Nachfrage war enorm. Wir produzierten zunächst 100 000 Stück, davon 95 000 zum Nennwert von 1 Euro, 5000 zum Nennwert von 5 Euro. Bald darauf mussten wir 40 000 Stück nachdrucken, so begehrt war die Aktie. Einzelne gerahmte Aktien sind in unseren Läden erhältlich; sie werden besonders gerne zur Hochzeit oder zum Geburtstag verschenkt. Nach dem Börsengang illustrierte die Aktie zahlreiche Presseberichte; sie wird immer wieder angefordert, wenn über die Beate Uhse AG berichtet wird.

Vergessen Sie die Gefühle nicht

Wo liegen die Stärken der Marke Beate Uhse? Warum man eine Marke mit Emotionen und Wertvorstellungen aufwerten muss. Welche Gefühle wir angesprochen haben und heute ansprechen. Wie man seinen Kunden ein positives Kauferlebnis vermittelt. Wie wir neue Zielgruppen ansprechen.

Werbung nur mit Po und Busen?

Welche Marken sind erfolgreich?

An Mode- oder Automarken lässt sich markenbewusstes Kaufverhalten besonders gut erklären. Wer eine Levi's oder einen Mercedes kauft, ist in der Regel bereit, für sein Produkt relativ viel Geld auszugeben; das Image zählt mehr als der Nutzen oder das Preis-/Leistungsverhältnis. Das ist die Markenprämie – der Verbraucher ist bereit, für »seine« Marke mehr Geld auszugeben als für ein vergleichbares Produkt des Wettbewerbs. Neben den Imagemarken gibt es die preisgünstigen Marken. Auf dem Konsumgütermarkt sind gerade in den letzten Jahrzehnten einige Handelsmarken erfolgreich, z. B. Aldi, Hennes & Mauritz, Fielmann oder Ikea, die sich im Rahmen sehr stringenter Markenkonzepte und über ein aggressives Pricing ihren Markt erobert haben.

Auch Eigenmarken sind für eine Handelsmarke ein Plus. Viele der großen internationalen Filialmarken setzen mit Erfolg auf eigene Labels. So konzentriert sich eine der erfolgreichsten Einzelhandelsmarken der Welt, Marks & Spencer, auf eine einzige Eigenmarke im Mode- und im Lebensmittelsegment: Jedes Produkt ist mit dem Label »Marks & Spencer« versehen. Dieser Filialist aus Großbritannien dürfte im Einzelhandel übrigens mit einem Börsenwert von über 20 Milliarden US-Dollar als der weltweit stärkste Markenführer gelten; übertroffen nur noch von Wal-Mart mit rund 60 Milliarden US-Dollar. Besonders starke Handelsmarken machen uns zudem vor, wie wichtig die Durchdringung internationaler Märkte ist. Hinzu kommt, dass viele bekannte Handelsmarken in ihrem Bereich die ersten gewesen sind: Fielmann war die erste deutschlandweite Optikerkette und bot als Novität eine Riesenauswahl an Kassengestellen an. Hennes & Mauritz brachte erstmals Designerlook zum Billigpreis auf den Markt. Bei vielen dieser Marken ist eine klare Konzeption zu erkennen. Und all diese Markenführer zeichnet Schnelligkeit, Innovationsfreude, eine dauerhafte Konzentration auf Kernstrategien sowie hohe Flexibilität aus.

Welche Rolle spielen Emotionen?
Auf hart umkämpften Märkten genügen rationale Argumente nicht mehr, eine Marke aufzubauen. Man muss den Kunden durch emotionale Inhalte an die Marke binden. Das Kaufen soll nicht nur sinnlich erfahrbar sein (durch Sehen, Hören, Fühlen, Riechen), sondern zunehmend ein psychologisches Erleben versprechen – und das geht nicht ohne eine Strategie, die Gefühle anspricht.

Begriffe wie »Lieblingseis« oder »Angeberauto« und Aussagen wie »*meine* Marke ist…« beweisen, dass sich Marken offensichtlich sehr erfolgreich mit Emotionen besetzen lassen. Man mag zweifeln, ob ein Kunde ein Unternehmen wirklich lieben kann. Aber Produkte werden viel häufiger gefühlsmäßig angenommen oder aus irrationalen Gründen abgelehnt, als die Käufer es selbst vermuten würden. Warum werden denn in der Werbung immer öfter Lebensgefühle wie »Coolness«, »Fitness« oder »Unabhängigkeit« versprochen? Weil sie ein emotionales Kauferlebnis ermöglichen.

Ausgeklügelte Marketingstrategien wollen immer ein einzigartiges Kauf-*Erlebnis* vermitteln. Nehmen Sie Aldi und seine einmaligen Billigangebote, die immer an zwei bestimmten Wochentagen geliefert werden und nur zu diesem Zeitpunkt erhältlich sind. Wenn der Handelsriese Computer anbietet, stehen die Schnäppchenjäger schon Stunden, bevor der Laden öffnet, Schlange vor der Türe. Und dann beginnt ein Run auf die Produkte, was kaum etwas mit dem Preis zu tun hat – denn die meisten Käufer stellen gar keinen Preisvergleich an. Es geht nur darum, schneller zu sein als die anderen und die Beute nach Hause zu bringen. Was ist hier im Spiel, etwa vernünftige Kaufargumente? Nein, diese Strategie setzt nur auf den Jagdtrieb (der sich aus einer Art Macht- und Selbsterhaltungstrieb zusammensetzt). Hier werden sogar Urgefühle ange-sprochen, die im limbischen System, dem ältesten Gehirnteil des Menschen, angesiedelt sind. Nicht von ungefähr nennt man diesen Teil des Gehirns auch Krokodilsgehirn. Ähnlich ist es mit Gefühlen bzw. Bedürfnissen wie Liebe, Sicherheit (Balance) und dem Spiel- und Entdeckungstrieb (Stimulanz). Diese Uremotionen stecken wie das Machtstreben in jedem Menschen, nur zu jeweils unterschied-lichen Anteilen (nach Häusl: »Think Limbic«).

Wie können sich Kunden mit einem Produkt identifizieren?

Eine Marke unverwechselbar zu machen ist Aufgabe der Image-werbung. Doch wie soll dieses Image aussehen? Genügt es, wenn in der Werbung mit dem Produkt immer besonders schöne, besonders dynamische oder besonders sexy aussehende Men-schen gezeigt werden? Nach der Ansicht von Markenexperten nicht. Heute baut man eine Marke nicht mehr nur noch dadurch auf, indem man ihr ein sympathisches oder optisch ansprechen-des Image verpasst – denn das kann man in der Werbung mit jedem Produkt machen. Solche »Imagekosmetik« wirkt schnell aufgesetzt. Das heißt: Es müssen in der Werbung auch Gefühle und Bedürfnisse angesprochen werden, damit der Kunde sich identifizieren kann mit dem Produkt.

Viel wirksamer ist Markenwerbung, die auf die Zugehörigkeit zu einer bestimmten Gesellschaftsgruppe oder sozialen Schicht setzt. Auch hier werden Gefühle angesprochen wie Stolz, Angst, Neid, Sicherheitsbedürfnis, Dominanzstreben und die Sehnsucht dazuzugehören – im Visier hat man vor allem das Selbstwertge-fühl der Verbraucher. Nicht nur Emotionen und die Suche nach einer Identität beeinflussen damit das Kaufverhalten, sondern auch gesellschaftliche Verhaltensregeln und Ideale. Denn aus dem Zwang oder Drang, gesellschaftliche Werte zu erfüllen oder den gesellschaftlichen Normen zu entsprechen, können wiede-rum diese Gefühle der Minderwertigkeit, der Sehnsucht, des Stolzes etc. entstehen. Im Marketing bzw. der Werbung werden diese verschiedenen Aspekte – Gefühle und Normen – geschickt miteinander verknüpft. Dazu einige Beispiele.

Beispiele

Die Kampagne »Mehrweg statt Einweg« beansprucht die Verhaltensregel, umweltbewusst zu leben – und appelliert damit an das schlechte Gewissen der Käufer. Ebenso nutzt jede Vermarktung von »Bio«-Produkten das Verantwortungsgefühl der Verbraucher gegenüber der Umwelt, aber auch gegenüber der eigenen Gesundheit.

Zahlreiche Werbungen für Waschmittel, Haushaltsreiniger oder Lebensmittel sprechen soziale Ideale und damit verknüpfte individuelle Schuld- und Stolzgefühle bei Hausfrauen und Müttern an. Etwa, indem sie vorgeben, dass man durch die richtige Produktwahl für seine Familie das Beste tut. Dann wird man auch als die beste aller Mütter oder Hausfrauen (oder der beste aller Väter, Hausmänner oder Ernährer) geliebt.

Luxusmarken zielen auf die Selbstaufwertung oder -darstellung ihrer Besitzer: Auf einen Mercedes kann man stolz sein – steht die Marke doch für einen Menschen, der es zu etwas gebracht hat. Hier kommen die »Karriereethik« und Arbeitsnormen unserer Gesellschaft zum Tragen.

Nun werden Sie sagen: Na, mit Sex spricht man ja eindeutig eines an: die Lust, den Entdeckertrieb, wenn Sie so wollen, den Sexualtrieb. Was braucht es da sonst noch für emotionale Angebote? Genügt es denn nicht, wenn Werbung von Beate Uhse einfach viele Busen und Pos zeigt?

Natürlich erwartet der Kunde im Katalog von Beate Uhse Bilder mit hübschen Frauen, in reizender Wäsche oder auch ganz hüllenlos. Er will Anreize finden, er will schon beim Blättern etwas Spaß haben. Er bekommt also einiges zu sehen. Hält der Kunde unseren Katalog das erste Mal in der Hand, ist die Lust vielleicht noch ausschlaggebend für die Kaufentscheidung. Und da achtet der Kunde vielleicht nicht so sehr darauf, was sonst noch im Katalog steht. Aber im Grunde nutzt sich das ab. Und im Grunde findet er das bei anderen Anbietern ja auch. Der Sex-Besteller hat neben der Lusterfüllung noch ganz andere Bedürfnisse. Wie schon angesprochen wurde, unterliegt Sexualität ja sehr unterschiedlichen gesellschaftlichen Normen, ist aber auch von sehr individuellen Werten geprägt. Nur ein Beispiel: Den

Eltern würde man vielleicht nicht unbedingt auf die Nase binden, dass man bei Beate Uhse bestellt oder dass man im Sexnet lustvolle Chats führt. Mit einem Fremden im Netz, der das Gleiche möchte, würde man vielleicht gerne über Sex reden. Aber das muss wiederum ganz im privaten Bereich bleiben.

Welche Gefühle zählen für den Sex-Käufer?

Die Ost-Zigarettenmarke *F6* schenkte den Ostdeutschen ihr Selbstwertgefühl zurück, die Reinigungsserie *Frosch* beruhigt unser Umweltgewissen, *Mercedes* vermittelt weltweit erfolgreich die Vorstellung von »Prestige« – aber Beate Uhse? Was könnte unsere Sex-Marke für positive Werte und Gefühle vermitteln?

Aus dem oben Gesagten ergibt sich, dass man den – ich möchte es einmal so nennen – »psychologischen« Nutzen unserer Marke findet, wenn man fragt nach

- den bestehenden Normen: Welche Konventionen, Tabus, Ideale bestehen in der Gesellschaft im Bereich der Erotik? Was bewirken sie?
- den individuellen emotionalen Bedürfnissen: Welche Wünsche und Sehnsüchte haben die Käufer auf diesem Markt? Was brauchen sie? Welche positiven Gefühle sind für die Kunden beim Kauf wichtig? Welche Ängste, Vorbehalte, Hemmungen haben die Kunden?

Sicher haben sich im Sexgeschäft wie in keinem anderen Business die bestimmenden Normen und Wertvorstellungen, aber auch die individuellen Einstellungen in den letzten drei Jahrzehnten stark gewandelt. Bestimmte Bedürfnisse beim Kunden sind aber auch unverändert geblieben. Das Gefühl, zu einer Gemeinschaft zu gehören, ist z. B. sehr wichtig.

Ich greife hier noch einmal den Faden des Kapitels »Verkaufen Sie Werte« (Seite 121) auf und möchte anhand einiger Beispiele zeigen, mit welchen Gefühlen und Werten die Marke Beate Uhse aufgeladen wird und auf welch unterschiedliche Weise diese Aspekte in der Werbung angesprochen wurden und werden. Betrachten wir zunächst, welche Normen und Bedürfnisse hier eine Rolle spielen.

Weg mit den Tabus – Intimkauf ohne jede Peinlichkeit

Wir konnten im Markt nur Fuß fassen, weil wir intuitiv die richtige Gefühlsstrategie fuhren. In den 50er und 60er Jahren waren strikte Normen und die daraus resultierenden negativen Kundengefühle der Ansatzpunkt. Die Sexbranche war eine Tabubranche:

- »Über Sexualität spricht man nicht!« Sexualität war in der Öffentlichkeit weitestgehend tabuisiert. In der Schule gab es keinen Aufklärungsunterricht, die individuelle Aufklärung wurde in den meisten Fällen sehr vernachlässigt.
- »Erotik ist verboten!« Die Darstellung von Sexualität unterlag wie Geschlechtsverkehr außerhalb der Ehe dem Verbot des Unzuchtsparagraphen 184 Ziffer 1 StGB.
- »Sexualität darf keinen Spaß machen.« Ein erfülltes Sexualleben stellte keinen Wert in der Partnerschaft dar, prüde Vorstellungen beherrschten die Privatsphäre, Partnerschaften verliefen noch sehr rollenbetont. Gesellschaftliche Normen standen dem Ausleben der Lust entgegen: Ordnung, Sittlichkeit, Fleiß, Moral. Somit waren auch jegliche Erotikartikel verpönt.
- »Hüte dich vor Verfehlungen.« Die katholische Kirche übte als machtvolle Institution offenen Druck auf ihre Mitglieder aus: Alles was von Beate Uhse kam, wurde als »Beihilfe zur Unzucht« gebrandmarkt, war reine Sünde.
- »Pass bloß auf!« Man unterlag generell einer größeren sozialen Kontrolle als heute, zumindest in Gesellschaftsgruppen wie dem Arbeitermilieu und dem Kleinbürgertum sowie in ländlichen Regionen, wo die Großfamilie vorherrschte. Alle drei Gesellschaftsgruppen bzw. sozialen Systeme spielen heute keine beherrschende Rolle mehr.

Jeder unserer Kunden war jedenfalls in irgendeiner Weise berührt von diesen Normen und mit den lustfeindlichen gesellschaftlichen Konventionen konfrontiert. Wer sich nicht konform verhielt, dem drohten Sanktionen.

Die Gefühle, die bei den Kunden in Sachen Sexualität vorherrschten, waren damit geprägt von

- Unsicherheit, Angst,
- evtl. defizitären Gefühlen/Komplexen,
- Schuldgefühlen (sich und anderen gegenüber),
- peinlichen Gefühlen/Scham.

In den ersten Jahren war es oberstes Gebot, diese Vorbehalte aufzufangen, denn wir wollten die Gefühle des Kunden nicht verletzen. Gleichwohl mussten wir die Tabus aufbrechen, damit wir die Defizite beseitigen konnten. Wir mussten die Hürden, die den Kunden an einem Kauf in einem Erotikunternehmen hinderten, abbauen. Dass der Einkauf bei einem Erotikunternehmen viel Überwindung kostete, konnte ich aus der Kundenkorrespondenz schließen, in der deutlich ein Gefühl der Erleichterung spürbar war, wenn sich die Kunden zu dem Schritt einmal entschlossen hatten und bei uns auf ein offenes Ohr stießen.

Wir mussten dem Kunden also:

- Sicherheit vermitteln,
- ihn aufbauen und dabei seine Scham respektieren,
- ihn von seinen Schuldgefühlen befreien,
- ihn aus der vermeintlich peinlichen Situation befreien.

Aber das war und ist natürlich nicht alles: Jeder Beate-Uhse-Kunde wollte und will in erster Linie ein erfülltes Sexualleben. Er kommt zu uns, weil er sich von unseren Produkten einen Lustgewinn verspricht. Und das war auch früher der Antrieb, zu uns zu kommen, wenn auch die Wünsche mangels Aufklärung vielleicht nicht so klar waren. Es herrschte natürlich bei vielen Unwissen und Unsicherheit – aber gewiss war es immer das Gefühl der Unbefriedigtheit oder Unerfülltheit im sexuellen Erleben, das den Kunden zu uns führte. Das wird sich im Grunde auch nie ändern! Das ist das Basisbedürfnis unserer Zielgruppe. Heute wissen die Kunden nur besser, was ihnen fehlt, und sie können dies offener aussprechen als früher. Heute ist aber auch mehr erlaubt, vieles zur Normalität geworden – und die Angebote für speziellere Vorlieben werden deutlich mehr nachgefragt. Und nicht zuletzt hat Sex auch immer etwas mit Eroberung zu tun, mit Unterwerfung und Macht, mit Dominanzstreben – und mit Spiel. Auch dies sind sozusagen uralte Gefühle, die wir mit unseren Contents ansprechen. Selbstverständlich hat sich die Art der werblichen Verpackung im Laufe der Zeit an die Sitten angepasst. Auch die Einstellungen zur Sexualität veränderten sich ja. Wurde anfangs die Aufklärung betont, so rückte später der Lustfaktor immer stärker in den Vordergrund.

Ich möchte an einigen Beispielen zeigen, wie wir in der Werbung die oben genannten Aspekte aufgegriffen und wie sich die Schwerpunkte verschoben haben.

Lustvoll ohne schlechtes Gewissen – die Gefühlsstrategien von Beate Uhse

Wenn wir über Werbemaßnahmen und über PR mit den Beziehungsgruppen einer Gesellschaft kommunizieren, muss das Ziel weiterhin das bleiben, was Beate Uhse schon immer verkörpert hat: Offenheit, Qualität und eine Identifikationsmöglichkeit für alle Menschen.

Dirk Riedel, Vorstandsmitglied

»Je stärker ein Produkt mit einem Tabu behaftet ist, desto mehr Markterfolg kann aus der Enttabuisierung resultieren.« So schreiben Buchholz/Wördemann in ihrem Buch über Siegermarken (Econ, München 1999). Das kann ich unterschreiben. Beate Uhse hat in der Werbung versucht, die aus Tabus resultierenden negativen Gefühle beim Kunden abzubauen. Das heißt, das übergeordnete Ziel war zunächst: Vertrauen aufzubauen. Und langfristig dieses Vertrauen immer wieder zu bestätigen. Die Marketingstrategien habe ich 1947 natürlich nicht in einem Strategiepapier festgehalten, aber intuitiv haben wir es wohl einfach richtig gemacht. Im Folgenden unsere wichtigsten »Gefühlsstrategien«.

170

Verständnis zeigen und das Selbstwertgefühl des Kunden aufbauen

Wer nach Aufklärung verlangte oder sich zu seinen erotischen Wünschen bekannte, war bei mir willkommen. Unsere Kunden sollten erfahren, dass ihre Bestellung nichts Anrüchiges hatte. Wir hatten Verständnis für ihre Bedürfnisse, sie waren etwas Natürliches. Erotische Wünsche haben alle! Der Beate-Uhse-Kunde sollte sich als modernen Menschen begreifen, der seine Probleme in einem der wichtigsten Lebensbereiche aktiv angeht. Das konnte ihn mit Stolz erfüllen.

Stil und Ansprache waren in den Werbemitteln daher auch immer sehr persönlich, sensibel, einfühlsam und gleichzeitig sachlich und lobend. Dieser Aspekt ist heute sicher nicht mehr bei allen Kunden wichtig. Aber wenn heute noch Kunden schreiben, dass sie Angst hätten, ihr Glied sei zu kurz, zeigt dies, dass das Intimleben immer von defizitären Gefühlen bedroht sein kann.

Aufklärung und Problemlösung anbieten

Der Kunde erfährt individuelle Hilfe in einem Bereich, in dem ihm sonst niemand hilft. Er wird ernst genommen in seiner Not. Beate Uhse klärt sachlich, seriös und wissenschaftlich auf. Daher waren wie gesagt in den Katalogen bis in die 80er Jahre hinein auch immer aufklärende Texte, Ergebnisse von Studien oder Expertenmeinungen abgedruckt. Die Schwerpunkte der Werbung liegen inzwischen woanders: Heute steht der Lustgewinn eindeutig im Mittelpunkt. Die Problemlösung und Aufklärung spielen aber nach wie vor eine große Rolle.

Sicherheit entscheidet

Das entscheidende Gefühl, das der Erotikkunde braucht und immer brauchen wird, ist die Sicherheit. Daraus ergibt sich das Gebot der absoluten Diskretion. Die Läden garantieren einen diskreten Einkauf. Schon unser zweiter und dritter Laden war als Selbstbedienungsladen aufgebaut. Man konnte sich selbstverständlich beraten lassen, musste es aber nicht. Die Produkte befanden sich in Schütten oder Schauregalen, die übersichtlich angebracht und mit Produktbeschreibungen versehen waren. Der *Stern* beschrieb den Ladenkauf damals so: »Intimkauf ohne jede Peinlichkeit. Vom Betreten bis zum Verlassen eines Uhse-Geschäfts braucht der Kunde den Mund nicht aufzumachen.«

Die Sicherheit wird auch unterstrichen, indem man konkrete faire Verhaltensregeln immer wieder in Werbemitteln explizit macht, wie

- »diskret«,
- »zuverlässig«,
- »Geld-zurück-Garantie«,
- »Erfahrung«,
- »Kompetenz« etc.

Der Erotikkunde wird immer das Gefühl brauchen, dass seine Aufträge diskret erledigt werden und niemand davon etwas erfährt. Für die Kunden wird die Diskretion fassbar durch das neutrale Paket, das wir immer wieder im Katalog abbilden. Und durch die Zusicherung des Datenschutzes, im Versandgeschäft wie im Internet.

Auch Zuverlässigkeit ist ein Wert, der die Kunden hält und ihnen ein sicheres Gefühl vermittelt. Fleiß und Professionalität im Unternehmen führen dazu, dass dieses Versprechen auch eingehalten wird. Auch die Erfahrung unserer Mitarbeiter, die Kompetenz steht im Dienste der Sicherheit. Und die Geld-zurück-Garantie schafft zusätzlich Vertrauen beim Kauf.

Die Legalität unseres Tuns ist ebenfalls eine wichtige Maxime unseres Handelns, vor allem natürlich nach innen vermittelt. Aber auch für den Kunden kann die rechtliche Sicherheit eine Rolle spielen, wenn er ängstlich ist und sich beim Einkauf in einem Sex-Laden unsicher fühlt. Wir betonen, dass wir uns stets an die geltenden Gesetze halten. Sicherheit wird aber auch ausgestrahlt durch den Erfolg und die Größe des Unternehmens, durch einen hohen Bekanntheitsgrad, durch die Marke (siehe unten).

Ein höheres Recht vertreten, hier: Freiheit
Reicht es, wenn Beate Uhse ihrem Kunden zusichert: Es ist in Ordnung, dass du hier einkaufst, du hast das Recht dazu und musst

dich nicht schlecht fühlen deswegen? Viel wirksamer ist es, wenn sich sein Bedürfnis aus einer sozialen Norm heraus legitimiert.

Das haben wir dem Kunden bewiesen. Denn Sexualität ist ein Bereich, der dem Recht auf freie Entfaltung der Persönlichkeit zuzuordnen ist. Und dieses Recht ist unmittelbar in Artikel 2 Abs. 2 des Grundgesetzes niedergelegt, also in einer Verfassungsnorm, die im Wertesystem unserer Gesellschaft ganz oben steht. Somit darf jeder selbst bestimmen, was ihm – im Rahmen des im Rechtssystem Erlaubten – gefällt. In unserem Leitbild 1967 griffen wir dieses Recht auf; und auch in den Werbemitteln brachte ich immer wieder den Schlüsselbegriff »Freiheit« ins Spiel. Der Wert der »Freiheit« hat nur scheinbar an Relevanz verloren, natürlich ist seit der Liberalisierung 1975 die sexuelle Verwirklichung kein gesellschaftliches Problem mehr. Dennoch hat sich dieser Grundsatz für uns nicht »erledigt«. Denn wo mehr Freiheit herrscht, werden auch wieder neue Grenzen gesucht. Und die Freiheit des einen erfordert immer die Toleranz der anderen. Der Kunde soll wissen, dass alle seine Wünsche – im Rahmen des Legalen – bei uns tolerant behandelt werden. Nur ein tolerantes Verhalten gegenüber dem Kunden gibt diesem das Gefühl, vollkommen akzeptiert zu sein.

Dem Kunden zeigen: Du gehörst zu einer Gemeinschaft

Wir ließen den Kunden nicht in dem Gefühl, mit seinem Bedürfnis allein auf der Welt zu sein – Tausende andere bestellen schließlich auch. Deshalb nannten wir immer wieder konkrete Zahlen, etwa die Zahl der Adressen, Bestellungen etc. und bildeten die »Community« ab.

Zahlen zeigen zwar, da sind auch andere, die bestellen, aber diese anderen bleiben anonym. Daher war es viel wichtiger, Empfehlungsschreiben in den Katalogen abzudrucken. Hier bekam der andere eine Stimme. Auch die Bilder, z. B. in Katalogen oder in der Imagebroschüre von 1967, sollten beweisen: Hier sind Menschen wie du und ich Kunde. 20% aller Akademiker bestellen bei Beate Uhse! In einer Zeit, wo der Akademiker automatisch einen enormen Status besaß, wollte man natürlich dazugehören. Auch die Unmengen Briefe, die immer wieder abgebildet wurden, zeigen: Viele Menschen bestellen bei Beate Uhse, du gehörst dazu.

In den liberalen Zeiten haben wir den Gemeinschaftscharakter aber auch noch unterstrichen durch:

- Statements, die aus Umfragen resultierten, z. B. »Beate Uhse fragte Frauen: Was verstehen Sie unter einem tollen Liebhaber?« Dazu haben wir einige »repräsentative« Meinungen abgedruckt (Katalog 1989).
- Produkte, an denen Kunden mitgewirkt haben: Das Buch »Beate Uhse-Kunden berichten: Mein aufregendstes Sex-Abenteuer« bestand nur aus Geschichten, die Kunden geschrieben hatten. Wir warben dafür, dass sich die Kunden 100 DM »verdienen« konnten, wenn sie für den nächsten Band eine Geschichte einsandten.
- Angebote mit Clubcharakter: Buchclub, Beate Uhse Filmclub (»das Kino zu Hause«) usw.

Heute erhält der Gemeinschaftsgedanke wieder Bedeutung – im Internet. Chats sind ein wichtiges Segment auf diesem Vertriebsweg.

Beispiel: Der Kunde gehört zu einer Gemeinschaft

Community-Charakter lange vor dem Internet: Kunden werden befragt, Kunden wirken an Produkten mit.

Die Zielgruppe im Blick behalten

Warum ein sympathisches Image wichtig ist

Wann immer Sie nach Gefühlsbotschaften für Ihre Marke suchen: Vergessen Sie nicht zu erforschen, was der Zielgruppe wichtig ist. Sie müssen also überhaupt erst einmal wissen, wer die Zielgruppe ist und welche Bedürfnisse sie hat. Im Kapitel »Machen Sie den Kunden glücklich« wurden schon einige Maßnahmen erwähnt, die ein positives Kauferlebnis vermitteln, ihn an das Unternehmen binden: die Beratung, der Service, perfekte Abläufe etc.

In der Werbung ist vor allem der Transport eines sympathischen Images enorm wichtig für uns. Denn was der Kunde im Erotikbereich kaum wünscht, ist z. B ein sehr cooles oder arrogantes Image. Das haben wir unter anderem an der Wahl von »Miss Beate Uhse« gemerkt. Hierbei konnten wir sehr schön am Erscheinungsbild verschiedener Models, an Pose, Outfit, Styling etc. testen, welcher Typ von Erotik beim Kunden ankommt. Natürlich darf man ein solches Ergebnis nicht überbewerten, noch zumal es bei einer Miss-Wahl doch sehr auf den individuellen Geschmack des Kunden ankommt. Aber das Ergebnis war zumindest ein Anhaltspunkt, der unsere übrigen Beobachtungen gestützt hat. Das hängt auch wieder mit der Tatsache zusammen, dass es der Geschmack des Kunden ist, der entscheidet. Wir können nicht nur top-gestylte Edel-Erotik im Internet verkaufen, wenn dies von vielen nicht gewünscht wird. Und wenn die Beraterin im Shop kühl und überlegen wirkt und nicht sympathisch und einfühlsam, dann geht das an den Bedürfnissen der Zielgruppe einfach vorbei. Insofern müssen wir vieles bedenken, wenn wir neue Strategien für die Positionierung der Marken entwickeln wollen. Beispielsweise ist darüber nachzudenken, ob wir die vorhandenen Kunden nicht ausgrenzen würden, wenn wir Beate Uhse mit mehr Lifestylecharakter ausstatten.

Das sympathische Image zeigt sich unter anderem in den

- freundlichen, persönlich gehaltenen Mailings von Beate Uhse in den Katalogen,

176

- durch die Personality-PR insgesamt, die bereits ausführlich behandelt wurde,
- durch die freundliche Bedienung im Kundenservice, den Läden, dem Chat@Shop etc.

Beispiel: Mailing (1981)

Beate Uhse · Gutenbergstr. 12 · 2390 Flensburg

*Lernen Sie Ihre Einkaufs-
vorteile bei Beate Uhse kennen:
Hier sind sie!*

Liebe Leserin, lieber Leser,

ja, der Einkauf per Post bietet Ihnen viele Vorteile. Bequem zu Hause im Sessel suchen Sie sich das Gewünschte aus. Dann tragen Sie Ihre Wünsche im Bestellschein ein, schicken ihn ab - und Sie werden schnell und diskret beliefert.

Ich garantiere Ihnen persönlich, daß alle Artikel im Katalog wahrheitsgetreu abgebildet und beschrieben sind. Alles ist erprobt und von stets gleichbleibender Qualität.

Sollte ein Artikel nicht Ihren Wünschen entsprechen, können Sie ihn innerhalb einer Woche umtauschen oder zurückgeben. Fügen Sie der Rücksendung unbedingt die Rechnung bei, und schreiben Sie dazu, ob Sie umtauschen wollen, oder ob Sie Ihr Geld zurückhaben möchten.

Abends oder am Wochenende können Sie Ihre Bestellung auch telefonisch unter der Nummer 0461/809-244 aufgeben. Der telefonische Anrufbeantworter nimmt Ihren Anruf entgegen. Machen Sie bitte langsam und deutlich folgende Angaben: voller Name und Adresse mit Postleitzahl, Kundennummer, Artikelmenge, Artikelnummer, Preis, Lieferwunsch. Sie sehen, so einfach und bequem ist es bei Beate Uhse per Post zu bestellen. Nutzen Sie diese Vorteile!

Ich wünsche Ihnen viel Freude beim Durchsehen und Aussuchen. Meine Mitarbeiter und ich freuen uns schon darauf, Ihnen Ihre Wünsche zu erfüllen.

Mit freundlichen Grüßen

(Beate Uhse)

Offen und sympathisch – die Mailings von Beate Uhse in den Katalogen

Wichtig für das sympathische Bild des Unternehmens ist auch die Beate-Uhse-Story, sie macht Kunden zu Verbündeten. In ihr werden ja Werte angesprochen wie Mut, Durchhaltevermögen, Ideenreichtum etc., mit denen sich fast jeder identifizieren kann. Das Bild der »Gründerunternehmerin«, die, auch wenn sie Fliegerin ist, »am Boden bleibt«, ist ein Aspekt, der die Kunden emotional sehr anspricht. Hier entsteht ein Gefühl der Bewunderung, aber gleichzeitig auch der Nähe. Die Geschichte zeigt doch: Jeder kann es schaffen (s. a. Seite 85 ff.).

Wie wichtig ist Tradition?
Tradition und Kontinuität sind Werte, die als positive Markeneigenschaft nicht zu unterschätzen sind. Das mag bei Beate Uhse absurd erscheinen, hatten wir doch früher vor allem konservative Kreise gegen uns. Aber wir verkaufen unsere Produkte zum Beispiel auch in katholischen Ländern, und im katholischen Süddeutschland besser als im Norden. Es geht auch nicht darum, bestimmte Traditionen der Gesellschaft zu übernehmen, sondern eine eigene, positive Firmentradition aufzubauen.

Unsere Tradition gründet sich auf die Geschichte von Beate Uhse bzw. den Pioniermythos und wird seit Jahrzehnten als Erfolgsgeschichte fortgeführt. Tradition bedeutet *Kontinuität* zu zeigen – und das ist ein wesentliches Argument, um alte Kunden zu halten. Die bekannte Beate-Uhse-Geschichte sorgt für Vertrautheit. Daher haben wir sie schon früh in die aktive PR eingebracht. Eine positive Tradition kann auch neuen Kunden Sicherheit vermitteln – sinnvoll ist das aber nur dann, wenn Sicherheit auch ein wichtiger Aspekt für diese neuen Käuferschichten ist.

Sich nur auf Traditionen zu berufen kann aber nicht genügen. Denn sonst ist man, überspitzt gesagt, eines Tages nichts als ein veraltetes Unternehmen, das nur noch ein paar Nostalgiker anspricht. Gleichzeitig muss man zeigen, dass diese Tradition auch heute einen Sinn hat für die Kunden, man muss also die Tradition mit konkreten Werten auffüllen, etwa mit Erfahrung, Sicherheit und Kompetenz. So heißt es in unserer Imagebroschüre von 1998: »Jahrzehntelange Erfahrung und internationale Marktpräsenz des Hauses stellen sicher, dass stets die weltweit attraktivsten und neuesten Produkte zur Verfügung stehen.« Hier betonen wir im gleichen Atemzug, dass wir uns auf diesem Fundament weiterentwickeln und verbessern.

Tradition und Kontinuität stehen wie Zuverlässigkeit und Kompetenz im Dienst eines übergeordneten »Wertes« bzw. Gefühls, der Sicherheit. Und die ist wie oben bereits gesagt sehr wichtig für unsere Kunden.

Ein Unternehmen, das Dominanz ausstrahlt

Hochgesteckte Ziele, permanentes Wachstum, Erfolg, die Position des Style-Leaders im Markt, das Ziele, besser zu sein als die Konkurrenz. All das steht im Zeichen der Stärke der Marke von Beate Uhse. Stark zu sein heißt übrigens nicht zwangsweise groß zu sein; es kann auch bedeuten, flexibel, innovativ und schnell zu sein. Die Stärke der Marke Beate Uhse zeigt sich z. B. durch die Präsenz an vielen Standorten und in vielen Vertriebskanälen. Auch dass wir international agieren (unsere Exportquote hat sich von 4,5 % in 1997 auf 7,4 % in 1999 gesteigert), lässt uns stark erscheinen.

Unser Unternehmen ist anfangs langsam, später immer schneller gewachsen. Was Ende der 40er Jahre mit der Versendung einer Aufklärungsbroschüre begonnen hatte, expandierte durch wachsende Kundenzahlen und durch Firmenakquisitionen: Zum Versandgeschäft kamen zunächst mit dem Stephenson Verlag, der Kosmetikfirma Honema und der Förde-Druckerei Produktionsfirmen hinzu. Ab 1962 begann dann der Aufbau der Sex-Shop-Kette. Mitte der 70er Jahre begannen wir mit einem Filmverleih und mit Ladenkinos, die 20 – 25 Besuchern Platz boten. Sie wurden schließlich durch Filmautomaten und Videokabinen abgelöst. Für den Börsengang im Jahr 1999 waren neben soliden Kennziffern auch der Markenname Garant für Stärke und zukünftiges Wachstum. Seitdem haben wir konsequent unsere internationalen Expansionsbestrebungen fortgeführt und sind mittlerweile in zwölf mittel- und westeuropäischen Ländern mit Lizenznehmern (Versand und Einzelhandel) vertreten. Für einen intensiven Know-how-Transfer haben wir uns eine Beteiligung von knapp 29,4 % am australischen und inzwischen börsennotierten Unternehmen Sharon Austen gesichert, das in der Presse bereits als

»die Beate Uhse Australiens« bezeichnet wurde. (Die wichtigsten Meilensteine unserer Firmenentwicklung können Sie der Chronik im Anhang entnehmen.)

Wenn ein Unternehmen Stärke ausstrahlt, spricht es zunächst sicherheitsbedürftige Menschen an, denn Stärke besagt ja: Hier kannst du dich sicher fühlen, einem starken Partner kannst du vertrauen. Aber es spricht auch all jene an, für die Dominanz an sich ein Identifikationsangebot ist. Wenn Stärke werblich verkauft wird, signalisiert das dem Käufer: Hier bist du mit deinem eigenen Streben nach mehr Stärke gut aufgehoben. Die »dominanzverliebte« Zielgruppe ist ja bekanntlich eine große Zielgruppe bei Beate Uhse, es sind nun einmal hauptsächlich Männer. Aber eigentlich will jeder lieber Kunde bei einem starken und erfolgreichen als bei einem schwachen Unternehmen sein. Natürlich lässt sich darüber streiten, inwiefern »Stärke« ein Wert ist, der alle anspricht. Aber ein Unternehmen, das vorwärts drängt, das sich stark macht, tut das in der Regel auch für seine Kunden. Ein breites Angebot, Schnelligkeit und Professionalität kommen dem Kunden zugute. Was für diese Zielgruppe auch wichtig ist, sind technische Innovationen oder Firmenerweiterungen und Erfolgszahlen. Diese Dinge haben wir ebenfalls in unseren Katalogen thematisiert, vor allem auch in unserer PR.

Für alle da sein – die Anpassungen der Ladenstrategie

Unser Bekanntheitswert liegt mit 98 % in Deutschland enorm hoch. Das ist das eine. Viele der Erwachsenen sind keine Erotikkäufer. Das ist das andere. Eine Marke kann auch nicht allen alles sein. Aber man muss reagieren, wenn man feststellt, dass die Marke noch von zu wenigen Käufergruppen angenommen wird. Im Folgenden soll geschildert werden, wie wir mit einem neuen Konzept im Einzelhandelsvertrieb neue Zielgruppen erreichen wollen. Ein großes Potenzial liegt sicher bei jüngeren und vor allem bei weiblichen Kunden.

Grundentscheidungen: gute Lage, Selbstbedienung und kompetente Beratung

Beim Aufbau der Beate-Uhse-Ladenkette haben wir konsequent die Philosophie umgesetzt, nur in guten Lagen zu eröffnen. Unsere Einzelhandelsgeschäfte befinden sich in großen Städten in 1A- oder 1B-Lagen, häufig in Fußgängerzonen, etwa in München in der Kaufingerstraße, in der City von Düsseldorf oder Rostock – weithin sichtbar durch die großen roten Lettern. Zudem haben wir einen Laden am Frankfurter Flughafen. Im »Rotlichtbezirk«, selbst auf der bekanntesten Meile, der Reeperbahn, sind wir nicht vertreten. Auch die 1979 übernommene Ladenkette Dr. Müller's ist nicht in schlechten oder anrüchigen Lagen zu finden. Durch die exponierten Standorte sind Beate-Uhse-Läden besonders wichtige Imageträger.

Diese Standortstrategie hat verschiedene Gründe:

- Fußgängerzonen sind leicht erreichbar und Publikumsmagneten. Wir wollen dort sein, wo die Kunden sind.
- Hier haben wir am meisten Blickkontakte – und das auch mit Käufern, die bislang noch keine Erotikkunden sind.
- In unserer Imagearbeit haben wir stets den Dialog mit der Gesellschaft gesucht. Der Erotikeinkauf soll nach unserer Vorstellung als Teil des öffentlichen Lebens eine Selbstverständlichkeit werden. Wir wollen uns allen zeigen, und das können wir im Ladenbereich eben am besten in belebten Einkaufsstraßen.
- In einer belebten Einkaufsstraße mag es manchem Kunden leichter fallen, unseren Laden zu betreten. Denn hier fällt der Einzelne weniger auf.

Wir haben uns zum Zweiten immer bemüht, das Image eines gepflegten, seriösen, diskreten und kundenfreundlichen Erotikgeschäfts zu transportieren. Mit einer unaufdringlichen Atmosphäre, Selbstbedienung, einem kompetenten Service wollen wir unserem Kunden ein angenehmes Einkaufserlebnis verschaffen.
Als wir unseren ersten Laden 1962 in Flensburg eröffneten, wurde der vordere Teil durch die Fachbuchhandlung bestimmt,

im hinteren Teil eröffnete sich dann das »Fachgeschäft für Ehe-hygiene«, wie es damals noch hieß. In den Schaufenstern lagen in den 60er Jahren hauptsächlich Aufklärungsbücher aus. Sach-lich aufklärende Texttafeln informierten über die Produkte.

Neue Zielgruppen im Visier

Unsere Läden haben sich regelmäßig leicht verändert und sich Trends angepasst. Mit zunehmender Liberalisierung konnten wir eindeutiger auftreten, z. B. auch erotische Artikel und Video-filme auslegen. Pornographie, die wir nur im Laden anbieten können, durfte sich selbstverständlich nie in den Schaufenstern befinden. Doch jeder weiß, dass es sie bei Beate Uhse gibt. Und das wirkt auf viele womöglich abschreckend. Wahrscheinlich haben Sie das schon die ganze Zeit während Ihrer Lektüre gewusst. Das Erotik- und noch mehr das Pornographiegeschäft sind sicher nur etwas für ganz bestimmte Käuferkreise. Oder kennen Sie jemanden, der bei Beate Uhse einkauft? Die Sache ist so einfach nicht, denn nur wenige werden offen über einen Ein-kauf im Sex-Shop sprechen.

Aber zurück zum Thema: Es gibt natürlich eine große Gruppe in unserer Gesellschaft, die mit Erotikprodukten noch nicht erreicht wird. Und die durch Pornographie abgeschreckt wird. Wie schauen sie aus, diese »Nichtkäufer«? Welche Menschen sind das? Wie Sie bereits im Kapitel »Nehmen Sie die Wünsche des Kunden ernst« gelesen haben, gibt es kaum Möglichkeiten, uns ein genaueres Bild unseres Marktes, der Zielgruppen und der Potenziale zu machen. Es ist also auch verdammt schwierig, die Nichtkäufer zu bestimmen. Ist der Nichtkäufer überwiegend weiblich? Wahrscheinlich, aber damit hört die genauere Bestim-mung auch schon auf. Aber selbst hier sollte man ziemlich vor-sichtig sein. Immer mehr Frauen interessieren sich für Erotik.

Wir geben uns jedenfalls nicht der Illusion hin, dass heute jeder wie selbstverständlich einen Sex-Shop betritt, der nur ein Markenkondom oder ein Wäschestück einkaufen möchte. Aber das kann sich in Zukunft ändern. Wir haben es uns zum Ziel gesetzt, die Nichtkäufer in Erotikkunden zu wandeln. An der Gruppe der Erotikkäufer wollen wir natürlich unseren Anteil halten und ausbauen, aber auch die Restlichen wollen wir erreichen. 98% Bekanntheitsgrad sind jedenfalls kein Anlass, sich zufrieden zurückzulehnen und die anderen mal machen zu lassen. Auf seinen Markenlorbeeren darf man sich nicht ausruhen.

Um den Erotikmarkt für eine breitere Zielgruppe attraktiv zu machen, ist zu prüfen, ob das Erscheinungsbild der Läden auch attraktiv für eine jüngere Zielgruppe ist. Denn der Kundenstamm von morgen muss gesichert sein. Aber auch die Langzeit-Kunden sollten sich (wieder) in die Marke verlieben können. Neue Zielgruppen zu erschließen bedeutet: den Spagat zu schaffen zwischen Tradition und Modernisierung. Modernisierung könnte in diesem Fall heißen: mehr Lifestyle und ein verjüngtes Image. Tradition bedeutet, bei seinen Kernkompetenzen zu bleiben und die alten Kunden zu halten.

Eine entspannte und ungezwungene Atmosphäre beim Einkauf zu schaffen, das können wir unserem Kunden vermitteln, sobald er unseren Laden betreten hat. Doch wie die Barriere überwinden, das Geschäft überhaupt zu betreten?

Betrachten wir einmal unser Angebot: Seit AIDS dürfte der Kondomkauf kaum mehr peinlich sein, hängen doch inzwischen Plakate mit farbigen Kondomen an jeder Ecke. Jedes Paar, das Kondome verwendet, könnte diese, auch wenn es ansonsten keinen Bedarf an sexuellen Hilfsmitteln hat, theoretisch bei Beate Uhse in der Fußgängerzone besorgen anstatt im Drogeriemarkt. Auch die Mode hat sich geändert, sie ist viel freizügiger als früher, ein bauchfreies T-Shirt kann inzwischen schon im Büro getragen werden. In jedem Kaufhaus sind neben Schiesser Feinripp auch der Push-up-BH und der Straps zu finden. Daher können wir sowohl mit Kondomen wie mit erotischer Wäsche auch neue Kundengruppen erreichen. Natürlich ist Beate-Uhse-Wäsche überwiegend erotisch, vom Stringbody über den roten Straps bis hin zur Corsage. Bei dieser Grundausrichtung soll es auch bleiben, denn Erotik ist unsere Kernkompetenz. Und die darf man niemals aufgeben. Aber gerade in diesem Segment können wir ohne Verlust auch ein breiteres Sortiment mit verschiedenen Facetten anbieten.

Mit Lifestyle-Charakter zum modernen POS

Schöne Wäsche ist ein Blickfang. Daraufhin passen wir unser Sortiment und unser Ladenkonzept an. In Hannover wurde erstmals das Sortiment auf zwei Läden mit zwei Eingängen verteilt, wobei einer überwiegend Wäsche, der andere den Hardcorebereich anbietet; beide Läden sind allerdings miteinander verbunden. Nicht anders ist es in einem üblichen Videoladen gehalten; im vorderen Bereich befindet sich in der Regel das Sortiment für alle Altersgruppen, im hinteren Bereich das für Erwachsene. Auch Beate Uhse-Läden sollen somit teilweise für 16-Jährige zugänglich sein.

Die Beate Uhse-Läden werden lifestyliger, in moderner Optik mit eher zurückhaltender Erotik. Unsere Dekoration gleicht sich derjenigen großer bekannter Händlermarken an. Die Schaufenster werden in ihrer hellen und edlen Gestaltung zum Blickfang, z. B. mit Großfotos, elfenbeinfarbenem Boden, Wänden und Decken sowie beleuchteten Podesten. Zunächst sollen die Flaggschiffe, dann nach und nach jeder Laden auf diesen Standard gebracht werden. Dass es um Erotik geht, muss aber sichtbar bleiben, denn der alte Kunde muss erkennen, dass er nach wie vor das gesamte Sortiment von Beate Uhse bekommt. Dies wird durch den Ladenschriftzug Beate Uhse und »Erotic Store« sichergestellt.

Der Erfolg dieser Bemühungen lässt sich noch nicht abschätzen: Wir haben allerdings im ersten Quartal 2000 unsere Planzahlen im Einzelhandel übertroffen. Es gab in dieser Zeit zwei Neueröffnungen, in Rostock und Hannover, und ein Lizenzladen in Stendal kam hinzu. Wir setzten auch bei den Läden weiter auf Expansion. Zu den bereits bestehenden Standorten kommen zukünftig große All-in-one-Objekte hinzu, die für Autofahrer gut zu erreichen sind, also etwa an Autobahnausfahrten, Ausfallstraßen und in Gewerbegebieten. In diesen Einkaufszentren soll der Kunde neben dem Einzelhandel auch Unterhaltungsaktivitäten wie Video, Kino, Spielhallen und ein Bistro finden. Denn unsere Gesellschaft ist mobiler geworden, und verkehrsgünstige Einkaufsorte mit einem stilvollen Ambiente und kostenlosen Parkplätzen sind zu bedeutenden Shopping-Kriterien geworden.

Bleiben Sie nicht im warmen Bett liegen

Zeigen Sie, dass Ihre Marke anpassungsfähig ist. Warum man bei neuen Entwicklungen früh mitmischen sollte. Sorgen Sie für Neues, ohne das Bewährte von gestern über Bord zu werfen. Warum ein guter Name im E-Commerce so wichtig ist. Setzen Sie auch im Internet auf Ihre Kernkompetenzen und Stärken!

Virtueller Höhenflug – eine alte Marke in den Neuen Medien

Unsere Medienlandschaft hat sich enorm gewandelt, und das in einer unglaublichen Geschwindigkeit. Wenn man betrachtet, wie lange es gedauert hat, bis man von der Telegraphie zum Radio kam und dann zum Fernsehen. Bald löste die Farbe die Schwarz-Weiß-Welt der TV-Werbung ab. CDs ersetzten Schallplatten – mit den ersten Produkte, mit denen breite Käuferschichten den Sprung von der analogen in die digitale Welt vollzogen. Computer lösten schon lange mechanische Maschinen und Menschen ab, vom Fließband bis zum Desktop-Publishing. Nur dass die Chips immer schneller kleiner und die Prozessoren immer rascher schneller wurden. Der Computer wurde aber auch ein Spiel- und Spaßmedium. Die 90er Jahre kamen und mit ihnen Btx. Und am Horizont schon lange das »WWW«. Nach einem Riesenschub der IT-Technologie befinden wir uns heute in einer vernetzten Welt, die – mit »Hypertext« und der »Abkehr vom linearen Denken« – unsere Kommunikation und damit unsere Kultur revolutioniert hat. Mit den neuen Informationstechnologien eröffneten sich nicht nur neue Vertriebskanäle, sondern auch neue Formen der Kommunikation und Werbung – vom E-Letter bis zum Chat.

Es ist allgemein anerkannt, dass die Erotikbranche im Onlinemarketing und -verkauf führend ist und technische Standards gesetzt hat. Auch die Marke Beate Uhse hat sich im Hinblick auf die Neuen Medien als sehr anpassungsfähig und innovativ erwiesen. Wir bedienen unsere Internetkunden erfolgreich mit Produktformen wie Chatkanälen, Liveshows, Videoclips und vielem mehr. 1999 und davor waren die Domains von Beate Uhse die meist gewählten Seiten im Netz. Die Homepage www.Beate-Uhse.de klicken jeden Monat 4 Millionen Besucher an und die Zugriffszahlen steigen. Von 1998 auf 1999 ist das Internetgeschäft um 70% gewachsen. Entscheidend war, dass wir erstens bereit waren, in die neuen Technologien zu investieren, zweitens sehr schnell die richtigen Domains reserviert haben, zum Beispiel »sex.de«, was uns eine gute Ausgangsposition geschaffen hat. Außerdem haben wir früh Zahlungssysteme eingeführt und die Preisbereitschaften unserer Kunden getestet (siehe unten) und nicht zuletzt steht unser Name seit 50 Jahren für Kompetenz in Sachen Erotik sowie für Sicherheit und Diskretion. Im Internet sind Erotik-Contents ja gerade deswegen so gefragt, weil der Kunde hier anonym und bequem konsumieren kann, ohne sich outen zu müssen. Diese Sicherheit zieht auch bei den jüngeren Kundengruppen der 20- bis 29-Jährigen. Und die User suchen im Netz nicht nur Spaß, sondern schätzen auch den schnellen Zugriff auf Contents.

Über die konsequente Ausweitung unserer Geschäftstätigkeit im Internet hinaus vergessen wir jedoch unsere traditionellen Bereiche nicht, allen voran das Versandhaus und die Läden. Denn es ist wichtig, bei den Kunden auch vor Ort präsent zu sein. Und die direkte Kommunikation zwischen Unternehmen und Kunde wird immer wichtig bleiben. Dieser Anforderung muss auch das Internetangebot Rechnung tragen (siehe unten).

Das Versandgeschäft hat ebenfalls nicht ausgedient, auch wenn bei den Orderwegen eine Verschiebung hin zum Online-Shoppen festzustellen ist; die Bestellung über Versand ist prozentual von 5,9% in 1998 auf 14,4% in 1999 gestiegen, während der Brief von 62,2% auf einen Anteil von 54,5% gesunken ist (der Anteil der Telefonbestellungen hat sich mit 31,1% gegenüber 1998 kaum verändert). Im Versand bedienen wir überwiegend die klassische Zielgruppe der Erotikkunden, die zwischen 30 und 40 Jahre alt sind. Wir glauben jedoch, dass es immer Kunden geben wird, die diese Alternative dem Internet vorziehen. Denn viele Menschen, die den ganzen Tag vorm Bildschirm sitzen, möchte zu Hause in Ruhe aus einem Katalog bestellen.

Markenbildung – auch im Internet von Bedeutung

Das Internet wird in Zukunft für eine weitere Globalisierung sorgen – nicht nur in der Erotikbranche, aber hier wahrscheinlich früher als anderswo. Und dieser Markt wird weiter wachsen, wie die Entwicklung in den USA zeigt: Von 1998 auf 1999 sind im Bereich Multimedia-Erotik Wachstumsraten von über 25% erzielt worden. Der US-Markt ist für uns übrigens auch wichtig, weil hier Trends im Internet gesetzt werden. Mit unseren Partnern Pabo und Sharon Austen sammeln wir Erfahrungen auf dem US-Internetmarkt, die im deutschen Markt umgesetzt werden sollen.

Wer den Markt von morgen mitbestimmen will, muss international ausgerichtete Contents im Web anbieten. Und die dazu nötigen technischen Investitionen leisten. Hier scheint das neue Speichermedium DVD ideal, eröffnet es doch Perspektiven, die über die herkömmlichen Videos weit hinausreichen und in Verbindung mit dem Internet ein echtes Live-Erlebnis bieten können: Erotikfilme können auf DVD nicht nur in mehreren Sprachen synchronisiert werden; eine interaktive Benutzerführung und die Wahl verschiedener Kameraperspektiven lässt zu, dass der Kunde das Produkt mitgestalten kann. Direkte Links zu Internet-Angeboten führen den Kunden zu den Internetcontents. Mit Web-TV und Video-on-demand entstehen zwei weitere neue Produktformen, die den Multimedia-Bereich weiter boomen lassen.

Das Internetgeschäft ist aber nicht renommierten Erotikunternehmern allein vorbehalten. Vor allem tummeln sich hier zahlreichen Kleinanbieter mit Amateurseiten, die ihre Inhalte mit wenig Aufwand ins Netz stellen können. Oft weiß man nicht, wer sich eigentlich hinter diesen Anbietern verbirgt.

Im Internet werden diejenigen Unternehmen überleben und wachsen, die sowohl Contents als auch Kompetenz im Online-Shopping vorweisen können. Beate Uhse hat mit dem Chat@Shop (siehe unten) eine innovative Verkaufsstation eingerichtet. Immer wichtiger werden zudem Kooperationen mit Internetportalen, denn die Domains werden mit der Zeit an Bedeutung verlieren. Unsere Contents werden inzwischen auch über das Shoppingportal von Altavista vertrieben. Und bei aller Wandlungsfähigkeit ist es wichtig, auf seine Kernkompetenzen zu vertrauen. Aber ganz

sicher der größte Trumpf in den Neuen Medien ist der Markenname (und auch Voraussetzung für die Besetzung von Portalen).

Die entscheidenden Erfolgskriterien im Internet sind also:

- Schnell sein mit neuen Techniken und Inhalten, denn wer als
  Erster da ist, hat die beste Ausgangsposition.
- Mit einem einprägsamen oder bereits bekannten Namen auf-
  treten.
- Kompetenz im Category Shopping vorweisen und auf eine vor-
  handene Warenlogistik zurückgreifen können (z. B. das Sorti-
  ment nach Bedarfsgruppen anordnen).
- Sich international ausrichten.
- Und, nicht anders als im klassischen Branding, den Kunden
  durch die Markenprämie binden (Preis oder Image entscheidet).

Guerillamarketing im Btx-Dienst

Unsere ersten wertvollen Erfahrungen im Online-Geschäft sam-
melten wir mit dem Btx-Dienst. Btx war als Thema, vergleicht
man es einmal mit dem Internet, für die Medien kaum interessant. Hier blieb unser Geschäft eher unbeachtet. Aber wir waren
nichtsdestotrotz in diesem neuen Vertriebskanal früh vertreten
und sehr erfolgreich.

Als die Deutsche Bundespost 1984 den Dienst »Bildschirmtext«
einführte, war der erste Onlinedienst geboren. Denn die Kunden
waren über die Telefonleitung mit den Großrechnern der Unternehmen verbunden. Man führte sein Konto über den Fernseh-
bildschirm, bestellte direkt bei den Firmen, konnte über den Btx-
Mitteilungsdienst mit anderen Btx-Teilnehmern schriftlich
kommunizieren – somit war Btx auch ein Vorläufer des E-Mails.
Btx hatte allerdings keinen besonders guten Ruf, sondern wurde
eher als unansehnliches Medium betrachtet. Das Projekt Btx
geriet insgesamt zum Flop, denn die Deutsche Post war davon
ausgegangen, dass Mitte der 80er bereits über eine Million Kunden teilnehmen und 25% aller verkauften Fernseher einen einge-
bauten Btx-Decoder haben würden. Doch diese Hoffnungen erfüll-

ten sich nicht. Man versuchte noch, mit Datex-J und der Einführung eines Minutentaktes das breite Publikum zu erreichen, schließlich ging mit dem Siegeszug des Internets und der verstärkten Nutzung des Computers Btx in der neuen Plattform der Post-Rechtsnachfolgerin Telekom, T-Online, auf.

Btx unterschied sich vom Charakter her stark vom heutigen Internet. Der Markt war auf einen kleinen Benutzerkreis begrenzt, der sich im kommerziellen Bereich auf etwa 400 000 bis 500 000 User belief. Das Internet hingegen ist ein offenes Massenmedium und wird von vielen Systemen bestimmt.

Warum war Btx für uns so wichtig? Wir bekamen hier schon einen Eindruck, was Verbraucher für den damals neuen Online-Dienst an Geld auszugeben bereit waren – und sie waren dazu bereit. Wir konnten früh Erfahrung bei der Kommerzialisierung unserer Inhalte im Online-Bereich sammeln. Der Knackpunkt bei Btx war: Es gab mit der so genannten Null-Seite nur einen »Marktplatz«. Auf ihr waren alle Anbieter gelistet nach Alphabet. Die Pool-Position war hier sozusagen Aachen. Oder Aab… und irgendetwas. Wenn Sie schon einmal einen Geschäftsbericht von uns in der Hand hatten, wo alle unsere Tochterfirmen aufgelistet sind, haben Sie sich vielleicht über folgenden Firmennamen sehr gewundert: »AAAAAA Aktuelle Information GmbH, Norderfriedrichskoog«. Sie ahnen, wie unsere damalige Agentur und heutige Tochter auf diesen Namen gekommen ist – richtig, man wollte damit auf der Null-Seite ganz oben stehen. Natürlich fanden wir Nachahmer, die ebenfalls zur fröhlichen Vergabe von As vor dem Firmennamen bliesen – die ganze Sache schaukelte sich allmählich hoch. Um der ganzen »A-Konglomeration« ein Ende zu setzen, versuchten wir es mit 500 As vor dem Namen, kamen damit sogar beim Handelsregister durch – nicht jedoch beim Finanzamt, die wohl irgendwelche Probleme mit ihrem Abrechnungssystem bekamen.

Das klingt stark nach Guerillamarketing. Wir haben hier in der Tat ungewöhnliche Vermarktungsstrategien eingeschlagen. Wir haben zum Beispiel auch versucht, viele Schlagworte aus nicht-erotischen Bereichen zu belegen, um möglichst viele Btx-User auf uns aufmerksam zu machen. Diese offensive Nutzung war der

Grundstein für den Erfolg. Im Btx-Geschäft haben wir einen enorm hohen Anteil am Gesamtumsatz erzielt, über ein Drittel. (Die Gesamtumsätze beliefen sich auf etwa 100 Mio.) Nur dass wir für die Post kein seriöser Kunde waren. Bei einer Einladung der wichtigsten Kunden waren die Manager für Neue Medien von Beate Uhse zwar vertreten. Aber als es um Zahlen ging, wurde Beate Uhse als Unternehmen nicht genannt, und das, obwohl unser Umsatz einen Löwenanteil ausmachte. Die Geschäftsbeziehungen haben sich heute jedoch Gott sei Dank verbessert.

Cash im Cyberspace

Während man bei Btx sozusagen mit der Deutschen Post im Bett lag und ihr schön treu blieb, haben wir heute mit dem Internet eine ganz andere Ausgangssituation. Das Internet ist ein offenes System mit einer Vielzahl von Portalen. Obwohl sich das WWW schon lange über die einst studentisch-wissenschaftliche Ausrichtung hinausentwickelt hat, herrscht hier doch noch der Geist: »Contents must be free.« Was man herunterlädt, soll nichts kosten.

Damit sind wir beim Hauptproblem im E-Commerce: Der Kunde ist noch nicht so konsumwillig, wie er es sein könnte. Denn das Internet hat im Vergleich zum Btx einen großen Nachteil. Es gibt kein einheitliches Zahlungssystem. Früher lief die Bezahlung für den Kunden ganz einfach über seine Telefonrechnung. Heute sieht sich der Kunde dem Phänomen »Cash im Cyberspace« gegenüber. Er kann zwar wählen zwischen verschiedenen Zahlungsmöglichkeiten, aber jede hat so ihre Nachteile:

Die erste ist ein Zahlungssystem über eine DFÜ-Software (DFÜ = Datenfernübertragung). Hier lädt sich der Kunde ein Programm herunter, das die Anwahl steuert und eine Abrechnung über seine Telefonrechnung ermöglicht. Doch das ist für den Kunden natürlich umständlich. Und spätestens seit dem ILOVEYOU-Virus weiß jeder Benutzer um die Fragilität der Computersysteme. Die Hemmschwelle, fremde Software zu downloaden und zu installieren, ist kaum zu vergleichen mit anderen Einkaufsbremsen, wie man sie z. B. im POS-Marketing kennt. Wenn der Laden keine breite Eingangstüre hat oder nicht hell beleuchtet ist, sich eckige Schütten in den Weg stellen etc. geht der Kunde ungern hinein. Aber hier geht es ja um viel mehr. Ein Virus ist eine echte Bedrohung für jemanden, der auf den PC angewiesen ist. Zum Beispiel, weil er seine Arbeit damit erledigt oder darin gerade alle seine Daten für die Steuererklärung gespeichert sind. Hier spielt der Faktor »Sicherheit« nicht nur unbewusst eine enorme Rolle – jeder *weiß*: »Software aus dem Netz kann gefährlich sein.«

Software zu installieren bedeutet immer einen gewissen Aufwand. Ein Kunde, der es z. B. eilig hat und Frust vermeiden möchte, weil er technisch nicht so versiert ist, erwägt eventuell eher eine andere Zahlungsweise. Doch auch wenn der Kunde über seine Kreditkarte oder über eine elektronische Lastschrift bezahlen möchte, spielt Sicherheit eine große Rolle. Denn hier gibt er seine Daten dauerhaft an das Unternehmen. Natürlich gehen sie verschlüsselt durch das Netz. Aber wer weiß, ob sie auch an der richtigen Adresse landen? Kommen andere da dran? Kann man sie »unterwegs knacken«? Was macht das Unternehmen mit den Daten? Egal ob man viel oder wenig technisches Verständnis hat – Bank- und Kreditkartenangaben verschicken bislang die wenigsten Menschen gerne übers Internet.

Man muss wohl nicht betonen, wie wichtig hier auf einmal das Vertrauen in einen bekannten Namen wird. In eine Firma, die sich durch absolute Seriosität und gleichzeitig durch Topkompetenz in der Technik auszeichnet. Die schon frühzeitig bewiesen hat, dass sie in diesen Bereichen über viel Erfahrung verfügt. Wo lädt man sich noch am ehesten bedenkenlos seine Software herunter? Entweder bei Firmen, die über die entsprechende Kompetenz verfügen (etwa Sicherheitssysteme und Virenprogramme verkaufen) oder bei ganz bekannten renommierten Marken. Die Basis jedes Internetgeschäfts ist also Vertrauen. Dann gibt der Kunde auch seine Daten preis. Natürlich – Hackerangriffe haben bewiesen, dass die ausgeklügeltsten Sicherheitssysteme ihre Lücken haben und selbst das Pentagon vor Hackern nicht sicher ist. Aber wenn Sie zeigen, dass Sie im Rahmen des Machbaren für die bestmögliche Sicherheit sorgen, dann haben Sie Ihren Konkurrenten vielleicht etwas voraus.

Als Letztes kann man dem Kunden konventionelle Zahlungs-
arten anbieten, beim Versand von physischen Produkten v. a. Zah-
lung gegen Rechnung oder gegen Nachnahme. Und wir haben bei
unserem Programm Beate Uhse 18 Plus eine weitere Möglichkeit:
das Abonnement. Unsere Idee, angelehnt an das TV-Produkt »Pre-
miere« ist hier, dem Kunden zu einem Basispreis ein entsprechendes Grundangebot an Channels zu bieten und dazu verschiedene
Zusatzangebote, wobei sich der Preis entsprechend erhöht. Das
Problem ist, dass ein Abo immer negativ behaftet ist beim Endver-
braucher. Doch 18 Plus findet sehr guten Anklang bei den Usern.
Und der Internetshop wurde kürzlich mit dem Gütesiegel »Trusted
Shops« ausgezeichnet – weil er den strengen Anforderungen an
Sicherheit, Datenschutz und Transparenz hervorragend genügt.

Wo die community gerne chattet – Kundenbindung im Online-Shop

Ein persönlicher Touch durch Livesales-Beratung

Kundenservice und Kundenbindung sind auch im Internet sehr
wichtige Themen. Sie sollten sich dadurch Wettbewerbsvorteile
verschaffen, denn der Mitbewerber sitzt immer nur einen Mausklick entfernt. Und das Internet ist ein Medium, das Entertain-
ment verspricht. Diese Funktion wird auch immer wichtig sein.

Im Rahmen unserer WWW-Präsenz ist es uns nun gelungen,
unsere traditionsreichen Beratungsdienste mit einem hohen
Unterhaltungswert zu verknüpfen. Hinter dem Service von Beate
Uhse steht eine langjährige Kompetenz und Erfahrung in diesem
Geschäft. Diese Kompetenz soll auch im Internet transportiert wer-
den. Gleichzeitig versuchen wir, den »Spaßanforderungen« dieses
Mediums gerecht zu werden. Hier muss man flexibel und innova-
tiv sein, um auch jüngere Käufergruppen anzusprechen.

Eine Verknüpfung von Unterhaltung und Beratung bzw. Verkauf
ist uns mit dem Chat@Shop gelungen. Nach der Entwicklung sehr
erfolgreicher Chat- und CAM-Systeme hat die Beate Uhse New
Media GmbH nun ihr Know-how auch im Bereich Shopping umgesetzt. Der Chat@Shop, erreichbar über alle Beate-Uhse-Websites,

bietet als Besonderheit eine dialogische Kundenberatung an. Der Nutzer kann sich durch ein Serviceteam per Tastatur zu jedem einzelnen Produkt beraten lassen. Und dabei sieht der Kunde seine Beraterin auch noch – eine Webcam macht es möglich. Das nimmt dem Medium die Unpersönlichkeit und schafft Vertrauen. Der Nutzen für den Kunden liegt darin, dass er sich die aufwändige Suche im Internetkatalog ersparen und seine Wünsche sofort mit der Beraterin abklären kann oder eben bei Erklärungsbedarf zu einem Produkt die nötigen Informationen erhält.

Die ganze Sache funktioniert sehr einfach für den Kunden: Während er durch den Internet-Shop wandert, sich Produkte ansieht oder diese für eine Bestellung vormerkt und in den Warenkorb legt, kann er per Mausklick mit dem Serviceteam Kontakt aufnehmen. Neben jedem Produkt findet sich ein Button mit der Aufschrift »Beratung«. Klickt er darauf, öffnet sich im unteren Teil des Internetprogramms ein Beratungsmodul. Der Internet-Shop bleibt also weiterhin sichtbar, und auch das Produkt, das den Kunden interessiert.

Im Beratungsmodul wird der Kunde über ein Dialogfenster begrüßt mit den Worten:

»Sie wünschen Beratung zu dem Produkt X (Artikelnummer). Moin Moin aus Flensburg, was möchten Sie zu diesem Produkt wissen?«

Darunter befindet sich eine Eingabezeile. Gleichzeitig öffnet sich ein weiteres Fenster im linken Teil des Beratungsmoduls, auf dem er dann per Live-Kamera die Chat@Shop-Beraterin sehen kann, die vor dem Bildschirm sitzt. Die Aufnahme erfolgt quasi aus dem Blickwinkel des Monitors von schräg vorne. Dann erscheint im Dialogfenster die richtige Begrüßung der Beraterin:

»Hallo, ich bin (Vorname der Beraterin), Ihre Beraterin im Shop! Kann ich Ihnen vielleicht helfen?«

So kann der Chat beginnen: Der Kunde schreibt seine Frage in das Eingabefeld und schickt den Text mit einfachem »Enter« oder Mausklick auf »Senden« ab. Sein Text erscheint nun unter der Begrüßung im Dialogfeld. Auf dem Webcambild links kann er an der Mimik beobachten, wie die Beraterin kurz auf den Text wartet, ihn dann liest, lächelt, und schon nach kurzer Zeit findet er ihre

Antwort im Dialogfeld, neben dem Namen der Beraterin. Dank der fetten Schrift ist die Information leicht zu erkennen. Im Verlauf des Chats beantwortet die Beraterin alle Fragen und gibt Tipps für die Suche nach weiteren Produkten. Die Beraterin kann weitere Produkte im Fenster präsentieren, die den Kunden interessieren. Mit einem Button »Information« kann der Kunde die einmal eingeholte Information erneut abrufen.

Ziele des Chat@Shops

Ziel des Chat@Shops ist es, die Kundenzufriedenheit zu erhöhen. Wer viel im Internet »unterwegs« ist, kennt das Phänomen: Lange Wartezeiten, überlastete Leitungen lassen natürlich manchmal Frust aufkommen. Frustrierte Nutzer werden durch die Live-Beratung zu glücklichen Kunden. Die Beraterin verwickelt den Besucher in ein Gespräch. Der Kunde bekommt eine persönliche Antwort, erfährt, dass ihm Aufmerksamkeit und Zeit gewidmet und ihm auch wirklich weitergeholfen wird – vorausgesetzt, er hält sich an die einzige Vorgabe, nämlich sich bei allen Gesprächen an den »guten Ton« zu halten. Denn natürlich bietet der Chat@Shop keinen Sex, sondern einen Beratungs-Chat. Damit wird der Servicegedanke im Internet konsequent weitergeführt.

Das zweite Ziel ist natürlich die Kundenbindung. Wer sich gut beraten oder gut unterhalten fühlt, wird wieder auf die Seiten kommen. Wir merken, dass die Kunden mit der Beratung im Online-Shop sehr zufrieden sind. Natürlich treten auch hier einmal technische Probleme auf, die zu Verzögerungen führen; und teilweise reagieren einzelne Kunden darauf sehr verärgert. Überwiegend haben wir jedoch sehr positive Rückmeldungen bekommen; in vielen E-Mails bedanken sich unsere Kunden für die »nette Beratung«. Die Anzahl der Besucher im Chat@Shop steigt monatlich an, viele nutzen das Angebot wiederholt. Die Kunden kommen dabei aus jeder Altersklasse, wobei die Zahl der Kundinnen zunimmt.

Auch in unabhängigen Meinungsforen im Internet haben wir bereits sehr viel Lob geerntet. Im Rahmen der Wahl von Beate Uhse auf Platz drei der wichtigsten Deutschen im Internet (*kress internet* Nr. 2/2000, Juni 2000) wurde der Shop besonders lobend erwähnt mit den Worten »schöne neue Einkaufswelt«.

Unterhaltungswert und Community-Charakter

Bislang wurde die Kundenberatung ausschließlich über das Call Center abgewickelt; der Kunde konnte sich per E-Mail, Telefon oder Brief an den Service wenden. Im Chat@Shop steht nun auch dem Internet-Nutzer sofort jemand zur Seite, der ihm die notwendigen Informationen gibt – ganz ohne Medienwechsel. Was der Kunde nicht sieht: Die Beraterinnen werden unterstützt vom Call Center, wenn es schwierigere Fragen gibt. Dieser Austausch stellt sicher, dass auch hier keine Frage unbeantwortet bleibt. Und wie immer bleibt der Besucher anonym – ein wichtiger Aspekt im Bereich Erotik. All dies vermittelt dem Kunden eine völlig neue Qualität des Shoppings im Internet. Natürlich wird vom gesamten Netzwerk der Domains, die zu Beate Uhse gehören, auf den Online-Shop gelinkt.

Aber wollen die Kunden denn Beratung im Internet-Shop? Sicher, denn die Beratungsfunktion bei Beate Uhse ist schon allein deswegen wichtig, weil viele Kunden noch Erklärungsbedarf bei einzelnen Produkten haben; eine Tatsache, die in unserer Branche vielleicht stärker zum Tragen kommt als anderswo und die wir stets berücksichtigt haben. Neben der Beratung gewinnt der Chat@Shop aber gerade durch seinen hohen Unterhaltungswert. Diese Beratung macht unglaublich Spaß. Und man merkt auch, dass es den Beraterinnen Spaß macht. Viele User sind von der Möglichkeit, sich anonym mit einer Beraterin für Erotikprodukte zu unterhalten, begeistert. Das kann ein enormer Anreiz sein, den Shop auch zu nutzen und etwas zu bestellen. Hier ist eine Vorstufe des One-to-one-Marketings im Internet erreicht, die den Kunden ganz individuell anspricht.

Ein Chat nimmt dem Erotikeinkauf im Internet zwar die Anonymität, setzt jedoch gleichzeitig die Hemmschwellen herab. Denn man wird ja weder gesehen, noch muss man seinen Namen angeben. Und auch seine Gefühle gibt man nicht preis, was bei der telefonischen Beratung durch die Stimme schon mal passieren kann. Im Chat kann man sich ganz unverbindlich und zwanglos Informationen zu erotischen Produkten holen. Und zuletzt: Ein Chat unterstützt das Gefühl, zu einer Gemeinschaft zu gehören – der Community-Charakter ist ja gerade das, was viele am Internet so aufregend finden. Nicht umsonst haben die Beraterinnen bereits eine große Fangemeinde. (Auch hier setzen wir übrigens ausschließlich Mitarbeiterinnen ein.) Somit ist die Live-Beratung ein hervorragendes Kunden- und Nutzerbindungsinstrument. Es gibt bereits viele User, die den Chat@Shop regelmäßig in Anspruch nehmen.

Hier zeigt sich: Das konsequente Investieren in eine Online-Welt lohnt sich. Auch der Chat@Shop schreibt bereits schwarze Zahlen.

Setzen Sie im Internet auf »Infotainment«

Im Internet erwartet der Kunde kostenlose Informationen. Und womöglich noch leicht und unterhaltsam aufbereitet. Infotainment ist damit ein wichtiges Kundenbindungsinstrument. Wir bieten im »Sexpark« der Beate-Uhse.de abwechslungsreiche Contents ohne Gebühren an. Der User erhält viele interessante und unterhaltsame Informationen rund um Sexualität, Aufklärung, Partnerschaft und Erotik. Er kann z. B. erotische Puzzles zusammenbauen, Bilder herunterladen und sich eine eigene Homepage einrichten – und zwar ohne dass er auf Seiten weitergeleitet wird, die kostenpflichtig sind. Die Inhalte sind z. B. als aktuelles Thema aufbereitet (»Aphrodisiaka«) oder unter festen Rubriken wie dem »Sexlexikon«, »Sexsensationen«, »Sexspielchen« und der Sexualberatung zu finden. Auch nicht-erotische Contents haben hier also ihren Platz, die Erotik bleibt insgesamt eher zurückhaltend. Der Stil ist infolgedessen wesentlich sachlicher und weniger lustbetont als bei den kostenpflichtigen Erotikangeboten, die den Kunden eindeutig in Stimmung bringen sollen. Dadurch wird eine besonders breite Zielgruppe angesprochen. Das Ziel, neue Kunden zu gewinnen, steht somit ganz oben. Daneben werden auch die vorhandenen Kunden durch dieses Free-Content-Angebot im Netz gebunden.

Ebenfalls ganz im Zeichen des Infotainments soll die Sexualberatung den Usern einen Zusatznutzen bieten. Die Beratung funktioniert unkompliziert über einen E-Mail-Service, mit dem sich Kunden an ein Sexberater-Team wenden können, welches sowohl aus männlichen wie weiblichen Mitarbeitern besteht. Der ganzen Sache wird der Ernst genommen, da die Beratung ja in das unterhaltsame Umfeld des Sexparks eingebettet ist, quasi zwischen aphrodisierenden Kochrezepten und erotischen Bildern. Die Antworten in der Aufklärungsrubrik werden publiziert, wenn der User dies wünscht, natürlich werden die Namen anonymisiert. Alle Fragen werden ernst genommen und in keiner Weise bewertet. Hier setzt sich der sachliche Beate-Uhse-Stil fort, allerdings in Ton und Ansprache den Zuschriften angepasst; im Netz ist z. B. die »Du-Ansprache« weit verbreitet. Die Kundenzuschriften sind übrigens alle echt, die Namen sind geändert. Seien wir ehrlich: Wenn nur gefakte Kundenanfragen auf die Seite gestellt werden und keine echten Reaktionen erfolgen, wirkt ein solcher Service bald unglaubwürdig. Und dann kann man sich das Ganze auch sparen.

Weil häufig immer wieder die gleichen Fragen gestellt werden, etwa »Wo liegt der G-Punkt?«, »Wie kann ich eine frühzeitige Ejakulation verhindern?«, »Gibt es Kondome in verschiedenen Größen?« usw., erhält der Besucher, der sich nicht traut eine Frage an das Team zu schicken, schon durch ein bisschen Surfen jede Menge aufklärende Informationen, die ihm weiterhelfen. Das Ziel, aufklärende Informationen anzubieten, unterstützt auch das Sex-ABC, in dem einschlägige erotische Fachbegriffe, aber auch allgemeinere Einträge wie »Partnerschaft« zu finden sind. Zu jedem Begriff gibt es ein Bild, das auflockernd wirkt.

»Lockt denn Sexualberatung heute überhaupt noch jemanden hinterm Ofen hervor?«, werden Sie jetzt vielleicht fragen. Oder verbirgt sich dahinter nicht reine Werbung? Glauben Sie nicht, dass Aufklärung heute keine Bedeutung mehr hätte: Viele Leute sind angesichts der sexuellen Freiheit und Freizügigkeit, der man in den Medien auf Schritt und Tritt begegnet, sogar sehr verunsichert. Diese Beratung wird in Anspruch genommen. Wenn sie im Internet in ein unterhaltsames Umfeld eingebettet ist, steht dies auch wieder im Zeichen einer Enttabuisierungsstrategie; durch die leichte, aber doch sachliche Vermittlung wird auch der unsichere Kunde angesprochen.

Beate Uhse, ein Vorbild?

Zeig dich nach innen nicht anders als nach außen. Sei ein Vorbild für die Mitarbeiter. »Do things right first time.« Noch einmal das Thema »Sicherheit«, aber diesmal für die Mitarbeiter. Vom Wachsen und Zusammengehörigkeitsgefühl und anderen Dingen, die ich bei der Unternehmensführung für wichtig erachte.

Nach innen leben, was man nach außen darstellt

Ein Unternehmen kann langfristig nach außen nicht besser wirken als Unternehmensleitung und Führungskräfte nach innen wirken.

Was kann ich Ihnen schon über Führung sagen? Da wissen Sie alle sicherlich genug – und zu den vielen klugen Büchern braucht man nicht viel hinzuzufügen. Weil der Führung aber eine zentrale Funktion zukommt, hier doch ein paar Aspekte, die meiner Erfahrung nach wichtig sind.

Verantwortung delegieren, sich gute Leute ins Boot holen, Weiterbildung fördern, Mitarbeiter motivieren, mit Lob und Kritik richtig umgehen und die Mitarbeiter fair beurteilen, eine Gesprächskultur schaffen, Ziele vereinbaren und für deren Erreichung sorgen, gute Entscheidungen treffen und diese Entscheidungen offen und klar kommunizieren, auch wenn sie unangenehme Folgen haben – all dies sind zweifellos wichtige Aufgaben einer Führungskraft, und daher sind sie bei uns auch in einer »Allgemeinen Führungsanweisung« festgehalten.

Aber da war doch noch etwas anderes. Etwas, das all dies eigentlich verbindet: Ist es nicht eine enorm wichtige Aufgabe der Unternehmensleitung und der Führungskräfte, auch nach innen das Unternehmen glaubwürdig zu vertreten, einen fairen Dialog mit allen Beteiligten zu führen, für die Unternehmensinteressen und für bestimmte Werte einzutreten? Und damit für ein gutes Image zu sorgen?

Im dritten Kapitel wurde im Rahmen der Personality-PR viel über das Image gesagt. Klaffen jedoch das Image eines Unternehmens und die gelebte Unternehmenskultur weit auseinander, kann das langfristig nicht gut gehen. Denn das spüren die Mitarbeiter. Das Bild nach außen sollte also in wesentlichen Punkten nicht anders sein als das nach innen. Erst wenn beides übereinstimmt, kann man eine Corporate Identity schaffen. Und insofern: Wenn wir von Personality-PR sprechen, dann lässt sich das nicht trennen von der Personality-PR nach innen, d. h. der Wirkung auf Mitarbeiter. »The whole man must move at once.« Dieser Spruch drückt es deutlich aus.

Natürlich bin ich im Unternehmen nicht dauernd mit meiner Fliegermütze rumgelaufen oder habe Autoscheiben geputzt. Diese beiden Fotos von mir, die das Bild in der Öffentlichkeit stark geprägt haben, wurden auch bewusst auf ihre Wirkung hin ausgesucht. Sie zeigen Beate Uhse als mutige Frau, fröhlich und zupackend. Sie präsentieren auch meine Grundeinstellung zum Leben. Dass ich mithelfen kann und mir nicht zu schade bin, selbst Hand anzulegen, wo Not am Mann ist, auch das habe ich immer vorgelebt. So konnte ich hinter den Bildern stehen, die an die Öffentlichkeit gingen.

Seien Sie Ihren Mitarbeitern ein Vorbild

Daraus ergibt sich die wohl wichtigste Funktion, wenn es um die Führung eines Unternehmens geht – die Vorbildfunktion. Man kann da noch so viele Ratschläge erteilen, Maßnahmen ergreifen und Methoden entwickeln – wenn das Vorbild nicht mit dem übereinstimmt, was vom Mitarbeiter gefordert wird, geht's schief. Mitarbeiter werden nur motiviert sein, wenn die Vorgesetzten mit gutem Beispiel vorangehen. Wer zum Beispiel eine faire und offene Behandlung des Kunden fordert, muss auch für einen fairen Umgang zwischen Vorgesetzten und Mitarbeitern eintreten.

Geben Sie sich daher alle Mühe. Seien Sie Vorbild für Ihre Mitarbeiter. Leben Sie mit Ihrer Person die Werte vor, die Sie von Mitarbeitern erwarten, und sorgen Sie dafür, dass Ihre Führungsmannschaft sich genauso vorbildlich darstellt. Umgekehrt sollte man, wenn man Fehler macht, dies auch den Mitarbeitern zugestehen. Und man sollte die guten Leistungen seiner Mitarbeiter anerkennen.

Von Klarheit und Entscheidungen

Klarheit ist ganz wichtig, sie hilft bei allem. Verstecken Sie sich nicht hinter einem Team. Bringen Sie deutlich zum Ausdruck: Ich bin der Chef und fordere dies oder jenes. Man möchte ja etwas erreichen. Dass man dazu die Mitarbeiter ins Boot holen sollte, ist klar.

Und hier noch so etwas wie ein Ratschlag: Der Qualitätsguru Philip Crosby hat es auf den Punkt gebracht: »Do things right first time.« Das bedeutet: Wenn du einen Vorgang anfasst, nimm ihn auch wirklich in die Hand.

Man sollte sich der Sache, die man macht, ganz hingeben. Also versuche ich mich immer vollkommen auf das zu konzentrieren, was ich gerade mache. Und dabei auch schnell eine Entscheidung zu treffen. Diese muss vielleicht zu einem späteren Zeitpunkt wieder revidiert werden, aber das macht nichts. Zumindest gehen die Dinge mit der Entscheidung ein wenig voran. Schlimm ist es, wenn man Zeit verliert, weil man gar nichts macht. Die negativen Folgen einer schlechten Entscheidung können wenigstens ein Anhaltspunkt dafür sein, wie man die Sachen besser machen und ändern kann. Dann werden sie auch erfolgreich.

Wenn Sie sich unsicher sind, finden Sie heraus warum. Klären Sie das mit sich und lösen Sie es. Es genügen ein Blatt Papier und ein Stift, um das aufzuschreiben, was einen stört und was einem gefällt. Erstellen Sie eine einfache Liste, in der Sie die Vorteile den Nachteilen gegenüberstellen und gegeneinander abwägen. Und treffen Sie dann eine Entscheidung, hinter der Sie stehen. Nichts ist schlimmer, als Unsicherheiten mit sich herumzuschleppen und hinter anderen Problemen zu verstecken. Man muss sich immer entscheiden. Denn man kann mit einem Hintern nur auf einer Hochzeit tanzen. Aber besser auf einer als auf keiner.

Leitlinien zum Management

Folgende Leitlinien sind wichtig:

- Alle Mitarbeiter sollten die Unternehmensziele kennen, und die jeweiligen Zielvereinbarungen müssen darauf abgestimmt sein. Nur wenn die gemeinsamen Ziele allen deutlich sind, kann gut gearbeitet werden.

  Jedes Unternehmen soll eine Vision haben, ein gemeinsames Ziel. Die Vision gibt die Richtung vor, verpflichtet und motiviert alle. Die Vision von Beate Uhse ist im Leitbild des Unternehmens aufgenommen, und auch unsere »Allgemeine Führungsanweisung« beginnt damit: »Es ist unser Ziel, in unserem Markt – der Erotikbranche – unsere Position zu festigen – weltweit der Style-Leader zu sein. Im Produktangebot, im Preis-Leistungsverhältnis, im Fulfillment und im Kundendienst wollen wir besser sein als unsere Mitbewerber.« Eine Vision hat nur (ver)bindende Kraft, wenn sich die strategischen und operativen Ziele erkennbar aus ihr ableiten.

  Man kommt damit nicht umhin, Arbeitsziele zu planen und festzulegen, Prioritäten zu setzen und die Erreichung einzelner Ziele kontinuierlich und systematisch zu kontrollieren. Auch dies ist ein wichtiger Bestandteil unserer Führungsanleitung. In welcher Form Ziele vereinbart werden, hängt von der Situation, von der Organisationsstruktur etc. ab. Wichtig ist vor allem eines: dass alle auf das angestrebte Ziel ausgerichtet sind und der Weg zu diesem Ziel klar erkennbar wird. Dies ist insbesondere bei Gesprächen mit Mitarbeitern zu beachten.

- Qualität entscheidet. Das heißt, alle müssen wissen, welchen Kriterien sie verpflichtet sind und was sie verbessern können. Denn Qualität gibt allen Mitarbeitern die Möglichkeit, auf das stolz zu sein, was sie tun.

  Gerade in unserer Branche ist dies wichtig, da hier häufig die Frage auftaucht, ist solch ein Geschäft moralisch oder nicht. Die Mitarbeiter müssen sich jedoch mit ihrer Arbeit identifizieren können. Das können sie nur, wenn sie stolz auf etwas sind. Was Qualität bedeutet, darauf habe ich bei der Frage nach rechtssicherem Handeln hingewiesen. Wir können es uns nicht erlauben, Gesetze zu übertreten, und wollen dies auch nicht. Deshalb ist es wichtig, dass z. B. jeder Mitarbeiter so geschult wird, dass falsche Handlungen vermieden werden (dazu ausführlich im Kapitel »Kondome im Paragraphendschungel«).

■ Beides, gemeinsam eine Vision verfolgen und sich ständig verbessern, ist nur möglich, wenn den Mitarbeitern eine sichere Umgebung geboten wird. In diesem Umfeld können sie auf ihre Qualität stolz sein und ihre Tätigkeit auf die nötigen Ziele ausrichten.

Schön und gut, werden Sie sagen, aber wie macht man das? Auch hier kann ich Ihnen keine Komplettlösung anbieten, sondern nur von unseren Erfahrungen berichten.

Wachsen und trotzdem eine Gemeinschaft bilden

Die wichtigsten Menschen für den Erfolg einer Firma sind ihre Mitarbeiter.

Kannte ich in den 50ern noch alle Namen, wusste die Geburtstage von vielen, wusste von Geburten und glücklichen Fügungen, aber auch von persönlichen Schwierigkeiten, so war das durch das Wachstum nicht mehr möglich. Irgendwann kommt der Punkt, da fragt man sich, was denn dieser Fremde hier zu suchen hat, und erkennt, dass es ein neuer Mitarbeiter ist.

Nun erfordert die Arbeit bei Beate Uhse ja auch von den Mitarbeitern Offenheit und Mut. Werden sie im privaten Kreis gefragt, wo sie denn arbeiten, so reagieren nicht alle Mitmenschen sofort mit positivem Interesse. Es ist leichter zu sagen, man arbeite in einer Schokoladefabrik, denn Schokolade kann man auch kleinen Kindern anbieten. Aber Sexartikel, das ist etwas anderes. Wir haben zwar immer versucht, die Arbeitsbedingungen so optimal wie möglich zu gestalten, aber das ist ja nur ein Aspekt, wenn es um die Zufriedenheit am Arbeitsplatz geht. Wichtig ist ebenso, dass sich die Mitarbeiter in ihrem

Arbeitsumfeld geborgen fühlen, dass sie sich sicher fühlen – und dass ihre Leistung anerkannt wird.

Zeigen Sie Ihren Mitarbeitern, dass ihre Arbeit wichtig ist und geschätzt wird. So sind Anerkennung und Beurteilungen sehr wichtig. Das muss nicht jedes Mal ein Beurteilungsgespräch sein. Oft genügen schon ein paar Worte: »Frau Müller, der Entwurf für das neue Inserat ist wirklich super.« Oder: »Herr Schulz, dieser schwierige Brief an die Firma Brix und Co. ist Ihnen optimal gelungen.«

Natürlich lässt sich all das einfacher vermitteln, wenn man einen direkten Kontakt zu allen hat. Dann ist das Vorbild sichtbar, jedem gegenwärtig. Auf alle Fälle bekommen alle Mitarbeiter Zuwendung und damit auch eine Anerkennung ihrer Arbeit.

Bei uns ergab sich durch den besonderen Reiz unserer Produkte noch die gespannte Situation zur Gesellschaft. Wir taten nichts Verbotenes, im Gegenteil: Viele Leute wollten etwas von uns. Trotzdem gab es aber Anfeindungen von vielen Seiten. Auch wenn diese oft störend, lästig und manchmal auch beleidigend wirkten, so glaube ich im Nachhinein doch, dass sie dazu beigetragen haben, die Zusammengehörigkeit innerhalb der Firma zu stärken und die Mitarbeiter zu guten Leistungen anzuspornen. Nach dem Motto »jetzt erst recht«. Denn es bestärkt das Zusammengehörigkeitsgefühl, wenn Widerstand von außen kommt. Es schweißt die Gemeinschaft zusammen, wenn es eine klar erkennbare Hürde gibt.

So haben wir heute eine ganz ähnliche Situation: Im Rahmen des Börsengangs haben wir eine recht große Firma in Holland übernommen – Pabo. Es ist wirklich schwierig, zwei unterschiedliche Unternehmenskulturen zusammenzubringen – das wird jeder bestätigen, der einen solchen Prozess schon einmal miterlebt hat. Doch wir sitzen alle im selben Boot und arbeiten daran, schnell wieder eine Firma »aus einem Guss« zu werden.

Für die Mitarbeiter sichtbar sein – von Mitarbeiterzeitschriften, Cafeterias und anderen Foren

Als wir 1962 mehr als 200 Mitarbeiter hatten, wurde die Mitarbeiterzeitschrift »absender beate« gegründet. Die Mitarbeiter wurden schon im Titel von mir persönlich angesprochen. Es sollte ihnen vermittelt werden, dass sie alles, was im Unternehmen passiert, erfahren, dass sie zu einer Gemeinschaft gehören, die sie anerkennt und wichtig nimmt.

Deshalb haben wir in der Mitarbeiterzeitschrift zu Hochzeiten und Geburten gratuliert, Verkaufszahlen dargelegt, Änderungen erläutert oder Mitarbeiter zu Wort kommen lassen. Alle sollten sich als Teil des Unternehmens fühlen.

Ob man es über eine Mitarbeiterzeitschrift macht, über eine Intranetplattform oder durch andere Medien – eines glaube ich fest: Es ist wichtig, regelmäßig, offen und persönlich mit den Mitarbeitern in Kontakt zu treten und ihnen ein Forum anzubieten. Auch gemeinsame Räume wie eine Cafeteria, eine Raucherecke, eine Bücherei oder andere Räume, die gemeinsam benutzt werden und die Kommunikation fördern, sind wichtig. Essen und Rauchen sind typische Anlässe, sich dort aufzuhalten. Durch die Gewohnheit entstehen Zugehörigkeit und Sicherheit.

Ein Streifzug durch unsere Mitarbeiterzeitschrift mag Ihnen verdeutlichen, was ich meine. Es sind Beispiele für Themen, die aufgegriffen werden sollten.

Wie sieht die wirtschaftliche Entwicklung aus und welches sind die Unternehmensziele?

- Auf positive geschäftliche Entwicklungen machten wir aufmerksam, um den gemeinsamen Erfolg zu feiern und den Mitarbeitern zu vermitteln, dass ihre Arbeit Früchte trägt. Schon in der ersten Ausgabe von 1962 brachten wir auf der ersten Seite eine Grafik, die die Umsatzzuwächse verdeutlichte.
- Wichtige Themen wie Kundenorientierung können vermittelt werden. So hatten wir in unserer ersten Ausgabe unsere Mitarbeiter gefragt, welche Vorteile unsere Kunden am meisten

an uns schätzen. Die Antworten wurden abgedruckt. Dadurch wird das Thema allen präsent und bleibt nicht graue Managementtheorie. Eine Diskussion wird angestoßen. Und die Mitarbeiter spüren, dass sie zu Wort kommen und aktiv dazu beitragen, das Unternehmen zu prägen.

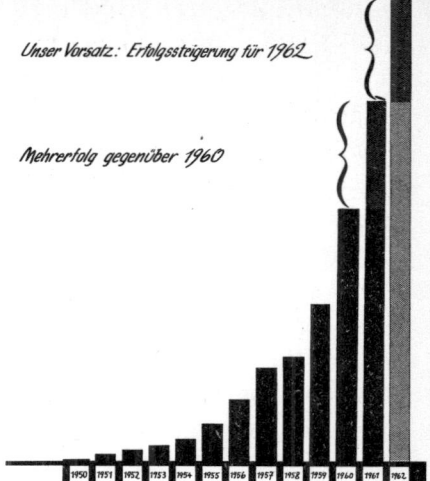

Unser Vorsatz: Erfolgssteigerung für 1962

Mehrerfolg gegenüber 1960

1950 1951 1952 1953 1954 1955 1956 1957 1958 1959 1960 1961 1962

Auch ein Mitarbeiterlob: Fakten belegen den gemeinsamen Erfolg.

Mitarbeiter ins Boot holen: Wer trägt was zur Kundenbindung bei? Eine Umfrage in »Absender Beate« zeigt das Engagement Einzelner.

Wir fragen uns

„Unsere Kunden sind doch deshalb **unsere** Kunden, weil sie bei uns — gegenüber anderen Einkaufsmöglichkeiten — Vorteile sehen.
Welchen Vorteil — glauben Sie — halten unsere Kunden für den wichtigsten?
Diese Frage haben wir in einem Plauder-Interview einigen Mitarbeitern vorgelegt.

Hier ihre Reaktion:

Frau **Gertrud Stengel:** „. . . na, weil sie eben anonym bleiben können, schreiben die Leute an uns!" — Liebe Frau Stengel, Sie haben gerade eben geheiratet, wir gratulieren nachträglich!

Frau **Martha Reincke** — sitzt ganz am Ende des Saales, aber sie ist gar nicht traurig. Sehr spontan und lebendig meinte sie: „. . . damit sich die Leute aufklären können, halte ich unsere Arbeit für sehr gut und glaube, daß sie deshalb zu uns kommen und bleiben."

Herr **Heinrich Junge:** „. . . na, erstens prompte Lieferung, zweitens, daß er bekommt, was er erwartet — also sagen wir mal zusammen: er ist zufrieden!" Herr Junge freute sich gerade auf die Mittagspause. Guten Appetit, Herr Junge, auch sonst!

Frau **Elke Capell** machte den werblich interessanten Vorschlag, diese Frage doch den Kunden selber einmal vorzulegen.

Frau **Hanna Evers,** freundlich, aber bestimmt, mir einige Minuten ihrer kostbaren Arbeitszeit abtretend, sagte: „. . . die Auswahl der Artikel und wohl

auch die Einmaligkeit unseres Unternehmens — bestimmen unsere Kunden." Das war prompt!

„. . . die individuelle briefliche Beantwortung ihrer Probleme — und unser aufrichtiges Bemühen," meinte Herr **Hendrik Stremmel,** „sind die eklatantesten Vorteile, die unsere Kunden geboten bekommen". In seinem weißen kurzen Arbeitskittel gab er, munter und liebenswürdig, ein schönes Beispiel guter, betrieblicher Zusammenarbeit.

Frau **Melli Beck** blickte auf von ihrem Adressenschreiben und meinte: „. . . ja, das kann ich Ihnen genau sagen: die Kunden können eben im Hintergrund bleiben — — und sie können alles sagen".

„Beichtvater"! Dies sehr treffende und plastische Wort prägte Frau **Ilse Valentin** zum Schluß unseres Interviews: „wissen Sie, die Leute kommen zu uns, weil sie ihre intimen Sorgen uns als Beichtvater anvertrauen können. Eine Frau z. B. kann für ihren Mann bei uns ohne weiteres alles auf brieflichem Wege einkaufen, und Sie glauben gar nicht, wie häufig dies der Fall ist."

Diese Fragen waren gewiß ein „Überfall". Sie waren weder angekündigt noch blieb Zeit zum Nachdenken. Aber gerade das macht die Antworten so wertvoll. Vom Platz und Blickwinkel jedes einzelnen her formte sich spontan das Bild unserer Arbeit als ein Wirken, dessen Wert uns bewußt ist.

Wie wird das Unternehmen von der Umwelt wahrgenommen?

- Berichte über unser Unternehmen in den Medien, Besuche in unserer Firma, Filmaufnahmen oder Ehrungen wurden immer wieder dokumentiert. Die Mitarbeiter sollen erkennen, dass ihre Arbeit auch von Fremden wahrgenommen, respektiert und gelobt wird. Je mehr Bedeutung das Unternehmen erfährt, desto mehr Bedeutung erfährt auch der Mitarbeiter.
- Aber auch Negatives wurde aufgegriffen. Bei Anklagen der Staatsanwaltschaft konnten wir sachliche Gegendarstellungen geben, die den Mitarbeitern wiederum als Argumentationshilfe dienten. Die entsprechenden Freisprüche wurden natürlich auch sofort gemeldet.

Jeder Mitarbeiter ist wichtig und soll gewürdigt werden.

- Zu Hochzeiten und Geburten gratulieren heißt, dass das Unternehmen nicht anonym ist und der Mitarbeiter auch als Person geschätzt wird. Das ist vielleicht banal, aber wichtig.
- Die Verlegung eines Arbeitsplatzes kann eine Belastung für die Mitarbeiter sein, wenn sie sich nicht aufgehoben fühlen und Angst haben vor schlechten Arbeitsbedingungen. Hier sollte immer früh Aufklärung betrieben werden: Wie die Büros aussehen werden und wer was zu erwarten hat. Auch dies haben wir immer wieder versucht zu dokumentieren.

Was wird alles im Unternehmen gemacht? Welche Produkte gibt es?

- Neue Produkte haben wir vorgestellt, so dass auch auf diesem Wege noch einmal allen unser Programm deutlich wurde. Dabei haben wir oft auch Meldungen aus der Presse eingestreut, beispielsweise zur Notwendigkeit der Sexualaufklärung Jugendlicher wegen häufiger ungewollter Schwangerschaften.
- Abteilungen haben sich und ihre Arbeit vorgestellt, so dass die Kollegen sie besser verstehen konnten. Wir berichteten z. B. von Reisen in die USA zu Direktmarketingkongressen.

Unsere „Gutschein-Briefe" wurden mit einem Preis ausgezeichnet

Hier sehen Sie die Urkunde und die prämiierten Briefe

amerikanischer Werbemann.

Direktwerbung für ein Auto? Und dann ein solcher Erfolg für ein deutsches Auto

seln der Mädchen — und schon hämmert die Musik wieder, und die nächsten fünf Girls werden vom rhythmischen Lärm gepackt und geschüttelt.

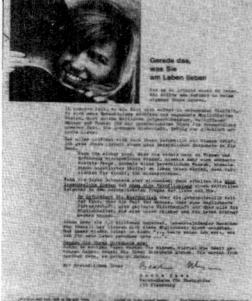

◄ Ü b e r s e t z u n g
Versandhaus für Ehehygiene Beate Uhse
Urkunde für ausgezeichnete Leistung
1965 DMAA Wettbewerb der
Versandhauswerbung
Verliehen in Anerkennung einer
Versandhauswerbung,
die durch schöpferische Ideen,
hervorragende Resultate sowie
durch wirkungsvollen Einsatz
eines Direktwerbemittels zur Förderung
des Verkaufs einer Ware
oder einer Dienstleistung hervortrat.

Eine Anerkennung stärkt die ganze Gruppe

§ Fanny freigesprochen §

Am 15. 11. 1971 wurde die Beschlagnahme des im Stephenson-Verlag erschienenen Bildromans »Die neue Fanny Hill« von Edda Nilsson und Thomas Bergh durch Beschluß des Amtsgerichts Flensburg aufgehoben. Auf Betreiben der Staatsanwaltschaft war das Werk am 27. 7.1971 als »unzüchtig« gemäß § 184 StGB beschlagnahmt worden.

Die Hauptverhandlung am 15. 11. 71 führte zur Ablehnung des Antrags der Staatsanwaltschaft auf Einziehung des Buches. In der Begründung führte der Amtsrichter u. a. aus, daß es keine gesetzliche Definition der »unzüchtigen Schrift« gebe und daher die allgemeine, dem Wandel unterliegende Anschauung maßgeblich sein müsse.

Ein Blick in die Auslagen der Zeitungskioske veranschaulicht diesen Wandel ebenso deutlich wie z. B. die Tatsache, daß in Bremer Schulen ein Aufklärungsbuch mit Billigung des Schulsenators und der Eltern Verwendung findet, das den Geschlechtsakt in aller Deutlichkeit in Wort und Bild darstellt.

Die Verteidigung hatte durch umfangreiches Vergleichsmaterial dargelegt, daß das Buch »den Grundbestand sittlicher Anschauungen der Gemeinschaft« weder störe noch ernsthaft gefährde und es daher nicht Aufgabe des Strafrechts sein könne, dem mündigen erwachsenen Bürger »Die neue Fanny Hill« vorzuenthalten.

Ein Erlebnis besonderer Art dürfte für die beteiligten Gerichtspersonen die von der Verteidigung zelebrierte Vorführung des Porno-Streifens »Vier im Schnee« gewesen sein.

Dieser in jeder Hinsicht »saftige« Film war durch Beschluß des 3. Großen Strafkammer des Landgerichts Bremen vom 22. 4. 71 als »nicht unzüchtig« freigegeben worden.   RA-LO

Nach Ansicht der Staatsanwaltschaft geeignet, das Scham- und Sittlichkeitsgefühl des normalen Menschen erheblich zu verletzen.

Am 15. 11. 71 vom Amtsgericht Flensburg freigegeben, da nach allgemeiner Anschauung nicht als unzüchtig anzusehen.

Triumphe in der Öffentlichkeit fördern das Selbstbewusstsein der gesamten Organisation

6. Jahrgang Dezember 1967 Nr. 4

absender beate

Wozu ham mer denn den Neubau?

„Ja Sakra — wozu ham mer denn den Neubau? Der wächst und wächst und ist scho bis zum zweiten Stock nauf — und man hockt drunten und kann sich net rühr'n . . . Und dabei türmt sich d'Arbeit zu Bergen. Immer reisen und reisen und reisen, dös bringt mi noch um!

Ich schwimme vollständig!

Wenn ich mir vorstell', was da droben für'n Platz is' und was für a Ruah zum Arbeit'n — dös könnt' mi' verrückt mach'n. Dabei is' die Etasche, wo ich mal sitzen wer', scho fertig! Bloß's Dach fehlt halt noch. Was brauch' ich an Dach? Mei Ruah

brauch Ich! Und ein' Blick hat man von da droben — pfundig! Wie von ei'm Berg nunter. Ja mei', net so ein' hohen Berg wie bei uns drunten in Bayern, aber scho' ganz schön.

Also, wenn ich mir dös so vorstell' — so in Ruhe arbeit'n und Platz ham, so viel man möcht', und dann 'nunterschau'n könn' . . ."

„Herr Hunklinger — Telefon!"

„Ja — i' komm' schon — — — waaas? Wo soll i' hinfahr'n? Nach München? Laden anseh'n? Ja freilich komm' ich . . ."

Hannes Baiko

Fotos: Reinhard Thomas

Liebe Mitarbeiter

unsere Hauszeitschrift hat einen neuen „Kopf" bekommen. — Etwas moderner . . . swinging . . . sagen wir dazu. Gefällt er Ihnen?

Daß unser Betrieb modern und „jung" ist, aufgeschlossen für alles Neue — daß wir Tendenzen und Strömungen spüren und auf sie reagieren — das ist das gewisse Etwas, was überall bei Beate Uhse und ihren „Töchtern" so stark zu spüren ist. Ich würde es

swinging

nennen — ich finde kein deutsches Wort, das es ähnlich gut ausdrückt.

swinging . daran sollten wir immer denken, wenn wir versucht sind, etwas tragisch-ernst oder verkrampft zu nehmen.

swinging . das heißt, daß wir heiter und aufgeschlossen sind und unsere „Tüchtigkeit" nicht mit ernster Wichtigkeitsmiene vor uns hertragen.

swinging . das ist, wenn um den tragenden Betonpfeiler unseres Funktionsbüros eine rosa Ranke klettert (dies können Sie bildlich oder auch wörtlich verstehen).

ich meine . . . haben wir alle den Mut, auch optisch zu zeigen, daß wir nicht nur eine tüchtige, sondern auch eine swinging Firma sind.

Also . . . wenn ihnen so zumute ist (so swinging), daß Sie mit einer gepunkteten Schleife ins Geschäft kommen möchten, statt mit grauem Anzug und korrektem Schlips — dann tun Sie es.

Und die Damen . . . ? Wenn Sie sich so . . . swinging . . . fühlen, daß Sie heute mini-mini tragen möchten, oder lila Strümpfe — oder Mao-look — oder — oder — oder — dann tun Sie es. Zeigen Sie ruhig nach außen, was Ausdruck Ihrer Persönlichkeit ist.

In diesem Sinne wünsche ich Ihnen allen und ihrer Familie gute und schöne Feiertage.

Ihre

Beate

Motivation: Ein schönes Beispiel für ein Editorial von Beate Uhse in der Mitarbeiterzeitschrift. Und rechts eine legere Information über die Entwicklung des Neubaus: Alle sollen über Investitionen Bescheid wissen.

Was haben diese Produkte mit Sex zu tun?

Diese Frage wurde im Zusammenhang mit der weiteren Frage, ob Sex nicht mehr verkäuflich sei, Herrn Alfred Gerardi so oft gestellt, daß er im »Versandhausberater« vom 29. 10. 71 folgendes dazu schrieb:

»Grund zu der Frage waren 4 ·artfremde· Seiten in einem neuen, sparsam schwarz-weiß gedruckten BU-Katalog... Auf den ·artfremden· Seiten bietet Beate Uhse Produkte an, die augenscheinlich nicht fürs Bett bestimmt sind ...

Sowohl der Verdacht, hier werde etwas besonders Perverses angeboten, als auch die Vermutung, mit dem Sex gehe es steil bergab, sind falsch. Beate Uhse hat bereits vor geraumer Zeit, als noch nicht so laut die Rede vom Ende der Pornowelle war, ihre Absicht angekündigt, vom Sortiment her zu diversifizieren ...

Die ersten Versuche, auch Produkte zu verkaufen, die außerhalb des Stammsortiments liegen, scheinen erfolgreich verlaufen zu sein. So daß es natürlich erscheint, daß man in Flensburg weiter experimentiert.

Nur fallen diese Experimente diesmal mehr ins Auge, weil sie innerhalb des Kataloges stattfinden. Freilich ebenfalls nicht zum ersten Mal, denn schon in einem der letzten Farbkataloge wurden auf 2 Seiten Heimkinoausrüstung, Tischtennistisch und Fernglas angeboten.«

Peter Luchte
Leiter Einkauf/Neuaufnahmen

Alle im Unternehmen sollen Bescheid wissen: Produktneuerungen im Versandhaus Beate Uhse

■ Nicht zuletzt berichteten wir über organisatorische Neuerungen, über den Betriebsrat, über die Einführung einer neuen EDV-Anlage oder der gleitenden Arbeitszeit. Wie sie von Einzelnen angenommen wurden, belegten die Kommentare unserer Mitarbeiter.

Von Ordnung und Organigrammen – von Macht und Veränderung

Für viele Menschen ist es wichtig, sich innerhalb klarer Strukturen bewegen zu können. Prozesse können dadurch leichter gesteuert werden, Qualitätsstandards lassen sich einfacher bestimmen und einhalten und die Zugehörigkeit zum Unternehmen steigt, weil es das passende Umfeld bietet. Auf andere wirken vorgegebene Strukturen beengend; sie bevorzugen eventuell die Teamarbeit, in der die Gruppe sich selbst organisiert.

Die Art und Weise, wie ich mein Unternehmen geführt habe, mag bestimmte Menschen angezogen haben und andere nicht. Jeder sucht sich das Umfeld, das er braucht. Unsere Internetfirmen haben sich zum Beispiel auch anders organisiert als das Versandhaus. Es kommt ja darauf an, das Umfeld so zu gestalten, wie es für die eigene Entwicklung das Beste ist. Welche Kriterien dabei im Detail wichtig sind, ergibt sich aus den jeweiligen Bedürfnissen.

Für viele dieser jungen Menschen, die sich um das Internet scharen und viele Dinge in Bewegung bringen, mag das oben Gesagte vielleicht altmodisch und unverständlich klingen. Aber geht es nicht vor allem darum, sich einem Unternehmen zugehörig zu fühlen? Auch dort bemerke ich ein Wir-Gefühl, das mehr der gemeinsamen Lust an der dauernden Veränderung entspringt als der Suche nach Ordnung. Und ich fühle mich erinnert an die Aufbruchsstimmung bei uns im Unternehmen, als wir zwar nicht von »New Economy« und »Fun« und »Going Public« sprachen, sondern »Swinging« der Inbegriff des Neuen war. Aus der Sicht des Lebensgefühls war es insofern nichts anderes, als sich eine Gruppe von Menschen zusammengehörig fühlte, weil sie gemeinsam dauernd im Aufbruch waren, dauernd auf dem Weg zu neuen Ufern. Und in diesem dauernden Wandel fühlten wir uns damals gemeinsam stark, stark gegen verkrustete Strukturen, die uns umgaben.

In den sechziger Jahren führten wir das Harzburger Modell ein. Hier ging es im Wesentlichen um klare Zuordnungen im Unternehmen, und damals war dies etwas wirklich Neues. Kaum ein Betrieb unserer Größenordnung versuchte die eigenen Abläufe zu definieren. Hier waren wir äußerst innovativ. Bestimmte Elemente dieses Modells halte ich auch nach wie vor für sinnvoll, um ein Unternehmen erfolgreich zu führen, vor allem die Suche nach klaren, sachlichen Vereinbarungen, wie Zielvereinbarungen, Mitarbeitergespräche oder teamorientierte Projektgruppen. Lassen Sie mich diesen Führungsstil kurz am Beispiel von Mitarbeitergesprächen erläutern. In unserer Führungsanleitung geben wir dazu folgende Hinweise:

In einer Besprechung wird die Führungskraft zum Moderator. Hier ist es das Wichtigste, nach einer sachlichen Lösung zu streben, Fronten aufzuweichen, am Thema zu bleiben. Durch gezielte Fragen sollte man versuchen, die Probleme offen, sachlich und fair herauszuarbeiten; auch Streitgespräche können durch gezielte Fragen wieder auf die Sachebene geholt werden. Je konkreter sie formuliert werden, umso eher werden Antworten sichtbar. Im Zielgespräch mit einem einzelnen Mitarbeiter tritt hingegen die Vorgesetztenrolle in den Vordergrund, denn es geht darum, konkrete Ziele, Anleitungen, Richtlinien, Aufträge vorzugeben. Das Thema sollte verständlich umrissen, das Ziel sachlich begründet werden. Durch Rückfragen stellt man sicher, dass der Mitarbeiter alles richtig verstanden hat etc. Hier hat jeder seine eigenen Vorstellungen. Wie auch immer Sie solche Gespräche im Einzelnen ausgestalten: Die Mitarbeiter müssen damit etwas anfangen können. Es macht keinen Sinn, um den heißen Brei herumzureden. Auch hier: Klarheit ist die Hauptsache.

Organigramme geben Vertrauen. Sie machen aber auch Machtverhältnisse deutlich und können den Mitarbeitern den Eindruck vermitteln, ihre Entwicklungsmöglichkeiten wären ihnen verbaut. Deshalb muss jeder Mitarbeiter erfahren, dass er auch festgefahrene Strukturen ändern kann und darf.

Fragen, fragen, fragen –
oder vom Durst nach Weiterbildung

Heute ist überall die Rede vom lernenden Unternehmen, von Wissensmanagement und der dauernden Pflicht zur Weiterbildung. Dies ist bedeutend und mit Sicherheit heute noch wichtiger geworden als früher. Aber auch früher war es bedeutend und musste gepflegt und gefördert werden.

Schon früh haben wir immer wieder unsere Mitarbeiter auf Kurse geschickt und uns selbst weitergebildet. Entscheidend war für mich dabei immer, dass man allen Fachleuten offen und fragend gegenübersteht. Da man sich in einem Geschäft immer in neue Themen einarbeiten muss, war ich stets darauf angewiesen, guten Rat von anderen anzunehmen. Ich habe ja nicht studiert. Vielleicht ist es mir deshalb leicht gefallen, von Beratern Anregungen oder Empfehlungen aufzunehmen. Für viele junge Menschen ist dies gar nicht so einfach, haben sie doch oft jahrelang wichtige Dinge studiert und wollen all ihr Wissen natürlich auch anwenden. Da hat man nicht mehr viel Lust, sich auf die Erfahrungen anderer einzulassen, wenn man das alles in der Theorie schon so gut erfasst hat.

Die Gefahr besteht nun darin, dass man nicht mehr allem offen gegenübersteht. Und das ist im Geschäftsleben wohl eines der wichtigsten Dinge. Offen für alles sein, um bösen Überraschungen vorzubeugen. Wenn man sich die Welt in seiner eigenen Theorie aber schon zurecht gelegt hat, dann erkennt man oft nicht, dass sich die Welt inzwischen woanders hinbewegt hat. Daher muss man sich vor einem festgefahrenen Denken in Acht nehmen.

Das geht nur durch dauerndes Fragen. Dafür gibt es keine Kurse, das ist eine Einstellung zum Leben.

Da die Weiterbildung so wichtig geworden ist, sollten alle Mitarbeiter die Möglichkeit haben, Kurse zu besuchen, die neues Wissen bringen. Um aber Mitarbeiter zu bekommen, die dieses Wissen wollen, weil sie damit ihre Arbeit besser machen können, braucht es mehr.

Es braucht eine Firmenkultur,

- in der immer wieder das hinterfragt wird, was man tut,
- in der neue Erfahrungen und neues Wissen als Bereicherung erfahren werden
- und in der das beste Argument und die beste Erfahrung mehr zählen als Status.

Also suchen Sie Mitarbeiter, die das wollen.

Ausblick

Wie sieht die Zukunft der Marke aus? Waren unsere bisherigen
Methoden erfolgreich?

Beate Uhse ist lange von Beate Uhse geführt worden. Und so
wie uns gibt es sicher noch eine Reihe anderer, älterer mittel-
ständischer Unternehmen, die über Jahrzehnte vom Gründer
oder von Familienmitgliedern geführt wurden und lange keine
Marketingorganisation hatten. In einem Familienunternehmen
trifft man strategische Entscheidungen, die einen Marketingstab
beschäftigen könnten, aus seiner Erfahrung und häufig aus dem
Bauch heraus. Ein Marketing zu haben ist zwar nicht unbedingt
die Grundbedingung dafür, richtige Entscheidungen zu treffen.
Allerdings steigt mit zunehmender Größe, einer komplexen
Rechtsform, der Ausweitung auf verschiedene Vertriebskanäle,
vermehrten Aktivitäten auf internationalen Märkten sowie mit
Strukturen, die immer öfter dezentrale Entscheidungen erfor-
dern, auch der Anspruch, sinnvolle Marketingstrukturen und
-konzepte zu entwickeln, um ein einheitliches Erscheinungsbild
zu sichern und den Anforderungen im Wettbewerb gerecht zu
werden. Man kann es auch so ausdrücken: Ohne Marketing ist
man nicht unbedingt schwach, aber mit Marketing wird man
wesentlich stärker. Also gab es auch bei Beate Uhse einen Wandel hin zum Marketingunternehmen.

Immer wenn sich Strukturen tiefgreifend ändern, entstehen
natürlich Brüche. Das ist eine gute Gelegenheit, eingeschliffene,
aber eventuell schlechte Gewohnheiten über Bord zu werfen. Aber
in so einer Phase muss man unbedingt auch nach den nützlichen
Seiten seiner Tradition fragen. Sicher können nicht alle Werte und
Ziele, die schon für Wachstum und Erfolg vor 50 Jahren gesorgt
haben, in die neue Zeit hinüber transportiert werden. Im Jahre
2000 muss man sich eben um andere Dinge kümmern als im Jahr
1979. Aber das, was die Marke Beate Uhse im Kern ausmacht,
wird bleiben, auch wenn wir unser Image verjüngen. Wir wollen
auch in Zukunft ein interessantes, zuverlässiges Erotikunternehmen bleiben. Wir sorgen auch in Zukunft für Kundenorientierung,
Offenheit gegenüber unserer Umwelt, setzen auf Sicherheit und

Stärke und auf unsere Kernkompetenzen. Dies sind, glaube ich, entscheidende Erfolgsfaktoren.

Unsere alten Strategien unterscheiden sich also nicht so sehr von den neuen. Man wird selbstverständlich nach neuen Bildern suchen, die eine jüngere Corporate Identity verkörpern. Das kann z. B. ein erfolgreicher Werbeträger sein, wie der Werbeaufdruck auf den Lkws, die seit einiger Zeit für Beate Uhse fahren und die Autobahnen »sexy« machen. Auch die Unternehmenshistorie kann stärker in den Vordergrund rücken. Weil Beate Uhse als Pionierin in Sachen Sex-Ware gilt und das Unternehmen ebenfalls, wird die Geschichte immer das Bindeglied zwischen Beate Uhse, dem Unternehmen, und Beate Uhse, der Person, bleiben.

Bei aller Tradition wollen wir immer auf den Wandel in der Gesellschaft reagieren. Wie wird sich die Einstellung zum Sex entwickeln? Das ist von uns kaum zu beeinflussen, da dies Strömungen sind, die viel umfangreicheren Kräften unterworfen sind, die wir weder richtig kennen noch steuern können. Wird die gegenwärtige Offenheit irgendwann von einer radikalen Gegenbewegung wieder aufgegeben und eine Zurückhaltung wie im Islam oder in der katholischen Kirche im 19. Jahrhundert gefordert? Oder wird eine weitere Liberalisierung zur Indifferenz führen? Derartige Entwicklungen bestimmen unser Geschäft, ohne dass wir sie mit unseren bescheidenen Mitteln frühzeitig erkennen oder gar »messen« können. Es bleibt also nur: Wach sein und beobachten, ob das, was gestern ankam, auch heute noch ankommt.

Neue Technologien warten darauf, breit kommerzialisiert zu werden, angefangen beim Palm Top über die Digitalfotografie bis hin zum universalen Endgerät, das die Verbraucher nicht nur mit Computerspielen, Videos und digitalen Klängen, sondern auch mit digitalem Fernsehen sowie mit Telekommunikation rundum versorgen wird. Auch die Gesellschaft ist im Wandel: Zweifelsohne ist »Sex« schon lange kein provokantes Schlagwort mehr. Heute sind die Menschen viel offener als früher. Unsere Gesellschaft hat sich an die Darstellung von Sex in den Medien gewöhnt. Wenn es heute im Abendkrimi eine Bettszene gibt, erscheint sie natürlich in die Handlung eingebunden; sie hat nichts Skandalöses oder Provozierendes mehr. Dass man heute über einen Vibrator sprechen kann – was vor 40 Jahren noch undenkbar war – zeigt auch, dass sich die Einstellung zum Sexgeschäft merklich gewandelt hat, wenn es auch hier noch einiges zu tun gibt (etwa mehr Nichtkäufer in Erotikkäufer zu wandeln). Nach wie vor ist es für manche Menschen ein Problem, wenn ein Beate-Uhse-Laden in der Nähe aufmacht. Aber zumindest sind die, die uns offen bekämpfen, deutlich weniger geworden. Den Akzeptanzwandel habe ich oft in ganz kleinen Begegnungen feststellen können. Die Gespräche, die ich z. B. auf längeren Flugreisen mit den Nachbarn führe, sind sehr aufschlussreich: Heute wie damals haben die Gesprächspartner immer großes Interesse an meinem Unternehmen signalisiert. Aber dass man auch bei Beate Uhse einkauft, hätte vor 20 Jahren noch keiner zugegeben. Hierin sind die Menschen offener geworden, heute sagen mir viele, dass sie bei mir Kunde sind oder schon einmal in unseren Läden waren. Und ich bin sicher, das sagen sie nicht aus purer Höflichkeit.

Unser Image in der Öffentlichkeit ist inzwischen gut, nicht zuletzt hat der Börsengang hier einen großen Schub gegeben. Wenn über das Unternehmen Beate Uhse berichtet wird, dringt Anerkennung durch, man betrachtet uns als erfolgreiches, expansives Unternehmen, als Vorreiter und Flaggschiff der Branche. Die Medien berichten regelmäßig über uns, die Anzahl unserer Pressemeldungen ist sprunghaft angestiegen. Beate Uhse genießt bei der inländischen wie ausländischen Presse ein hohes Ansehen. Fernseh- oder Zeitungsjournalisten kommen von sich aus auf uns zu, wenn sie über die Branche berichten wollen. Trotz des toleranteren (Medien-)Umfelds sind wir immer noch interessant, weil jeder sich eben durch dieses Thema auch persönlich angesprochen fühlt. Man vermutet bei Beate Uhse aber nichts »Schlimmes« mehr; das Thema gilt als unbedenklich. Wenn Kritik geäußert wird, dann erscheint sie nicht diffamierend. Beate Uhse gibt häufig Anlass, witzig und ironisch zu berichten. Gleichzeitig werden wir als AG aber auch knallhart beurteilt – man wird uns in Zukunft noch sehr häufig an unseren Zahlen messen.

Was ist das Ziel? Wir wollen unser Geschäft weiter so gut wie möglich betreiben. Und wir wollen, dass unsere Marke auch in

Zukunft und über die Grenzen Deutschlands hinaus bekannt ist –
und auch in Zukunft sollen Briefe, wie Sie ihn unten abgebildet
sehen, so sicher bei Beate Uhse landen wie der surfende Erotikkunde im Netz, der – auch ohne die Site zu kennen – wie selbstverständlich die Adresse »http://Beate-Uhse.de« eintippt.

Sachen gibt's, die gibt's gar nicht!

Große Heiterkeit löste dieser Brief aus, der kürzlich aus Algerien bei uns eintraf. Die Adresse:

»Sex.Magazin 222 Liebesstelungen. Völlig. Kostenlosund. Unbindlich. Allemagne.«

Die findige Bundespost brauchte sicher nicht lange zu überlegen. »Sex – das muß Beate Uhse sein.« So kam der Brief mit dem algerischen Kauderwelsch ohne lange Irrfahrt direkt zu uns.

Edna Nageshkar, Werbetexter

Beate Uhse ist zuständig für Sex. Aus der Unternehmenszeitschrift 1972, Nr. 3.

Anhang

Unternehmensentwicklung

Biografische Notizen

Am 25.10.1919 wird Beate Köstlin auf Gut Wargenau in der Nähe von Cranz in Ostpreußen als letztes Kind von Otto und Margarete Köstlin geboren. Nach Schulabbruch und einem Au-pair-Jahr in England sowie einem weiteren Jahr Hauswirtschaftsausbildung auf dem elterlichen Gut besucht sie die Flugschule in Rangsdorf, als einzige weibliche Flugschülerin. Flugschein mit 18. Praktikantenstelle bei den Brücker Flugzeugwerken, später Einfliegerin beim Flugzeugwerk Straußberg in Berlin. Filmdouble für z. B. den Schauspieler Hans Albers. 1939 Heirat mit Hans-Jürgen Uhse. 1943 Geburt des Sohnes Klaus. Einfliegerin für die Luftwaffe. Nach dem Tod von Hans-Jürgen Uhse gelingt Beate Uhse in den Wirren kurz vor Kriegsende die Flucht aus Berlin, mit einer kleinen Maschine und ihrem Sohn an Bord. Landung in Leck/Schleswig-Holstein. Nach dem Krieg Landarbeiterin in Braderup, Werbefahrerin für den Messerschmitt-Kabinenroller und Wandergewerbeschein für Plastikspielzeug. 1949 zweite Heirat mit Ewe Rotermund, der einen Sohn (Dirk) und eine Tochter in die Ehe mitbringt. 1949 wird der gemeinsame Sohn Ullrich Rotermund geboren.

1947   Erstes Produkt von Beate Uhse: Schrift X. Die erste Auflage von 2000 wird mit 10000 Postwurfsendungen beworben.

1948   Drei weitere Produkte: Kondome von Blausiegel und Fromms, das Buch von van de Velde »Die vollkommene Ehe«.

1949   Gewerbegenehmigung der englischen Militärregierung in Flensburg und Erweiterung des Produktangebotes auf 8 Seiten.
Währungsreform: Jeder Deutsche erhält DM 40,00.

1951   Werbemittelversand bundesweit. Adressenrequirierung aus Telefonbüchern. Erste Mitarbeiter: ein Packer, eine

Mitarbeiterin für das Erfassen der Adressen, eine Schreibkraft, die mittels eines Korrespondenzbuches einfache Kundenfragen beantwortet. Personalkosten: 1000 DM im Monat.

1952   Erster großer Geschäftserfolg: Werbeschrift »Bitte Jugendlichen nicht zugänglich machen!«. Einführung der heute noch bestehenden »Neuaufnahme-Besprechungen« für Sortimentserweiterung. Erstes Reizwäschestück (»Anette«). Bezug der ersten Geschäftsräume. 22. 2. Aufnahme ins Flensburger Handelsregister: »Versandhaus Beate Uhse«. Das Werbemittel »Stimmt in unserer Ehe alles?« verhilft zu großem Geschäftserfolg.

1953   Neue Geschäftsräume in der Wilhelmstr. 1. Übernahme eines Labors für pharmazeutische und biologisch-kosmetische Spezialpräparate »H. & G. Honemann«. Dort werden eigene Produkte entwickelt. Die Regierung richtet die »Bundesprüfstelle für jugendgefährdende Schriften« ein. Beate Uhse stellt einen juristischen Berater ein. 14 Mitarbeiter, 365 000 DM Umsatz.

1954   500 000 DM Umsatz.

1955   822 000 DM Umsatz.

1956   Pro Woche ca. 100 000 Werbeaussendungen. Die Briefe werden per Lkw durch Deutschland transportiert und vor Ort zum Ortstarif von 0,10 DM aufgegeben. Aufklärungsbücher für Erwachsene: »Sha Kokken«, »Helga und Bernd« (Rekordauflage über 350 000 Exemplare). Fünf verschiedene Betriebsräume in Flensburg; Erwerb des Grundstücks an der auf Beate Rotermunds Initiative umbenannten Gutenbergstraße 12, Planung eines eigenen Firmengebäudes (4 Bauabschnitte). 500 000 Kunden, 1,3 Mio. DM Umsatz.

1957   2 Mio. DM Umsatz.

1959   650 000 Kunden, 3,4 Mio. DM Umsatz.

1960   Kauf des Stephenson-Verlages. Bau einer Druckereihalle auf dem Grundstück Gutenbergstraße 12. Fast 1 Mio. Kunden, über 100 Mitarbeiter, 5,45 Mio. DM Umsatz.

1961   Beate Uhse ist größter Steuerzahler in Flensburg. Einzug in die neu erbaute Halle in der Gutenbergstraße. Erste Marketing-Studienreise in die USA. 7 Mio. DM Umsatz.

1962   Eröffnung des ersten Fachgeschäfts in Flensburg. Einführung des Harzburger Modells. Über 200 Mitarbeiter.

1965   Geschäfte in Hamburg und Frankfurt. Beratung durch Kienbaum. Entschluss auf EDV umzustellen, Anschaffung des ersten Computers BULL Gamma 30. 1,9 Mio. Kunden, 260 Mitarbeiter, 12,9 Mio. DM Umsatz.

1966   Erster Selbstbedienungsshop in Berlin. Umstellung des Betriebsablaufes auf elektronische Datenverarbeitung: Kundenkartei auf Magnetband gespeichert, Auftragsbearbeitung, Lagerhaltung, Rechnungswesen, Werbeadressierung und Statistik auf EDV umgestellt. 18,5 Mio. Jahresumsatz.

1967   Baubeginn Großraumbüro (3,5-Mio.-Projekt). 2 Mio. Kunden.

1969   Ende des 4. Bauabschnitts, 13. 8. Einweihung des Großraumbüros (»Sex-Eck«). 35 Mio. DM Umsatz.

1970   In Köln wird der 17. Laden eröffnet. Rechtliche Werbeprobleme, der Gutscheinbrief wird erdacht. Mit 32,7 Mio. DM bleibt der Umsatz unter der Zielmarke von 35,7 Mio. DM.

1971   25 Läden.

1972   Eigenherstellung von Erotikheften.

1973   Die Firma erweitert sich. Die Produktion von frei verkäuflichen Arzneimitteln, von eigenen Büchern und Magazinen beginnt.

1974   Die Firma wandelt sich in eine GmbH & Co KG.

1975   Inkrafttreten des neuen § 184 StGB, Freigabe der regulierten Pornographie.

1978   Die Firma wächst zum Konzern. Gründung des Beate-Uhse-Filmverleihs, Grundlage für die späteren Videoproduktionen. Erstes Blue-Movie-Kino. 60 Mio. DM Umsatz.

1979　Übernahme der Ladenkette Dr. Müller's (Umsatz 1978 ca. 10 Mio. DM); Erweiterung der Ladenkette von 23 auf 37 Einzelhandelsgeschäfte. Ca. 320 Mitarbeiter.

1981　Die Beate Uhse Aktiengesellschaft wird gegründet. Realteilung. Die Söhne Klaus und Dirk führen den Versand und Verlag fort, Beate Rotermund zusammen mit dem Sohn Ullrich die Läden und den Großhandel.

1983　Beginn des Videovertriebs.

1984　30 Beate-Uhse-Shops in Deutschland und 14 Kinos (Starlight und Blue Movie). Ca. 450 Mitarbeiter, 64 Mio. DM Umsatz.

1986　Nach fünfjähriger Sperrfrist neuer Start des Versandhauses Beate Uhse mit erstem Katalog »Beate Uhse Journal«.

1989　Am 9.11. fällt die Mauer. Beginn des Verkaufs in Ostdeutschland (Versand). 89 Mio. DM Umsatz.

1990　Bereits 120 000 Besteller aus den fünf neuen Ländern und erster Laden in Ostdeutschland (Berlin). Beginn der Vergabe von Lizenzen für den Einzelhandel und Versand im Ausland. 650 Mitarbeiter, 115 Mio. DM Umsatz.

1992　Beginn des Online-Geschäfts über Btx.

1996　50-jähriges Geschäftsjubiläum. Eröffnung des Erotik-Museums in Berlin. Exportquote 2,6%. 466 Mitarbeiter, 135,9 Mio. DM Umsatz.

1997　Beate Uhse erhält für ihr Lebenswerk die »Ehrenvenus« des Berufsverbandes (International Erotic Award). Exportquote 4,5%, 477 Mitarbeiter, 132,3 Mio. DM Umsatz.

1998　Eröffnung eines Beate-Uhse-Ladens auf Mallorca. Übernahme von 50% des Großhandels ZBF (Zeitschrift-, Buch- und Film-Vertriebs GmbH, Wiesbaden) und des ehemaligen Dienstleisters »Aktuelle Information« GmbH, Norderfriedrichskoog (Telefonmehrwert- und Onlinedienste) zu 100%. Ausbau der Internetaktivitäten: Live-Erotik mit interaktiven Möglichkeiten, Chat-Räume, Kontaktbörsen, Telefondienste; Spiele im Nicht-Erotik-Bereich. Gesellschafter, Vorstand und Aufsichtsrat der Beate Uhse AG beschließen die Börseneinführung in den amtlichen Handel. Exportquote 5,5%, 706 Mitarbeiter, 168,6 Mio. DM Umsatz.

1999   27. 5. Beate Uhse geht an die Börse. Kapitalerhöhung: 117,9 Mio., die überwiegend für die Akquisitionen verwendet werden. Emissionspreis 7,20 Euro, erste Notierung 13,60 Euro. Übernahme der übrigen 50% von ZBF durch Pabo. Übernahme der Pertusa b.v., nun Beate Uhse b.v., des Pabo-Versands, des Unternehmens Sandereijn und von Einzelhandelsgeschäften in Holland. Die 100%ige Tochter Pabo ist in den Benelux-Staaten, Großbritannien, Frankreich und in Österreich mit Versandhäusern sowie in Holland und Belgien mit Ladengeschäften aktiv. Ausschreibung des Beate Uhse Erotik-Kunstpreises. Beate Rotermunds 80. Geburtstag. 24. 11. wird eine Gedenktafel für Beate Uhse am Gebäude Marienkirchhof 4 enthüllt, für die Verdienste um die Liberalisierung der Erotik. Eintrag ins Goldene Buch der Stadt Flensburg. 20. 12. Aufnahme der Beate Uhse Aktie in den M-Dax. Exportquote 7,4%, 779 Mitarbeiter, 227,6 Mio. DM Umsatz.

2000   Beteiligungen an der Imperial Erotic TV New Media.com (20%), der Filmproduktion Helen Duval Visuals b.v. (66,6%), der Gezed holding b.v. (100%) und an der Sharon Austen Limited (29,4%). Übernahme der norwegischen Markenmagazine *Lek* und *Cocktail* (mit Internetpräsenz), Gründung der Beate Uhse AS in Norwegen und der Beate Uhse Scandinavia AB in Schweden. Werbekampagne mit Werbeaufdruck auf 20 Trucks. Erste Hauptversammlung am 4. 8. in Flensburg. Alle Verträge mit den neuen Tochterunternehmen werden von den Aktionären genehmigt. Beate Uhse erhält in Cannes den Branchenpreis für ihr Lebenswerk (Prix Hot d'Or).

Rechtsgrundlagen

§ 184 StGB (Auszug)

(1) Wer pornographische Schriften (§ 11 Abs. 3)

1. einer Person unter achtzehn Jahren anbietet, überlässt oder zugänglich macht,
2. an einem Ort, der Personen unter achtzehn Jahren zugänglich ist oder von ihnen eingesehen werden kann, ausstellt, anschlägt, vorführt oder sonst zugänglich macht,
3. im Einzelhandel außerhalb von Geschäftsräumen, in Kiosken oder anderen Verkaufsstellen, die der Kunde nicht zu betreten pflegt, im Versandhandel oder in gewerblichen Leihbüchereien oder Lesezirkeln einem anderen anbietet oder überlässt,
4. im Wege gewerblicher Vermietung oder vergleichbarer gewerblicher Gewährung des Gebrauchs, ausgenommen in Ladengeschäften, die Personen unter achtzehn Jahren nicht zugänglich sind und von ihnen nicht eingesehen werden können, einem anderen anbietet oder überlässt,
5. im Wege des Versandhandels einzuführen unternimmt,
6. öffentlich an einem Ort, der Personen unter achtzehn Jahren zugänglich ist oder von ihnen eingesehen werden kann, oder durch Verbreiten von Schriften außerhalb des Geschäftsverkehrs mit dem einschlägigen Handel anbietet, ankündigt oder anpreist,
7. an einen anderen gelangen lässt, ohne von diesem hierzu aufgefordert zu sein,
8. in einer öffentlichen Filmvorführung gegen ein Entgelt zeigt, das ganz oder überwiegend für diese Vorführung verlangt wird,
9. herstellt, bezieht, liefert, vorrätig hält oder einzuführen unternimmt, um sie oder aus ihnen gewonnene Stücke im Sinne der Nummern 1 bis 7 zu verwenden oder einem anderen eine solche Verwendung zu ermöglichen, oder
10. auszuführen unternimmt, um sie oder aus ihnen gewonnene Stücke im Ausland unter Verstoß gegen die dort geltenden Strafvorschriften zu verbreiten oder öffentlich zugänglich zu machen oder eine solche Verwendung zu ermöglichen,

wird mit Freiheitsstrafe bis zu einem Jahr oder mit Geldstrafe bestraft.

(2) Ebenso wird bestraft, wer eine pornographische Darbietung durch Rundfunk verbreitet.

(3) Wer pornographische Schriften (§ 11 Abs. 3), die Gewalttätigkeiten, den sexuellen Missbrauch von Kindern oder sexuelle Handlungen von Menschen mit Tieren zum Gegenstand haben,

1. verbreitet,
2. öffentlich ausstellt, anschlägt, vorführt oder sonst zugänglich macht oder
3. herstellt, bezieht, liefert, vorrätig hält, anbietet, ankündigt, anpreist, einzuführen oder auszuführen unternimmt, um sie oder aus ihnen gewonnene Stücke im Sinne der Nummern 1 oder 2 zu verwenden oder einem anderen eine solche Verwendung zu ermöglichen,

wird, wenn die pornographischen Schriften den sexuellen Missbrauch von Kindern zum Gegenstand haben, mit Freiheitsstrafe von drei Monaten bis zu fünf Jahren, sonst mit Freiheitsstrafe bis zu einem Jahr oder mit Geldstrafe bestraft.

(…)

Auszug aus dem alten § 184 StGB (von 1909):
»Mit Gefängnis bis zu einem Jahr und mit Geldstrafe oder mit einer dieser Strafen wird bestraft, wer unzüchtige Schriften feilhält, verkauft, verteilt, an Orten, welche dem Publikum zugänglich sind, ausstellt oder anschlägt oder sonst verbreitet, sie zum Zwecke der Verbreitung herstellt oder zu demselben Zwecke vorrätig hält, ankündigt oder anpreist.«

Gesetz über die Verbreitung jugendgefährdender Schriften (GjS)
§ 1 (1) Schriften, die geeignet sind, Kinder oder Jugendliche sittlich zu gefährden, sind in eine Liste aufzunehmen. Dazu zählen vor allem unsittliche, verrohend wirkende, zu Gewalttätigkeit, Verbrechen oder Rassenhass anreizende sowie den Krieg verherrlichende Schriften.